교육과의 첫 만남

교육학개론

| 이종만 저 |

INTRODUCTION TO EDUCATION

학지사

서문

교육과의 첫 만남은 재미있어야 한다

우리나라에서 교육을 말하기란 참 쉽다. 경제에 대한 문제가 터지면 주로 경제학자들이, 문화에 대한 논쟁거리가 생기면 문화전문가들이 등장하여 이야기하기 마련이지만 교육은 그렇지 않다. 늘 발생하는 일이지만 교육에 대한 문제가 생기면 누구나 한마디 할 수 있다. 교육전문가나 현장의 교사뿐만 아니라 학부모부터 학생, 게다가 비전문가인 정치가나 노동자 또는 경제학자까지도 한마디 한다. 하지만 교육이 그렇게 만만하고 누구나 한마디 할 수 있을 정도로 녹록한 것은 아니다. 교육을 이해하고 교육학을 공부하는 데에는 다른 전문영역처럼 어려운 단계를 거쳐야만 한다. 그래서 교사가 되고자 하는 모든 이에게 교육학개론 학습은 필수로 요구되는 첫 단계의 과정이다.

교육을 처음 접하는 교사 지망생들에게 '쉽고 깊고 재미있게' 교육학을 소개하고 싶은 생각으로 수많은 교육학개론에 또 한 권을 더하게 되어 미안한 마음이다. 지금도 충분히 좋은 책이 많은데 또 한 권을 쓰게 된 데에는 나름대로 이유가 있다. 20년 넘게 교육학개론을 강의하다가 절실히 가슴으로 느끼고 마음에 접어 둔 경험이 하나 있기 때문이다. 교사가 되고자 하는 학생들이 큰 뜻을 품고 대학에 와서 자신의 전공과 아울러 교직과정을 이수하게 되는데, 졸업할 때쯤 되면 이구동성으로 토로하는 현실은 "교육학 과목은 어렵고 재미없고 지루하다."라는 이야기였다. 충격적인 현실이고 심각한 문제라고 생각한다. 교사가 될 사람이 교육학을 재미없고 지루하고 어렵다고 생각하다니. 이에는 여러 이유가 있겠지만, 내게 다가온 의문은 교수의 강의방법과 가르치는 내용이 지루하지 않았을까 하는 것이었다.

정범모 선생님의 『교육과 교육학』 이후 지금까지 나온 많은 교육학개론 교과서를 나름대로 읽고 분석하였다. 어려웠다. 그리고 재미없었다. 이런 내용이 왜 예비교사에게 강요되어야 하는 학습과정인가 하는 의구심이 드는 부분도 있었다. 재미없는 교수에 어려운 교과서, 이 조합이라면 예비교사들은 당연히 교육학을 입문과정에서부터 재미없는 과목, 어려운 과목, 심지어는 학점만 이수하면 되는 불필요한 과목으로까지 인식할 수 있을 것이라고 생각하게 되었다. 이것이 내가 수많은 교육학개론 서적에 또 한 권을 첨가하게 된 작은 이유다. 교육학개론을 배운 사람들이 '이거 참 재미있는 과목이구나.' 하는 느낌을 갖게 하고 싶었다.

일본 작가 이노우에 히사시는 글을 쓰는 기본을 '어려운 것을 쉽게, 쉬운 것을 깊게, 깊은 것을 재미있게'로 설정하고 이를 모든 집필 작업에 적용하였다. 어디 글 쓰는 일뿐이겠는가. 나는 이 생각을 책을 쓰는 내내 길잡이로 삼았다. 이미 출간되어 사용되고 있는 여러 저서의 도움도 크게 받았다. 감사하는 마음이다. 그럼에도 이 책 또한 여전히 어렵고 지루하고 재미없다면 이는 전적으로 저자의 책임이다. 출판을 기꺼이 허락해 주신 학지사 김진환 사장님께 감사드린다. 늘 옆에서 자료를 챙겨 주시는 유명원 부장님, 보잘것없는 글 무더기를 이처럼 아름다운 책이 되도록 만들어 주신 이상경 편집자에게도 감사드린다.

2016년 2월

이종만

차 례

교육이란 무엇이며 왜 하는가
-교육과 교육학의 이해-

제1장

교육이란 무엇이며 왜 하는가
-교육과 교육학의 이해-

1. 교육학의 개론과 각론

교육학개론은 교사가 되고자 하는 모든 사범계열 및 교직과정 이수자에게 부여되는 필수과목이다. 교육과 교육학에 대한 전반적이고 기본적인 이해를 위한 이 과목은 교사양성 교육의 가장 기본이므로 교사교육의 가장 첫 단계에서 학습함을 원칙으로 한다. '교육이란 무엇인가'라는 인류 사회의 오랜 질문과 '교육학이란 무엇인가'라는 현실적인 질문에 대한 학문적 접근을 시도하는 것이 이 강좌의 본질적 목적이다.

이러한 목적의 달성을 위해서 교육과 교육학에 대한 종합적이고 체계적인 학습을 하여야 할 것인데, 교육학개론이란 이처럼 교육과 교육학의 전반적인 내용을 두루 널리 이해시키는 데 중점을 둔 학문인 것이다. 교육학의 모든 영역을 한 학기 동안 소개하여야 하므로 대단히 넓은 영역을 다뤄야 한다는 문제점과 짧은 시간에 이 모든 것을 소개해야 한다는 어려움을 지닌 것이 모든 학문의 개론, 특히 교육학개론 강의의 어려움이다.

그러므로 개론서의 특징은 넓고 다양한 학문의 영역을 모두 소개해야 한다는 다양성과 아울러, 짧은 시간에 이 모든 것을 소개해야 한다는 시간적 제약으로 인해 깊이 연구하지 못한다는 한계성을 지닌다. 이러한 문제점과 한계를 극복하기 위하여 교육학개론을 공부한 이후 바로 이어서 '각론'을 공부하게 된다. 이를 교육학각론이라고 부르지 않는 이유는 교육학의 하위영역 또는 구성단위마다 모두 제목 또는 명칭이 있기 때문이다. 예를 들어, 교육심리학, 교육철학, 교육사회학 등이 그것이다.

먼저 교육학개론의 구성을 살펴보도록 하자. 교육학개론 또는 이 강의를 위하여 집필된 교과서는 우리나라에만도 백여 종이 넘을 정도로 다양하다. 이 중에서 몇 권의 교과서를 살펴보면 그 내용을 개략적으로 이해할 수 있을 것이며, 그 내용 구성도 크게 다르지 않음을 알 수 있다. 먼저 황정규, 이돈희, 김신일의 『교육학개론』(1998)의 구성을 살펴보면 다음과 같다.

제1장 교육과 교육학

제2장 교육의 개념 – 주요 교육관의 이해

제3장 교육활동의 특징

제4장 교육목적의 구조

제5장 교육제도의 형성

제6장 한국 현대교육제도의 전개

제7장 교육제도의 유형

제8장 교육의 사회적 기능

제9장 교육의 과정

제10장 인간특성의 교육적 이해

제11장 학습과 교수의 과정

제12장 교육평가의 과정

제13장 학생의 생활지도와 상담

다음으로 필자가 오랫동안 강의 교재로 활용하였던 윤정일, 허형, 이성호,

이용남, 박철홍, 박인우의 『신교육의 이해』(2002)의 구성을 역시 장 단위로 살펴보면 다음과 같다.

제1장 교육의 개념적 기초
제2장 교육의 역사적 기초
제3장 교육의 철학적 기초
제4장 교육의 심리적 기초
제5장 교육의 사회적 기초
제6장 교육과정
제7장 교수, 학습
제8장 교육의 측정과 평가
제9장 교육공학
제10장 생활지도와 상담
제11장 교육행정
제12장 평생교육
제13장 교사론: 전문직으로서의 교사
제14장 한국교육의 전망

이처럼 교육학개론은 여러 명의 학자가 각자의 전공 분야에 관한 내용을 나눠서 집필한 후 그 내용들을 묶어서 출판하는 것이 일반적 추세다. 다만 이러한 경우에는 전체적 일관성이 부족하고, 자칫 개론의 다양성과 전반적 이해를 소홀히 하여 매우 깊은 분야까지도 소개하는 경향이 있다는 점을 지적할 수 있다. 마지막으로, 개인이 저술한 교과서의 예로 오해섭의 『교육학개론』(2002)의 내용 구성을 살펴보면 다음과 같다.

제1장 교육의 기본개념

제2장 교육의 역사적 기초

제3장 교육과정 및 평가

제4장 교육의 철학적 기초

제5장 교육의 심리학적 이해

제6장 교육의 사회학적 이해

제7장 경험학습이론 및 학습방식

제8장 구성주의 학습이론

제9장 청소년 정보지도의 원리

제10장 평생교육과 사회교육

제11장 생활지도와 상담

제12장 진로교육

제13장 교육행정론

제14장 교육의 발전방향

이 교과서에서 보듯이, 개인이 저술한 책의 특징은 저자가 특별히 관심을 가지고 있는 내용을 소개하고 있다는 것이다. 이 책의 경우에는 제9장 청소년 정보지도의 원리나 제12장 진로교육 등이 그것이다. 이로 미루어 보면, 이 저자는 청소년교육이나 진로지도에 깊은 관심을 가진 경우라는 것을 짐작할 수 있다.

살펴보았듯이, 교육학개론이 극복해야 할 두 가지 점이 제시되었다. 하나는 다수의 연구자가 집필하는 경우, 내용의 연계성이 떨어지고, 자신의 연구영역을 강조하는 나머지 개론서에 걸맞지 않는 심오한 이론이 소개됨으로써 교육학이 어렵다는 비판을 듣게 된다는 점이다. 다른 하나는 개인의 연구성과로서의 교육학개론은 자칫 한 방향으로만 흐르는 경향을 띨 수 있고, 이것이 전체적 균형을 흔들 수도 있다는 점이다.

교육학개론은 우선 쉽고 그 내용이 다양하게 구성되어야 한다. 교육과 교육학을 처음으로 학습하는 교사 지망생들에게 교육이나 교육학이 어렵고 지루하다는 생각을 심어 줘서는 안 된다. 교육학개론을 재미있고 다양하게 공부한 이후, 다음 학기부터 이어지는 다양한 교육학의 각론에서 깊이 있는 학습을 하면 될 것이다. 그러므로 교육학개론서에서는 우선 교육의 의미를 다루고, 이후 여러 학기에 걸쳐서 배우게 될 몇 가지의 중요한 각론들을 재미있게 소개하는 데 초점을 맞춰야 할 것이다. 그래야 교사 지망생들이 교육이나 교육학이 어렵다는 생각에서 벗어나 현실적으로 필요한 내용으로서의 교육과 교육학을 이해하는 첫 계기가 될 수 있을 것이다.

2. 교육의 이해: 개념을 알아야 현상을 이해할 수 있다

우선 교육학을 처음 접하는 교사교육 이수자들은 당연히 교육학이 어렵고 공부하기 힘들 것이라는 막연한 생각을 가지게 된다. 그 이유는 아직 교육과 교육학에 대한 개념이 전혀 또는 거의 형성되어 있지 않기 때문이다. 교육은 사회적 현상이다. 그러므로 이러한 사회적 현상을 이해하기 위해서는 다양한 관련 개념을 모으는 것이 필수적이다.

불과 100여 년 전만 해도 우리의 조상은 천둥이나 번개 또는 일식과 월식 같은 자연적 현상에 대해 이해할 수 없었다. 자연과학에 대한 기본적 개념이 전혀 없었기 때문이다. 그러므로 이러한 자연적 현상에 대해 종교적 또는 초인간적 접근을 할 수밖에 없었던 것이다. 그러나 지금의 세대는 아주 간단한 몇 가지 자연과학의 개념, 즉 전기의 양극과 음극, 저기압과 고기압, 지구와 달의 자전과 공전 등에 대한 깊은 이해가 아니라 단순한 개념의 이해만으로도 이러한 자연현상을 이해하게 된다.

교육학을 처음으로 접하는 학습자는 당연히 아직 교육에 관한 개념이 쌓여 있지 않다. 이론의 내용은 물론이거니와 그 제목이나 이름조차도 낯설 수밖에 없다. 학자나 교육자들의 이름도 물론이다. 모두 생소한 것들 뿐이다. 이런 상황에서 교육과 교육학은 당연히 어려울 수밖에 없다. 이들에게 필요한 것은 개념의 저장이다. 처음부터 각 개념을 명확히 이해할 필요는 없다. 물론 그러면 더욱 좋겠지만 그 제목이나 이름 정도만 계속해서 두뇌의 한 저장 창고에 넣어 두면 된다. 교육학자로서의 존 듀이의 명성이나 연구 내용을 처음부터 모두 알 필요는 없다. 존 듀이(J. dewey)가 진보주의 교육철학을 시작한 사람이라는 정도만 알아 두면 된다. 존 듀이라는 이름이 꾸준히 반복되는 동안에 그에 대한 친밀도가 높아져 갈 것이기 때문이다. 반복 속에서 익숙함이 형성되면 점점 어렵지 않게 된다. 어렵고 힘든 사람도 자꾸 만나면 익숙해지는 것과 같다.

교육과 교육학에 대한 개념은 처음에는 어렵지만 조금씩 쌓여 갈수록 쉽게 접근할 수 있다. 이처럼 개념을 쌓아 가는 과정이 교육학 학습의 시작이다. 교육학개론은 이를 도와야 하는 첫 관문이다. 여기서 교육학이 어려워지면 교사가 된 후에도 교육학은 지루하고 어려운 학문이라는 생각에서 벗어나지 못한다. 교사가, 교육전문가가 교육과 교육학을 어렵고 지루한 것이라고 여겨서는 안 된다.

처음에는 어려웠던 내용들이 시간이 갈수록 쉽게 느껴짐을 학습자들은 피부로 경험하게 될 것이다. 첫 학기 전반부보다는 후반부가, 첫 학기보다는 두 번째, 세 번째 학기가 편해지는 이유가 바로 그것이다. 개념을 조금씩 단계적으로 쌓아 가야 한다. 그래야 교육이라는 현상을 쉽게 이해하게 된다.

3. 교육이란 무엇인가: 교육의 정의

교육을 한마디로 말하는 것은 누구에게나 너무 어렵다. 하지만 누구나 한마디씩 할 수 있는 것이 교육이기도 하다. 경제학이나 정치학이라면 늘 전문가가 모여야 이야기될 수 있다고 생각하는데, 유독 교육에 대한 이야기만은 전 국민 모두의 관심사라 그런지 누구나 전문가처럼 말하기도 한다. 일반인은 일반인 대로, 현장 교육자는 그들대로, 또한 교육 전문 연구자나 교수, 학자들은 역시 그들의 입장에서 한마디한다. 교육에 대한 정의가 사람에 따라, 상황에 따라 달라질 수 있으므로 수없이 많은 정의가 존재하는 것이다.

일반적으로 교육은 다음과 같은 의미로 쓰인다. 먼저, 생활이 곧 가르치고 배우는 과정이므로 생활 자체가 교육이라는 것이다. 사람마다 살아가는 방식이나 적응 양식이 다르므로 그 접근방식에 있어서는 모두 다르다. 또한 사회적 통념상 바람직한 일이라고 결정된 것만 가르친다. 이를 위해 사람들은 의도적으로 짜인 일련의 과정으로 학습내용을 구성하는 등 복잡한 과정을 거친다. 삶 그 자체가 교육이라는 접근방식이다.

이를 학문적으로 정리하는 경우에는 인간행위로서의 교육으로 학습하는 존재로서의 인간, 교육의 가치 지향성에 대하여 논하고, 사회제도로서의 교육인 교육제도의 형식성과 투자적 동기와 복지적 동기 등에 대해 논하기도 한다. 또한 교육학의 성격을 규범적 교육학, 공학적 교육학, 설명적·비판적 교육학으로 나누어 설명하기도 한다.

또 다른 접근방식을 보면, 교육의 가치 지향적 접근, 구조주의적 접근, 교육목표 분석에 의한 접근, 교수·학습 전략 수립을 위한 통합적 학습방법적 접근 등으로 분석하기도 한다. 학습자의 행위이론 측면에서는 장이론, 계획된 행위이론, 생애발달단계 이론, 책임성 행동모델 등으로 설명하기도 한다.

인간을 중심으로 한 주요 교육관은 다음과 같다. 먼저, 교육의 귀족주의적 전통이다. 천하 영재의 교육, 지식의 교육과 내적 가치의 인식이 그에 속한다. 자유주의적 전통에서 보면 인문주의적 자유교육관, 자유인의 교육 등으로 설명한다. 인간 성장으로서의 교육으로는 총체적 성장, 계발설에 의한 의미 부여, 성장의 문화적 조건 등의 입장에서 설명한다. 그밖에도 능력도야설, 심성계명설, 자아실현설 등의 입장도 있다.

교육의 궁극적 목적과 관련된 규범적 정의와 아울러 교육은 인간행동 변화의 의도성이나 계획성을 중심으로 정의되기도 한다. 지금까지 가장 영향력 있는 정의 중의 하나인 정범모(『교육과 교육학』, 1968)의 '인간행동의 계획적인 변화'가 여기에 속하는 정의다. 이와는 달리, 학습자 내부의 성장 가능성에 초점을 맞춘 정의도 다양하게 등장한다. 이것은 교육이 궁극적으로 교사나 지도자가 주체가 되어 인간행동을 의도적이고 계획적으로 변화시키는 데 있다고 정의한 정범모 식의 정의와는 상반되는 접근이다. 인간은 인간발달단계에 따라 무한한 성장 가능성을 지니며, 이 성장 가능성을 최대한 키워 주는 것이 교육이라는 것이다. 이른바 학습의 주체는 무한한 교육 가능성과 성장 가능성을 지닌 학습자이며, 교육자나 지도자는 이를 적극적으로 도와주어야 한다는 것이다.

이처럼 상황, 사회, 학문적 특성에 따라, 또한 자신의 욕구 방향성에 따라 교육에 대한 무수히 많은 생각과 이론과 정의가 존재한다. 다행히도, 이 많은 정의는 대체로 다음의 세 가지로 집약된다. 어느 한쪽의 의견이나 이론에 치우치지 않고 모두를 아우르는 정의가 필요한 바, 다음의 세 가지는 이에 걸맞는 정의 방식이라 할 수 있다.

첫째, 전수에 강조를 두는 정의다. 이를 사회학에서는 사회화라 이름 지어 교육과 동의어로 사용하기도 한다. 이 정의를 논할 때 가장 많이 쓰이는 예가 늑대인간 이야기다. 인도나 프랑스 등 세계 각지에서 발견되어 사실로 전해지고 있는 늑대인간 이야기는 밀림에서 늑대 가족으로 키워진 아이가 문명 세계의 사람들에게 발견되어 인간 세계로 돌아온다는 이야기로, 이 늑대 아이들은 모두 인간 세계에 적응하지 못하고 죽는다는 동일한 결말을 갖고 있다. 늑대 사회에 사회화된 아이는 인간 사회의 삶의 방식에 무지할 수밖에 없으며, 결국 죽었다. 이것이 사회화다. 전 세대의 삶의 방식을 다음 세대로 이어 주는 것이 바로 교육이라는 것이다. 아무것도 아닌 것처럼 느껴지지만 자신이 살고 있는 한 사회의 생활방식에 적응하지 못하면 죽음에 이르기도 한다. 한 사회에 사회화된다는 것은, 즉 윗세대로부터 삶의 방식을 배우는 것은 인간으로서의 삶 자체를 규정할 만큼 중요한 정의라는 것이다. 이 정의에 대하여 반대하는 이론은 없다. 다만 그 설명의 정도나 깊이가 얕다는 비판을 받기도 한다.

둘째, 인간행동의 변화에 강조를 두는 정의다. 이는 정범모(1968)의 '인간행동의 계획적인 변화'에 기반을 두며 발전교육론의 입장을 견지한다. '열 명의 어린이를 내게 맡기면 무엇이든 원하는 대로 만들어 주겠다. 심지어는 도둑이나 사기꾼도 만들 수 있다.'는 입장이다. 이는 초기 교육의 긍정적 시각과 사회발전 기여 등의 입장에서 매우 각광받았고, 지금도 강하게 주장되고 있는 정의다. 이 정의에서의 주체는 가르치는 사람이며, 그 의도성이나 계획성에 따라 인간행동을 얼마든지 변화시킬 수 있다는 이 정의는 바로 이러한 강력함 때문에 비판받기도 한다. 나치의 독일이나 천황의 일본에서 국가가 원하는 대로의 국민을 생산할 수도 있다는 것이다.

셋째, 인간의 성장 가능성을 실현하도록 돕는 일에 강조를 두는 정의다. 교육을 '인간의 성장 가능성을 최대한으로 신장시키도록 돕는 일' 또는 '최대한의 자기실현을 돕는 일' 등으로 규정하는 방식이다. 인간은 누구나 가능성을 가지고 태어나는데, 이 가능성은 상한과 하한의 정도가 있어서 그대로 두면 하한에 머무르지만 계속해서 도와주면 상한에 이른다는 것이다. 이 정의에서의 주체는 학습자이며, 학습자 스스로의 노력 여하에 따라 결과가 결정되므로 교육은 학습자가 스스로 클 수 있도록 도와야 한다는 것이다. 이 정의는 앞서 언급한 두 번째 정의와 강하게 충돌하는 경향이 있다.

우리는 이 세 가지 정의방식을 모두 사용해야만 올바르고 치우치지 않는 교육의 정의를 내릴 수 있다. 어느 정의가 옳고 그른가의 문제가 아니다. 이 세 가지 정의방식을 모두 사용해야만 물 샐 틈 없이 모든 교육을 정의할 수 있다는 것이다. 학교교육 중심의 두 번째 정의가 옳다거나, 학습자 중심의 세 번째 정의가 옳다는 논쟁으로서가 아니라 교육은 이처럼 다양하게 정의된다는 점을 이해해야 한다.

4. 교육은 왜 하는가: 교육의 일반 목적

교육목적이란 '우리가 교육은 왜 하는가, 혹은 교육은 왜 받는가' 하는 물음에 대한 답으로, 교육을 통해 궁극적으로 얻으려고 하는 것이 무엇인가를 찾으려는 시도다. 교육이라는 말이 다양하게 쓰이는 만큼 교육 목적 역시 매우 다양하게 논의된다. 따라서 교육은 왜 하는가는 교육이란 무엇인가를 말하는 것과 같다는 것이다.

교육을 말함에 있어서 우리는 대체로 사실과 당위의 측면에서 접근한다. 교육이란 이런 것이다라고 실제 외형적으로 보이는 사실 그대로를 말하는 입장과 교육은 모름지기 이런 것이어야 한다는 내면적 또는 규범적 입장으로 구분된다는 것이다.

또한 교육은 개인을 주체로 하는가 아니면 집단을 주체로 하는가에 따라 그 목적이 달라지기도 한다. 전자는 인격의 완성이나 사물을 보는 안목의 습득 또는 인간성 성숙의 정도 등을 말하는 것이라면, 후자는 국가 발전, 경제 발전, 민주 시민의 양성 등의 입장이다.

교육의 목적은 그 목적이 교육 내부에 있다 또는 교육의 밖에 있다고 주장하기도 하는데, 이를 내재적 목적과 외재적 목적의 논쟁이라고 설명한다. 전자는 교육은 교육 그 자체로서 가치가 있다는 주장이고, 후자는 교육은 그 자체로서보다는 그 활동을 통하여 또 다른 가치를 추구하는 것이라는 주장이다.

이러한 교육의 일반 목적에 대한 논의는 대체로 본질론과 수단론으로 설명된다. 본질론은 교육은 교육 그 자체로서 중요하다는 것으로서 교육을 개인적 차원에서 고려하며, 실제 생활보다는 이론적이고 지적인 측면을 강조하고 내재적 목적관을 가지는 자유주의적 관점이다. 반면에 수단론은 교육은 그것이 다른 어디에 이용될 때 비로소 빛을 발한다고 보는 시각으로서, 사회를 단순한 개인의 집합 이상으로 보며 교육은 그 집단의 발전에 기여해야 한다는 사회적 차원을 중시하며 실천적 측면을 강조하고 내재적 측면을 비판하는 입장의 관점이다.

이 두 논쟁 역시 어느 것이 옳다는 쪽으로 생각하기보다는 사회 전체가 개인을 지향하면 본질론이, 집단을 지향하면 수단론이 강조된다고 보는 것이다. 과거 조선시대에 본질론이 강조된 나머지 유학은 발전하였으나 수단론이 소홀히 되어 의학이나 과학이 발전하지 못하였다고 보는 것이다. 한편, 현재는 극심한 자본주의의 발달과 국가 발전이라는 명제에 의해 수단론이 득세하여 과학 문명과 경제는 발전을 이루었으나 본질론을 소홀히 한 나머지 금전만능의 가치가 도덕성을 이기는 세상이 되었다고 보는 것이다. 즉, 본질론과 수단론은 어느 한쪽이 강조되면 다른 한쪽이 소홀히 된다는 것이다.

5. 교육학의 두 방향성: 가치 지향과 가치 중립

교육은 가치가 있다. 우리 사회가 교육을 가치 있다고 놓았기 때문에 가치 있는 교육이 더 잘 운영되도록 학교가 더 있어야 하고, 훌륭한 교사가 있어야 하며, 교육학은 교육을 보다 더 가치 있게 하기 위하여 연구되고 적용되어야 한다는 것이다. 이것이 교육의 가치 지향성이다. 그러므로 현재의 교육학은 가치 지향적인 학문이다. 이의 발전을 위해 이미 발전되어 있는 다른 학문의 장점을 빌려 교육에 활용하는 것은 지극히 당연하다. 교사와 학생 간의 상호작용과 심리적 접근의 극대화를 위하여 이미 충분히 발전해 있는 심리학이론을 빌려와 교실과 교육에 적용한 것이 이른바 교육심리학이다. 그러므로 교육심리학은 가치 지향적 학문이라 할 수 있다.

그러나 모든 학문이 가치 지향적이지는 않다. 오히려 사회가 민주적으로 발전하고 시민이 주체가 되는 사회로 변화해 가면 일반적으로 학문은 가치 중립적으로 변화한다. 가장 좋은 예가 종교학이다. 과거 기독교가 지배하는 사회에서는 종교의 선택권이 시민에게 있지 않았다. 국가가 정해 놓은 기독교를 믿지 않거나 다른 종교를 논하면 죽음을 맞이하게 되었다. 불교나 유교가 지배하는 사회도 마찬가지다. 이런 사회에서는 그 종교를 가치 있다고 놓고 그것의 발전을 지향하는 가치 지향적인 학문으로서의 신학, 불교학, 유학이 존재할 뿐이었다.

사회가 민주적으로 발전하고 종교의 선택권이 각각의 시민에게 주어진 사회에서는 어느 한 종교를 가치 있게 놓는 방식은 없어지고 만다. 모든 종교를 가치 중립의 위치에 놓고 그 선택권이 시민에게 주어지는 사회인 것이다. 시민이 종교를 자유롭게 선택하는 사회, 이른바 종교적 시민사회에서만 가치 중립적인 종교학의 발전이 가능한 것이다. 같은 논리로 정치의 결정권이 시민에게 있는 사회에서는 가치 중립적인 정치학이, 경제의 결정권이 시민에게 있는 사회에서야 비로소 가치 중립적 경제학의 성립이 가능한 것이다.

이러한 논리로 보면, 우리는 아직 교육적 민주사회에 살고 있지 않다. 교육학은 가치 지향적이며 교육의 결정권은 시민에게 있지 않다. 학교를 세우는 것부터 학교에서 무엇을 가르칠 것인가까지도 국가가 결정한다. 아직 시민에게 교육적 결정권이 없는, 국가가 정해 놓은 교육적 가치를 추구해 나가는 것이 현재의 교육인 것이다. 심지어는 시민교육의 교육과정도 그 결정의 주체가 시민이 아니라 국가여야 한다는 입장이 강조되고 있다. 국가가 요구하는 시민을 키워야 한다는 것이다. 이제 우리 사회는 점차 교육의 결정권에 시민의 참여 정도가 늘어 가는 방향으로 가야 한다. 이른바 교육의 민주사회가 요청되는 것이다. 다행히도 사회 여러 곳에서 그런 조짐이 보이고 있다.

◆ 읽을거리

 배움과 가르침

관련 개념: 교육이란 무엇인가

평생 가르치는 일을 해 왔지만 새 학기를 맞이할 무렵이면 언제나 설레고 두렵다. 이번 학기에는 또 어떤 학생들을 만나게 될까 설레고 그들에게 내가 정말 얼마나 도움이 될 수 있을까 두렵다. 어느 가족이든 그해에 입시생이 한 명이라도 있느냐 없느냐에 따라 삶의 질 자체가 달라진다. 어쩌다 우리는 이처럼 교육에 목을 매고 사는 걸까?

불과 20~30년 전만 하더라도 국제동물행동학회에서 동물의 학습능력을 운운하면 그야말로 웃음거리가 되기 십상이었다. 그러나 이제 우리는 정말 다양한 동물에서 학습이 이루어지고 있다는 수많은 증거를 가지고 있다. 우리 인간을 포함한 포유류는 말할 나위도 없거니와 새와 곤충은 물론, 물속에 사는 편형동물인 플라나리아도 배울 줄 안다. 플라나리아를 T형 미로 위로 기어가게 하고 갈림길에 도달할 때마다 한쪽에서 가벼운 전기 자극을 주는 실험을 몇 차례 반복하다 보면, 플라나리아는 더 이상 전기 자극을 주지 않아도 그 지점에 가까워지면 알아서 반대쪽으로 방향을 튼다. 좁쌀보다도 훨씬 작은 두뇌를 지닌 그들이지만 자극에 관한 정보를 입력해 두었다가 그걸 검색해 내 적용하는 것이다.

이처럼 다른 동물들도 배우는 건 분명한데 과연 그들도 가르치는지는 확실하지 않다. 우리와 가장 가까운 동물인 침팬지의 경우를 보더라도 견과의 단단한 껍데기를 돌로 내리쳐 깨 먹거나 흰개미 굴에 나뭇가지를 집어넣어 일개미들이 그걸 물어뜯으면 살며시 빼내어 훑어 먹는 기술 자체는 분명 전수되지만 애써 다른 침팬지를 붙들고 앉아 가르쳐 주는 모습은 관찰된 바 없다. 엄마 침팬지는 자식이 지켜보는 가운데 그런 행동을 끊임없이 반복할 따름이다. 이제 곧 둥지를 떠나야 할 어린 새에게 어미 새도 그저 끊임없이 나는 모습을 보여 줄 뿐 결코 다그치지 않는다. 동물 세계에는 배움은 있되 가르침은 없어 보인다.

짧은 시간에 많은 걸 학습해야 하기 때문에 가르침이란 과정이 생겨났겠지만 스스로 배우려 할 때 훨씬 학습효과가 높음은 너무나 당연하다. 왜 배워야 하는지도 모르는 아이들을 데리고 다짜고짜 가르치려 드는 우리의 교육법이 과연 최선일까? 최근 들어서야 우리는 드디어 '스스로 학습' 또는 '자기주도학습'을 부르짖고 있지만 다른 동물들은 이미 수천만 년 전부터 하고 있던 일이다.

출처: 최재천, 2011. 3. 1.

 "교육은 사람을 목수로 만든다기보다 목수를 사람으로 만드는 것" 파우스트 하버드大 첫 여성총장 취임식

관련 개념: 본질론과 수단론

미국 하버드대학교 371년 사상 최초의 여성 총장인 드루 길핀 파우스트(D.G. Faust, 60) 신임 총장이 지난 12일 취임사에서 강조한 말이다.

20세기 초 미국 흑인사회의 대표적 지성이었던 W. E. B. 뒤부아(DuBois)의 말을 인용한 이 구절은 파우스트 총장의 교육관을 압축적으로 표현하고 있다. 즉, 학문 자체의 중요성과 대학의 자율성을 강조하는 전통적인 대학교육관을 옹호하면서 대학이 교육과정을 계량화하고

글로벌 인재 양성에 초점을 맞추어야 한다는 조지 W. 부시(Bush) 행정부의 교육정책을 대놓고 비판한 것이다.

파우스트 총장은 "대학은 다음 분기의 실적에 집착하는 조직이 아니며 학생들을 재학 기간 동안에 특수한 목적에 맞춰 양성하는 교육기관은 더더욱 아니다."라고 강조했다. 그의 발언은 대학 교육을 계량화하라는 연방정부의 압력에 맞서 대학들이 대학의 역할과 책임을 스스로 규정해야 한다는 의지를 강조한 것으로 풀이된다. 미 교육부가 구성한 대학교육개선위원회는 지난해 보고서에서 공립대학들이 표준화된 측정 방식을 갖추도록 하고, 이 측정결과에 따라 연방정부의 재정 지원 방식을 대대적으로 개혁해야 한다고 제안했었다.

파우스트 총장은 대학 기능과 관련, 근로 인력을 양성하는 기본적인 기능을 넘어 그 이상이 되도록 노력해야 한다고 말했다.

파우스트 총장은 또 "미국 대학은 역사적으로 흑인과 여성, 유대인, 이민자 등에게 시민권과 평등권 기회를 확대시켜 온 상징이자 엔진이었다."며 "앞으로 대학이 소수 엘리트가 아니라 더 많은 사람에게 봉사해야 한다."라고 강조했다. 이에 따라 흑인과 이민자, 소수민족, 저소득 계층 출신 학생이 하버드대학교에 진학할 기회가 확대될 가능성이 커졌다.

파우스트 총장은 브린모어칼리지와 펜실베이니아대학교에서 공부한 역사학자로, 1672년에 사망한 찰스 촌시(Chauncy) 총장 이후 하버드대학교에서 학위를 받지 않은 첫 총장이다.

출처: 김기훈, 2007. 10. 15.

참고문헌

김기훈(2007. 10. 15.). "교육은 사람을 목수로 만든다기보다 목수를 사람으로 만드는 것" 파우스트 하버드大 첫 여성총장 취임식. 조선일보.

김대현, 김석우, 김영환, 김정섭, 김회용, 박수홍, 박창언, 안경식, 유순화, 이동형, 이병준, 이상수, 주철안, 한대동, 홍창남(2015). **교육과 교육학**. 서울: 학지사.

김병성, 손인수, 이중석, 권낙원, 송용의, 백영균, 김정환, 정태범, 이병진(1997). **교육학총론**. 서울: 양서원.

오해섭(2002). **교육학개론**. 서울: 학지사.

윤정일, 허형, 이성호, 이용남, 박철홍, 박인우(2002). **신교육의 이해**. 서울: 학지사.

이병승, 우영효, 배제현(2013). **쉽게 풀어 쓴 교육학**. 서울: 학지사.

정범모(1968). **교육과 교육학**. 서울: 배영사.

최재천(2011. 3. 1.). 배움과 가르침, 최재천의 자연과 문화. 조선일보.

황정규, 이돈희, 김신일(1998). **교육학개론**. 서울: 교육과학사.

제2장

마음 열기가 학습의 시작이다

-교육심리학-

제2강

마음 열기가 학습의 시작이다
-교육심리학-

1. 심리학과 교육심리학

교육심리학은 심리학의 발달된 연구성과 및 그 이론과 실제를 학교와 교실에 적용하기 위해 교육에 빌려 오는 형태로 시작되었다. 그런 이유로 심리학이라는 전통적 학문 명칭 앞에 교육이라는 단어를 붙여서 교육심리학이 된 것이다. 교육심리학은 가치 지향적 학문의 대표적 예다. 즉, 교육은 가치 있는 것이므로 이를 계속 가치 있게 하기 위하여 심리학적 이론을 빌려 와서 초기에는 학교에서 일어나는 모든 심리학적 요인을 연구하는 학문으로 시작하였다.

하지만 이후 교육심리학은 교사와 학습자의 심리적 관련성에 초점을 맞추게 되었다. 어떻게 하면 보다 더 효율적으로 잘 가르칠 것인가 하는 것이 새로운 주제로 등장한 것이다. 지금은 대체로 교수·학습을 연구하는 것이 교육심리학의 주요 영역이 되었다.

심리학의 구성을 알아보기 위해서 먼저 20세기 중반 미국의 대학에서 가장 많이 채택되고 있었던 교재 중의 하나인 힐가드와 애킨슨 부부의 책『Introduction to Psychology』를 우리나라에 맞게 편집하여 번역한 이훈구의 책『현대심리학개론』(1983)의 구성을 살펴보면 다음과 같다.

제1장 심리학의 내용

제2장 발달심리

제3장 지각

제4장 조건형성과 학습

제5장 기억과 망각

제6장 동기와 정서

제7장 정신능력과 측정

제8장 성격과 측정

제9장 사회심리학

이훈구는 원서의 18개 장을 9개 장만 발췌하여 완역하였다. 이러한 번역서와 함께 외국 특히 미국의 저서를 참조하여 우리나라에서 출판한 예도 있는데, 정양은은 그의 저서 『심리학통론』(1976)을 다음과 같이 구성하였다.

제1장 심리학의 내용

제2장 심리발달

제3장 학습

제4장 성격

제5장 부적응과 이상성격

제6장 심리진단과 지능측정

제7장 사회행동

제8장 동기과정

제9장 정서

제10장 지각

제11장 기억

제12장 언어와 사고

초기의 교육심리학은 이와 같은 심리학의 전 영역을 교육에 적용하고 응용하여 교육을 보다 가치 있게 하려고 노력하였다. 하지만 후기로 오면서, 즉 지금의 교육심리학은 이 중에서 특히 교수·학습 영역을 강조하며 자리 잡고 있다. 어떻게 하면 잘 가르치고 잘 배울 수 있을까 하는 것이 교육심리학의 핵심 과제가 된 것이다. 우리나라 교육심리학의 고전처럼 불리는 저자도 대학시절 교과서로 학습하였던, 정원식, 이상노, 이성진의『현대교육심리학』(1975)의 구성을 보면 다음과 같다.

> 제1장 교육의 구조
> 제2장 학습자
> 제3장 학습 및 교수
> 제4장 교육환경
> 제5장 적응과 지도
> 제6장 교육의 평가

이 제목들만 보아도 교육심리학의 영역을 대체로 확인할 수 있을 것이다. 다음으로 저자가 대학에서 처음 강의를 시작할 때 교재로 활용하거나 참고했던 박아청의 저서『현대의 교육심리학』(1992)의 구성을 살펴보면 다음과 같다. 박아청은 특히 우리의 교육심리학을 정립하려고 노력했으며, 최근의 교육심리학 추세에 맞추어 그 이론을 소개하려고 시도하였다.

> 제1부 교육심리학: 교육의 심리학적 이해
>   제1장 교육심리학의 학문적 성격
> 제2부 학습자에 대한 이해
>   제2장 개인차의 문제
>   제3장 인간발달의 과정

이처럼 교육심리학의 영역만 살펴보더라도 앞으로 공부하게 될 영역에 대하여 이해할 수 있을 것이다. 이러한 심리학 및 교육심리학의 영역 중에서 앞으로 독립과목으로 학습하게 될 인간발달, 교육평가, 생활지도 등의 영역을 제외하고 다음의 내용들을 이 장에서 간단히 소개하려고 한다. 먼저 교육심리학의 발달과정을 간단히 보고, 다음으로 교육심리학의 영역 및 교육심리학의 이론을 소개한 후, 학습자들이 꼭 알아야 할 교육심리학의 주요 개념을 다루고자 한다.

2. 교육심리학의 발달

1) 초기의 교육심리학

교육학의 아버지라고 불리는 헤르바르트(J. F. Herbart)는 교육학을 하나의 학문으로 체계화한 사람으로 평가되고 있다. 그는 교육목적론으로서의 윤리학과 교수방법 및 인간이해의 영역으로서 심리학을 바탕으로 하여 교육학의 체계화를 처음으로 시도하였다.

초기의 교육심리학은 이러한 영향으로 대체로 심리학 전반을 교육에 응용하여 교육문제를 해결하고 교육을 발전시키려는 넓은 의미로 출발하였다. 심리학의 영역 및 연구대상을 모두 교육에 활용하려는 시도는 초기의 교육에 매우 큰 영향을 미쳤다. 다만 연구영역이나 대상이 매우 유사함에 따라 일반심리학과 교육심리학의 구분이 매우 모호하였고, 심리학으로부터 한 발 나아간 독립된 학문으로 인정받는 데 어려움이 있었다. 교육학의 한 영역이 아니라 심리학의 한 영역으로서의 교육심리학이라는 비판과 한계에 다다른 것이다.

2) 현재의 교육심리학

교육심리학의 독립적 학문으로서의 발전을 위한 노력은 미국을 중심으로 이루어졌다. 실험을 통한 연구결과를 근거로 한 저서들이 미국에서 속속 발표되었다. 그 핵심적 인물이 행동주의 이론가인 손다이크(E. L. Thorndike)와 스키너(B. F. Skinner)다. 조건화 및 강화의 원리에 근거한 이러한 행동주의 이론은 1970년대에 들어서면서 인지이론과 인간주의 이론으로 발전하게 되었다. 이 세 이론, 즉 행동주의, 인지이론, 인간주의는 교육심리학의 핵심이론으로서 자리 잡게 된다. 바로 이 이론들의 관심사는 인간은 어떻게 학습하는가다.

이처럼 현재의 교육심리학은 넓은 일반심리학의 영역에서 탈피하여 교육심리학의 고유 영역 구축에 노력하였는데, 그것이 바로 교수(teaching)와 학습(learning)이다. 현재 교육심리학에서 교수·학습은 가장 중요한 영역이며, 이를 기반으로 하여 보다 넓은 의미로 발전하였는데, 생활지도, 교육측정 및 평가의 영역 등이 그것이다. 교사가 학습자를 보다 효과적으로 지도하고, 교육평가 결과를 피드백을 통해 더 나은 교육과정을 만들려고 하는 등의 교육심리학적 연구가 교육학의 많은 영역에서 기초로 활용되고 있다.

3. 교육심리학의 이론

교육심리학은 독일에서 출현하여 미국에서 발전하였다. 이것이 한 가지 방향성이라면, 다른 한 방향성은 실험 중심 연구방법에서 출발하여 현상학적 접근으로서 인간 중심으로 발전해 왔다는 것이다. 이 두 방향성을 바탕으로 교육심리학의 바탕을 이루는 이론을 순서대로 살펴보면, 정신분석학, 행동주의, 인지이론, 두뇌공학 그리고 인간주의 이론이다. 이 다섯 가지 이론이 인간에 대한 심리학적 접근방식의 핵심이라고 설명할 수 있다.

1) 정신분석학: 무의식

프로이트(S. Freud)와 무의식이 정신분석학의 핵심이다. 프로이트의 주장에 따르면, 인간의 대부분의 행동은 무의식의 지배를 받는다. 그리스 신화 중에서 오이디푸스 왕은 아버지를 죽이고 어머니와 혼인한다는 비극의 주인공이다. 이 이야기의 핵심은 인간이 의식적으로는 절대로 그런 일을 벌일 수 없다는 것이다. 이러한 모든 일은 인간의 무의식 속에서 유아가 어머니의 사랑을 빼앗기지 않으려고 아버지를 적으로 생각하여 늘 공격한다는 것에 기반을 두며, 이것이 무의식이고, 이를 오이디푸스 콤플렉스라고 부른다.

이처럼 프로이트의 이론은 그 기본 가정으로서 인간행동의 대부분이 무의식적 과정에 의해 지배되고 있다는 점을 제시한다. 무의식 과정이란 우리가 의식하지 못하지만 우리 행동에 영향을 주는 사고, 숨겨진 동기, 욕망, 공포 등을 뜻한다. 또한 인간의 마음에는 원초적 충동(id)이 있다고 보고, 이를 자아(ego)와 초자아(superego)가 통제하려 하나 완전하게 통제하는 것은 불가능하다고 본다. 이 본능은 평상시에는 잘 나타나지 않고 무의식 속에서 우리의 행동에 영향을 준다. 프로이트에 따르면, 무의식적 충동은 자신도 의식하지 못하는 상황에서 나오는 실언이나 꿈, 습관적 행동, 신경증적 증상, 때로는 사회적으로 용납되는 예술이나 문학, 과학적 활동 등으로도 표현된다.

프로이트는 인간의 모든 행동에는 원인이 있으며, 그 원인이 무의식적 동기에서부터 비롯된다는 것을 강조했다. 그리고 인간의 본성에 대해 부정적인 입장을 취했다. 다시 말해, 인간의 행동은 동물과 같은 원초적 본능에 의해 결정되고 인간의 많은 충동은 비도덕적이고 비이성적이므로 인간의 본능은 통제를 강조하는 사회와 끊임없이 투쟁한다는 것이다.

프로이트는 무의식이라는 인간의 심층심리를 분석적으로 접근함에 있어서 다분히 생물학적 결정론에 근거했다는 비판을 받았다. 그중에서도 특히 인간의 성격 형성이나 행동에 대한 설명에 있어서 본능이 결정적인 역할을 강조했다는 점 역시 비판점으로 지적된다. 특히 성 에너지의 중요성을 강조했는데, 이런 측면에서만 인간을 보면 인간이 마치 성의 노예인 것처럼 그 참모습이 왜곡될 수 있다는 점도 지적한다.

프로이트에 대한 이러한 비판은 그의 애제자들에 의해 시작되었다. 이들은 프로이트를 떠나 새로운 발전적 대안을 제시하였는데, 융(C. G. Jung), 아들러(A. Adler), 설리반(H. S. Sullivan) 등이 대표적이다. 이들은 인간의 성격 형성이나 행동에 있어서 중요한 요인은 스승인 프로이트의 주장처럼, 유전적으로 물려받은 생물학적 본능 또는 동물적 원초본능이라기보다는 후천적인 사회문화적 요인에 기인한다고 설명하고 있다. 인간은 사회적 동물이므로 다른 사람들과 어울려 생활하면서 오랜 기간에 걸쳐 삶의 방식이나 사고의 방식이 형성된다고 본다. 후기 정신분석학이라고 불리는 이 이론이 보다 설득력 있다고 인정되고 있다.

이 이론은 아동기의 초기 가족 및 사회적 관계와의 경험을 중시하며 조기교육의 중요성을 강조한다. 효과적인 학습은 아동의 에너지와 욕구가 격렬하게 수용되었을 때 강하게 일어나므로, 아동의 기본적 충동과 욕구를 만족시켜 주는 것이 중요하다고 주장한다. 성숙한 인간적 배려가 부모와 아동 사이, 그리고 교사와 학습자 사이를 성숙하게 한다는 것이다.

2) 행동주의: 조건화와 강화

독일에서 시작한 교육심리학의 이론적 기반은 20세기를 전후하여 미국으로 건너가 실험적 방법이 도입되면서 한 단계 더 발전하였다. 이를 행동주의 이론 또는 행동주의 심리학이라고 한다. 심리학이 과학적 학문으로 인정받기 위해서는 객관적 관찰이나 측정이 불가능한 인간의 두뇌 속에서 일어나는 전반적인 활동들, 즉 의식·무의식의 작용을 뛰어넘어서 관찰 가능하고 측정 가능한 인간의 행동을 연구 대상으로 삼아야 한다고 주장한다.

러시아의 심리학자인 파블로프(I. P. Pavlov)로부터 시작된 초기 행동주의 이론을 고전적 조건화라 부른다. 파블로프는 배고픈 개에게 먹이를 주면서 그때마다 동시에 종소리를 들려주었다. 이러한 반복을 거듭하자 개는 먹이를 주지 않고 종소리만 들려주었을 때에도 침을 흘리는 등 먹이를 주었을 때와 동일한 반응을 보였다는 것이다. 이처럼 특정한 반응과 전혀 관련이 없는 자극이 일정한 과정을 통해서 특정한 반응을 일으킬 수 있다는 것이 고전적 조건화다.

손다이크는 문제상자 속에 들어 있는 고양이에 관해 실험적 연구를 수행하였다. 검은 상자 속에 고양이를 가두고 안에서 문고리를 스스로 열었을 때에만 밖으로 나올 수 있도록 조작적 실험 장치를 구상하였다. 이 문제상자 속의 고양이는 수없는 행동의 반복을 통해서 문을 여는 방법을 학습할 것이며, 그 후에는 언제든지 스스로 문을 열고 나올 수 있게 학습된다는 것이다. 이처럼 실험상황을 조작적으로 만들어 놓고 행동주의 이론을 실험하는 방식을 조작적 조건화라고 부른다.

스키너는 손다이크와 비슷한 자극-반응 실험을 새장 속의 비둘기를 대상으로 실험한 후 이를 통하여 강화(reinforcement)의 개념을 정립하였다. 배고픈 비둘기는 새장 속을 부리로 쪼며 다니다가 우연히 흰 원반을 누르게 되고 먹이를 얻게 된다. 반복되는 이 실험에서 비둘기는 배가 고프면 흰 원반을 쪼면 된다는 사실을 학습하게 된다. 이때 주어지는 먹이가 학습을 보다 효율적으로 만들어 주는 역할을 하였고, 이를 강화라고 부른다.

행동주의에서는 모든 행동은 학습된 것으로 본다. 지식을 구조화하는 데 있어서 환경적 조건, 즉 자극과 관찰 가능한 행동, 즉 반응의 최적의 조합이 학습을 극대화한다는 것이다. 이른바 자극-반응 이론이다. 이 이론을 통하여 인간은 학습하며, 이에 강화라는 개념이 강조된다. 이 이론의 핵심을 다시 강조하면, '인간의 모든 행동은 학습된 것이다.' 따라서 바람직한 행동뿐만 아니라 바람직하지 못한 행동 역시 학습의 결과라는 점을 강조한다. 그러므로 조작적 조건화의 원리를 이용하면 바람직한 행동은 계속 형성시키고, 바람직하지 못한 부적응 행동은 수정시킬 수 있다는 것이다.

20세기 중후반까지 행동주의는 동서양을 막론한 전 세계 교육계에서 이론과 동시에 실제적 측면에서 가장 강력한 영향력을 발휘한 이론이었다. 프로그램 학습, 완전학습, 학습머신, 행동수정기법 및 그 밖의 많은 교수·학습이론이 행동주의의 영향을 받았다.

3) 인지이론: 통찰

우리 속담에 똑똑한 아이를 '하나를 가르치면 열을 안다.'는 말로 표현한다. 1 더하기 1은 2 이상이 될 수 있다는 뜻이다. 또한 우리의 두뇌는 마치 컴퓨터와 같아서 정보를 입력하면 그 정보끼리 새끼를 쳐서 또 다른 정보가 등장한다는 것이다. 하나의 자극을 통해 하나의 반응을 일으켜 한 가지 경험학습을 하는 행동주의 이론보다 발전된 이론이 등장한 것이다.

쾰러(W. Köhler)는 실험을 통하여 침팬지가 자극-반응이 아닌 다른 방법으로 학습하는 상황을 발견했다. 손에 닿지 않는 높은 곳에 매달린 바나나를 따 먹으려고 애쓰던 침팬지는 잠시 주변을 둘러보며 이런저런 궁리를 하더니 그곳에 있던 상자 위에 올라가 막대기로 바나나를 따먹었다. 이를 게슈탈트(Gestalt) 학파의 형태주의에서는 '통찰'이라고 부른다.

형태주의는 다음의 세 가지 기본적 관점을 가진다. 첫째, 우리가 무언가를 경험할 때 종종 실재하는 사실과는 다르게 받아들인다. 연달아 있는 두 개의 불빛이 번갈아 가며 켜지고 꺼지기를 반복하면 우리는 마치 불빛이 움직이는 것으로 인식한다. 둘째, 인간은 단순히 전체를 부분의 합이 아닌 그 이상으로 인식한다. 똑똑한 아이에게 하나를 알려 주면 열을 아는 이치다. 셋째, 인간은 자신의 경험을 나름의 방식으로 구조화하고 조직화한다. 일부분이 끊어져 있는 원을 우리는 그대로 원으로 인식한다는 것이다. 이처럼 게슈탈트 학파는 인간의 인지감각에 초점을 맞추어 학습의 확산을 밝혔다.

이의 현대적 설명이 정보처리 이론이다. 인간의 두뇌는 컴퓨터와 같다는 것이다. 한정된 몇 개의 정보가 입력되면 수없이 많은 정보로 확산되는 컴퓨터처럼, 인간도 그렇게 학습한다. 투입된 정보는 그 정보가 해석되고 재분류되면서 무한한 정보를 영구적으로 확산하고 저장한다는 것이다.

인지적 접근방식은 자극-반응 이론의 행동주의 접근방식이 너무 기계적이고 경직화되었다는 점에 반발하여 발전한 것이다. 인간의 행동을 단순히 자극과 반응이란 용어로만 설명하는 것은 아주 단순한 형태의 인간행동을 연구하는 데에는 적합하지만, 인간의 다양한 사고기능의 연구에는 한계에 부딪히게 된다. 인간은 생각하고 기억하고 계획하며 판단한다.

인지이론은 꾸준히 발전하여 학습이론의 중심을 이루고 있다. 인간이 자극이나 정보를 어떻게 지각하고, 해석하며, 저장하여 사용하는가를 다루는 인지이론은 특히 학습·기억·사고 및 언어 분야에서 많은 연구 업적을 쌓고 있으며, 일반심리학 등 다른 영역에 큰 영향을 미치며 발전하고 있다.

4) 두뇌공학: 신경생물학 또는 뇌생물학

두뇌공학은 한마디로 인간의 뇌가 우리의 어떤 활동과 연결되는가를 연구하는 접근방식이다. 뇌를 열어 보며 연구하는 것이다. 지극히 의학적이고 최근의 연구방법이라 아직은 실험단계라고 할 수 있지만, 두뇌공학을 통해 발견되는 정보는 혁신적이다. 어느 접근방식보다도 기여 정도가 크다는 것이다.

초기에는 신경생물학 또는 뇌생물학적 접근이라고 하였지만, 최근에는 직접적으로 두뇌공학이라는 표현이 더 자주 쓰이고 있다. 인간의 행동과 정신작용을 뇌와 신경계 안의 신경세포 사이에서 일어나는 생리학적 과정으로 설명하려는 것이다. 뇌의 어떤 부분이 기쁨을, 또 어떤 부분이 슬픔을 일으키는가를 알아내려는 시도다. 초기의 실험방식에 이어 현대의 의학적 접근방식은 앞으로 엄청난 발전을 예고하고 있다. 이 분야가 발전되면 인간의 두뇌작용에 대한 가장 정확하고 확실한 정보를 제공할 것이라는 기대다. 그러나 인간의 뇌는 우리가 상상하는 것보다 훨씬 더 복잡한 뇌세포로 구성되어 있어 하나하나 그 기능을 밝히기가 어렵고, 또 그 연관성을 밝히기는 더욱 어려운 과제다. 게다가 인간을 실험 대상으로 삼아야 하는 비인간적 접근이란 비판에서 벗어나기 어렵다.

두뇌공학은 교육에 있어서 중요한 지각·기억·인지·학습·동기·정서 등의 현상과 뇌세포상의 관계를 실험을 통하여 구명한다. 이러한 접근방식이 발달될수록 인간의 교육현상과 학습에 대한 매우 정확한 정보를 제공할 것이다. 살아 있는 인간을 대상으로 실험해야 하는 위험하고 어려운 접근이지만 발전이 기대되는 영역이다.

5) 인간주의: 인간은 동물이 아니다

지금까지 인간의 심리를 연구해 온 여러 가지 방법은 대체로 자연과학적 접근이었다. 그러나 동물을 이용한 실험을 하거나 직접 인간의 뇌를 들여다보는 등의 극단적인 방법까지도 서슴지 않고 동원했다는 점이 지적되고 있다. 인간은 동물이 아니다. 한 가지 접근방식으로 모든 인간을 설명할 수는 없다. 이러한 입장에서 인문학적 접근방식이 필요하다는 판단하에 등장한 접근방식이 인간주의다.

인간은 모두 다르다. 그러므로 한 교실의 30명 학생에게 한 가지의 학습이론을 적용하여서는 안 되고, 각각의 학생에게 맞는 30가지의 접근방식이 필요하다는 것이다. 개인의 주관적 경험을 강조하는 이른바 현상학적 접근방식을 취한다.

현상학에서 인간은 똑같은 사건에 대해서도 사람에 따라 경험하고 해석하고 의미를 부여하는 방법이 각기 서로 다르다는 것이다. 어떤 사람에게는 목숨을 바칠 정도로 중요하게 인식되는 것이 다른 사람에게는 하찮은 것으로 인식되기도 한다. 현상은 각자의 해석 여하에 따라 인간 각자의 몫이라는 것이다. 실험실에서 인간의 단편적인 행동을 연구하는 측면을 벗어나서 인간 각자의 잠재력과 성장 가능성에 관심을 기울이는 인본주의적 접근이 필요하다는 시각이다.

인간주의 이론은 재건주의 교육철학과 더불어 문화의 파괴와 비인간화가 심화되어 가는 현대에 더욱 강조되고 있다. 인간은 누구나 평등하고 고귀한 존재다. 학교나 교사는 어떠한 이유로도 학생을 부당하게 대하거나 소외시킬 수 없다. 인간은 저마다의 소중한 자아와 가치를 가지며 스스로 이를 실현하려는 자유의지를 가진다. 교육과 학교는 이의 실현을 최대한 보장하는 방향으로 접근해야 할 것이다. 학생의 감정과 정서적 상황을 감안하면서 자아실현을 그 가능성하에서 최대한 키울 수 있도록 존중하고 보장해야 한다. 자본주의가 깊어가며 가치관이 흔들리는 우리의 교육에 있어서 교육자들과 학습자들에게 주는 시사점이 매우 크다.

4. 교육심리학의 주요 개념

1) 지능과 적성: 일반성과 특수성

지능(intelligence)이란 인간의 일반적 고등정신 능력을 나타내는 대표적인 심리학적 개념이다. 일반적으로 학습자들의 학업성취에 차이가 생기는 가장 큰 요인은 학습자들의 지적 능력의 차이 때문이라고 인식되고 있다. 지능은 유전과 환경의 상호작용에 의해서 결정된다. 지능지수(Intelligence Quotient: IQ)란 인간의 변치 않는 절대적인 능력을 나타내는 것이라기보다는 동질 집단과 비교하여 일반적 지능이 상대적으로 어느 정도의 위치에 속하는가를 알려주는 지수다.

이에 비하여 적성(aptitude)은 지능에 대한 상대적인 용어로서 특정 분야의 지적능력을 말한다. 학습의 적성으로 말하자면 수학을 잘하는 아이, 예능에 뛰어난 아이, 언어 능력이 있는 아이 등 상대적으로 잘하는 분야가 있다는 것이다. 적성은 개인 간 뿐만 아니라 개인 내에서도 차이가 있으므로 이것이 고려되어야 한다. 수학 적성은 높은데 상대적으로 언어 적성은 낮은 경우가 있다는 것이다.

2) 다중지능: 다양한 지능의 존재

우리는 그동안 일반적으로 지능이라고 하면 학습과 관련된 능력만을 말하는 것으로 인식하였다. 하지만 가드너(H. Gardner)와 같은 학자들에 의해 주장되어 문용린 등의 학자에 의해 우리나라에도 소개된 다중지능(Multiple Intelligence: MI)은 인간에게는 서로 독립적이고 다양한 여덟 가지의 지능이 존재한다는 것이다. 그것은 언어지능, 논리수학지능, 공간지능, 신체운동지능, 음악지능, 대인관계지능, 자기내면지능, 자연지능이다. 물론 앞으로 더 많은 다중지능이 있다는 것이 밝혀질 것이다. 다중지능이론은 학습지능이 높아 공부 잘하는 아이만이 인정받는 사회에서 벗어나야 한다는 시각이다.

3) 태도: 생각의 방향성

수업시간에 다리를 꼬고 앉아 있거나 다른 학생에게 피해를 주는 행동을 하는 경우 태도가 나쁘다고 한다. 하지만 심리학에서 말하는 태도(attitude)는 이와 다르다. 여기서의 태도는 인간의 심리적 지향성을 말한다. 우리는 어떤 대상이나 인간, 의견에 대한 좋고 싫음, 찬성과 반대 등의 생각을 갖게 되는데, 바로 이러한 심리적 지향성을 태도라 한다. 학교에 대한 태도, 교장이나 교사에 대한 태도, 교과목에 대한 태도, 동료 학생에 대한 태도, 수학에 대한 태도, 돈에 대한 태도, 미국에 대한 태도 등 아주 다양하게 존재한다.

태도는 학습결과에 영향을 받으며 동시에 학습에 영향을 준다. 어느 학생이 학기 초 교사의 행동에서 심한 모멸감을 느꼈다면 그 교사가 가르치는 과목에 대한 태도는 당연히 나쁠 것이며, 평생 그 과목을 싫어하게 될 수도 있다. 따라서 학교나 교사는 학생들이 다양한 교육적 요인, 즉 학교나 교실 분위기, 교사, 교과목, 전체 학생 등에 대해 긍정적인 태도를 가질 수 있도록 하면 학습에 긍정적 영향을 미칠 수 있다.

4) 적응: 욕구와 충족의 절충

인간이 삶을 살아가는 과정에서 나름대로의 욕구를 충족하거나 혹은 그 반대로 욕구가 좌절되는 경우가 흔히 발생한다. 이러한 상황에서 인간은 주어진 환경에 맞추어 나가기 위해 끊임없이 노력하게 된다. 이 노력을 심리학적으로 적응(adaptation)이라 한다. 환경의 요구에 부응하여 스스로의 욕망을 조절해 주어진 상황에서 균형적으로 살아감으로써 자신의 욕구와 실현 가능성 간의 균형을 유지하려는 노력이다.

적응의 두 가지 형태로서 수동적 적응과 능동적 적응이 있는데, 수동적 적응이란 주어진 환경이나 여건에 자기 스스로를 맞추어 가는 것이고, 능동적 적응이란 자신의 욕구를 충족시키기 위하여 주변의 환경적 요인들을 변화시키는 적극적 활동을 말한다.

5) 선행학습: 과유불급

선행학습은 당연히 긍정적 용어다. 영어 수업에서 미리 단어를 찾고, 숙어를 익히고, 읽기를 미리 하는 등의 예습을 해 간 날과 그렇지 않은 날을 비교해 보라. 말할 필요도 없이 예습이 그날의 학습에 좋은 영향을 미치는 것은 당연하지 않은가. 선행학습은 사전학습, 선수학습, 사전성취, 또는 편리하게 예습 등 여러 명칭으로 사용된다. 이는 어떤 과제를 효과적이고 성공적으로 학습하기 위해서 그 전에 미리 또는 이미 학습했어야 할 내용의 학습 정도를 말한다.

이처럼 긍정적 의미를 갖는 선행학습도 잘못 이용되면 오히려 학습을 방해한다는 것이 이 절의 핵심이다.

첫째, 상업적 교육에 악용될 수 있다는 것이다. 예를 들면, 영어학원의 원장이 초등학교 학부모들에게 아직도 원어민 중학 영어를 공부시키지 않았느냐고 협박하면, 어떤 학부모가 선행학습을 거부할 수 있겠는가. 이 과정이 지나치면 초등학교 학생에게 고등학교 미적분을 가르쳐야 한다고 주장하는 상업적 학원들이 등장할 것이다.

둘째, 지나친 선행학습은 오히려 학습을 방해한다는 것이다. 앞서 예를 든 영어 예습은 학습에 대단히 긍정적인 효과를 주지만 초등학생에게 고등학교 수학을 미리 가르친 경우에는 수학에 대한 지나친 공포감 등으로 인해서 오히려 수학을 포기하게 되는 등 학습을 방해할 수 있다는 점을 명심해야 한다.

6) 인지과정: 표피 밖의 세상을 끌어들여라

인간은 내면적 세계와 외부세계로 구분된다. 우리 표피 안에서 일어나는 것은 내면적인 것이고, 표피 밖의 모든 것은 외부세계다. 이 외부세계를 인간 각각의 내부로 끌어들이는 작업을 심리학에서는 인지(cognition)라 한다. 외부세계의 모든 자극을 인간의 오감, 즉 시각·청각·미각·후각·촉각을 통해 우리 안으로 끌어들여 내 것으로 만들어 이해하고 저장하는 것이다.

인지의 과정은 매우 단순한 것처럼 보인다. 내가 강의를 하면 학생들은 듣고 이해한다. 이것이 인지다. 이렇게 단순해 보이는 강의 인지 방법도 외국인이라면 달라진다. 내 말을 알아듣고 그 의미를 자신의 언어로 재해석한 후 다시 이해하고 저장하여야 하는 매우 복잡하고 어려운 과정을 거쳐야 한다. 인지현상은 지각, 기억, 상상, 사고 등 다양하지만, 이 과정의 핵심은 기억, 망각, 전이, 사고다.

기억은 학습과 관련된 중요한 인지과정으로서 기호화-저장-재생의 과정을 거친다. 망각은 정보를 사용하지 않아 지워지거나, 새로운 것이 들어와 오래된 것이 나가는 현상 등을 의미한다. 전이란 한 학습을 다른 학습에 적용하는 정도를 말한다. 그런 의미에서 구구단은 전이도가 매우 높은 학습이다. 사고란 생각을 통한 문제해결 능력을 말한다.

7) 발달과업: 인간은 저절로 크지 않는다

인간은 태어나 하루하루 시간이 가면서 자연적으로 조금씩 발달해 가는 것처럼 보이지만 사실은 그렇지 않다. 인간의 발달과정은 직선형이 아니라 계단형이다. 한 계단 한 계단씩 단계적으로 발달해 가는 것이다. 만약 올라서야 할, 또는 극복해야 할 계단을 넘지 못하면 그 계단은 끊임없이 길게 계속될 것이며, 이는 발달장애로 이어질 것이다.

이처럼 인간은 태어나 자라면서 성숙 단계별로 넘어야 할 무수한 과제가 있는데 이를 발달과업(developmental tasks)이라고 하며, 이 각 단계를 극복하는 과정을 발달이라고 본다. 인간은 시간이 지나면서 저절로 발달하지 않는다. 각 나이별 또는 발달단계별로 해결해야 할 과제들을 끊임없는 노력으로 풀어 나가는 어렵고 힘든 과정을 거쳐야 한다.

8) 창의력: 학교가 정하지 않은 답 찾기

기발하고 새롭고 신기한 생각을 내는 학생들이 있다. 이들에게는 창의력(creativity)이 있다고 말한다. 창의력은 남들이 생각 못하는 아이디어를 떠올리는 것이다. 여기서 '남들이 생각 못하는'에 주목할 필요가 있다. 교육과정을 국가가 지배하면 교사가 교육과정을 통해 가르쳐 준 것만이 정답이다. 그 외의 답은 틀린 것이다. 그러므로 남들이 생각 못하는 답은 틀린 답이다. 지능이 정답을 찾는 능력이라면, 창의력은 '남들이 생각 못하는' 비관습적인 답을 만들어 내는 능력을 말한다. 따라서 창의력은 매우 중요하지만, 이미 짐작한 바대로 정답만을 강요하는 우리 사회에서는 창의력은 기르기 힘들 수밖에 없다.

9) 성취동기: 원하면 이루어진다

그리스 신화에서 키프로스의 젊은 왕 피그말리온의 취미는 조각이었다. 하루는 대리석으로 예쁜 여자를 조각해 놓고는 거기에 매료되고 만다. 그러고는 끊임없이 희망한다. 이 조각이 인간이 되어 준다면 평생 이 여성만을 사랑하며 살겠노라는 강력한 생각을 한 것이다. 이를 본 미의 여신 아프로디테가 원하는 대로 해 주었다는 데에서 유래한 것이 이른바 성취동기, 자성예언, 다른 말로 피그말리온 효과(pygmalion effect)다. 간절히 원하면 이루어진다는 것이다.

이것은 두 가지 방향성을 지닌다. 하나는 인간 내면의 것으로서 내가 무엇이 되고자 한다거나, 공부를 열심히 할 것이라는 생각이 그것을 스스로 실현시켜 줄 것이라는 내면적 방향성이다. 다른 하나는 교사가 어느 학생 또는 어느 반이 공부를 잘할 것이라고 강력하게 믿으면 그렇게 될 것이라는 외면적 방향성이다. 반론이 많은 개념이지만, 이는 일반적으로 사회적 지위가 낮거나 나이가 어릴수록 더 효과가 있다.

10) 자아개념: 내가 만든 나

나는 누구인가. 남이 나를 만드는가, 아니면 내 생각이 나를 만드는가. 이에 관한 심리학적 개념으로서 자아개념(self-concept)이란 자신의 태도, 가치관 및 능력이나 행동특성과 관련된 자기 자신에 대한 이미지 전체다. 즉, '내가 만든 나'다. 이 자아개념은 주변 환경의 영향을 받아 만들어진다. 긍정적 상황이나 평가는 긍정적 자아를, 부정적 상황이나 평가는 부정적 자아를 형성하게 한다. 남아선호의 전통적인 가부장적 환경에서 자란 여성은 당연히 부정적 자아를 형성할 수밖에 없지만, 같은 여성이라도 '잘 기른 딸 하나 열 아들 안 부럽다.'는 환경에서 자란 여성의 자아는 긍정적일 것이다.

◆ 읽을거리

 미, IQ 대신 '노력지능'이 뜬다

관련 개념: 다중지능

미국 메릴랜드주 몽고메리 카운티 학교들은 최근 '노력지능(ef-fort-based intelligence)'이라는 새로운 개념을 교육에 적극 활용하기로 했다. '노력지능'을 바탕으로 한 교육이란, 학생들이 '현재 얼마나 똑똑한가'보다는 '효과적으로 노력했을 경우 얼마나 더 똑똑해질 수 있는가'를 기준으로 삼아 교육하는 방법이다. 지능지수(IQ)를 기준으로 '똑똑한 아이들'과 '그렇지 못한 아이들'을 구분하지 않고, '노력'이라는 변수에 따라 지능이 향상될 수 있다고 믿고 교육하는 것이다.

이 방법을 도입할 경우, 교사는 어떤 학생이 주어진 시간 내에 학과 내용을 이해하지 못했다고 해서 '뒤처진다.'고 평가하지 않는다. 대신 '아직 이해하지 못했을 뿐'이라고 평가하고 적절한 방법을 찾아 성과를 올릴 때까지 기다려 준다. 문제는 교사가 학생 개개인에게 적합한 방법을 찾아내고, 학생들이 그 방법에 따라 충분히 노력하겠다는 자세를 갖는 것이다. 어떤 아이들은 같이 공부할 친구가 있으면 공부가 더 잘되고, 또 어떤 아이들은 노트 정리법만 제대로 익혀도 성적이 오른다.

워싱턴 D.C., 디트로이트, 밀워키, 세인트 루이스 등 미국 곳곳의 공립학교에서도 '노력지능' 교육이 성과를 거두고 있다는 보고가 나오기 시작했다. '열심히 노력하면 더 잘할 수 있다.'는 상식이 새삼 각광받는 것은 그동안 '지능은 타고난다.'는 결정론적 사고가 미국 교육계를 지배해 왔기 때문이다. 그러나 이제는 한 가지 잣대로 아이들의 지능을 평가

하지 말자는 움직임이 일고 있다. 혹시 우리 주변에도 지금 당장 성적이 나쁘다고 해서 제대로 노력하기만 하면 꽃필 수 있는 잠재력까지 없다는 평가를 받는 아이들이 있는 것은 아닌지 돌아볼 때인 것 같다.

출처: 강인선, 2003. 10. 27.

 ## 통 찰

관련 개념: 인지이론

행동이란 유전하는 게 아니라 당대에 습득하는 속성이라는 주장을 펼치기 위해 하버드대학교의 비교심리학자인 B. F. 스키너는 상자 안에 쥐를 가두었다. 졸지에 '스키너 상자' 안에 갇힌 쥐에게는 그저 배고픔이라는 현실만 존재할 뿐 이렇다 할 기획도 정보도 없다. 그래서 쥐는 상자 안을 돌아다니며 할 수 있는 모든 걸 해 본다. 그러다가 우연히 어떤 단추를 눌렀더니 홀연 먹을 게 굴러 떨어지는 게 아닌가?

단추를 누르는 자신의 행동과 횡재의 연관 관계를 대번에 알아채는 쥐는 거의 없다. 그러나 몇 번의 시행착오 끝에 드디어 그 관계를 터득하면 허구한 날 연신 단추만 누른다. 스키너는 이를 '연관 학습'이라 불렀다.

독일의 인지심리학자인 볼프강 쾰러의 실험실에 있던 침팬지에게도 배고픔은 피할 수 없는 현실이었다. 덩그렇게 넓은 방에 먹을 것이라곤 천장 높이 매달려 있는 바나나뿐. 긴 막대기를 들고 아무리 뛰어 본들 닿을 수 없는 바나나를 물끄러미 올려다보던 침팬지가 갑자기 벌떡 일어나더니 방 안 여기저기 흩어져 있는 상자들을 차곡차곡 포개기 시작한다. 그러더니 그 위로 기어올라 가 막대기를 휘둘러 바나나를 따 먹는 데 성공한다. 동물행동학에서는 이를 두고 '통찰 행동'이라고 한다. 스키너의 쥐가 보여 주는 시행착오와는 차원이 다른 행동이다.

그렇다면 통찰력은 온전히 타고나는 능력일까? 쾰러가 만일 쥐를 가지고 실험했다면 통찰 행동을 발견했을 리 없었겠지만, 그렇다고 이 세상 침팬지 모두가 통찰력을 지닌 것은 아니다. 통찰력은 스키너의 쥐와 쾰러의 침팬지 사이 어딘가에 존재한다. 나는 최근 이 칼럼에 연재했던 글들을 모아 '통찰'이란 제목의 책을 냈다. 누구나 오랜 연구, 폭넓은 독서, 활발한 토론 등을 통해 통찰력을 기를 수 있다. 이참에 함께 뒤돌아보고, 건너다 보고, 헤집어 보았으면 좋겠다.

버뮤다 제도에서 목회하고 있는 마일즈 먼로 목사는 예지력(vision)을 다음과 같은 멋진 말로 설명하였다. "과거에 대한 이해를 바탕으로 통찰력을 갖추면 미래가 보인다(Foresight with insight based on Hindsight)." 결코 순탄치 않을 향후 5년간 이 나라를 이끌 명견만리(明見萬里)의 통찰력을 지닌 후보가 누군지 우리 모두 밝게(洞) 살필(察) 일이다.

출처: 최재천, 2012. 11. 6.

 1분이면 마음이 열립니다

관련 개념: 성취동기

개교기념일에 학교가 쉰다는 것을 모르고 학교에 간 초등학교 1학년 아이가 있었습니다. 텅 빈 복도에 우두커니 서 있는 아이를 발견한 당직

선생님, "지금부터 받아쓰기를 하는 거다. 자 그럼, 1번 '나', 2번 '우리' ……."

쉬운 낱말만 골라 부른 다음 커다란 동그라미와 함께 이렇게 말씀하셨습니다. "그래, 너 오늘은 백점 맞았으니까 특별히 일찍 가거라."

그날 이후 그 아이는 우등생이 되었다지요. 우리 자녀들에게도 이런 '교육의 순간'을 선물하고 싶습니다.

출처: 한국청소년상담원, 2003.

참고문헌

강인선(2003. 10. 27.). 미, IQ 대신 '노력지능'이 뜬다. 조선일보.

박아청(1992). 현대의 교육심리학. 경기: 학문사.

이훈구(1983). 현대심리학개론. 서울: 정민사.

정양은(1976). 심리학통론. 경기: 법문사.

정원식, 이상노, 이성진(1975). 현대교육심리학. 서울: 교육출판사.

최재천(2012. 11. 6.). 통찰, 최재천의 자연과 문화. 조선일보.

한국청소년상담원(2003). 1분이면 마음이 열립니다. 서울: 작은씨앗.

역사는 흐름으로 이해하라

-교육사-

제3장

역사는 흐름으로 이해하라
-교육사-

1. 역사란 무엇인가[*]

　교육사는 교육의 역사다. 교사가 되고자 하는 학생들에게 인류의 역사 중에서 교육의 역사를 소개하고자 하는 것이 교육사 학습의 본질이다. 교육사는 역사의 일부분이다. 그러므로 인류의 가장 오래된 학문 중의 하나인 역사 일반에 대한 학습이 선행되어야 교육사의 이해에 도움이 될 것이다.

　먼저 역사 연구는 왜 하는가, 즉 역사 연구의 필요성이다. 과거를 연구하는 가장 중요한 목적은 현재의 개선이다. 과거를 거울삼아 현재를 개선하자는 것이다. 산타야나(G. Santayana)의 말처럼, "과거를 기억하지 못하는 사람들은 과거를 되풀이한다."는 것이다. 베스트(J. W. Best)와 칸(J. V. Kahn)은 다음과 같이 주장하였다. "역사적 연구는 과거를 기술한다. 그 과정은 과거와 현재를 이해하는 데, 그리고 제한된 범위이지만 미래를 예견하는 데 도움이 되는 일반화를 발견할 목적으로 과거의 사건들을 조사·기록·분석 그리고 해석하는 것을

---

[*] 이 부분에 대한 기술은 윤정일 등의 『교육의 이해』(1995: 43-53)의 역사와 교육 부분을 참조하였다. 인용된 모든 학자는 이 책의 내용과 동일하다.

포함한다." 이처럼 역사연구는 인간의 행동을 지배하는 일반화들, 즉 법칙들을 발견하는 데 목적이 있다.

그러면 역사학은 어떻게 시작되었는가에 대하여 살펴보자. 기원전 5세기의 인물인 헤로도토스(Herodotos, BC.484~BC.425)의 저서 『역사(The Histories)』를 역사 연구의 시작으로 보며, 헤로도토스는 역사학의 아버지로 추앙받는다. 이후 역사 기록의 학문적 발전을 거듭하면서 투키디데스(Thukydides)의 저서 『펠로폰네소스 전쟁사』에 이르러서야 과학적 역사학으로 인정받게 된다. 그러므로 투키디데스는 인류 최초의 과학적 역사학자인 것이다. 투키디데스는 다음과 같은 말로 역사기술에 대한 자신의 태도를 밝히고 있다. "내가 쓴 이 책에는 로맨스가 결여되어 있기 때문에 독자에게 흥미를 주지 못할 것이라고 생각한다. 그러나 과거에 관한 정확한 지식이 인간사에서 비슷하게 닮아 갈 미래에 대한 해석을 갈구하는 사람들에게 유익할 것으로 판명된다면 나는 만족하게 생각할 것이다. 결국 나는 순간의 갈채를 받기 위해서가 아니라 영원한 소유물이 되기 위하여 이 책을 썼던 것이다."

역사가는 사료의 연구를 통하여 과거에 어떤 일이 일어났으며, 이를 바탕으로 시간적·공간적 관계를 고찰하여 인간행동의 법칙을 발견하려고 한다. 이러한 역사적 증거는 역사적 비평(historical criticism)의 과정을 통한 역사적 자료로부터 나온다. 역사학이 더욱 과학적이 되려면 다른 학문들과의 활발한 제휴가 필요하다. 인간과 사회에 관한 다른 인문·사회과학들과의 다학문적 연구가 요구된다. 이러한 역사 연구의 가장 중요한 핵심은 맥락의 인식이다. 역사적 판단은 맥락의 인식에서부터 시작되어야 한다는 것이다. 역사의 핵심은 개별적 사건의 조합이 아니라 맥락의 인식에 따른 흐름의 이해라는 것이다. 역사는 사건이 아니라 흐름이다.

2. 교육사와 교육철학

교육에 관한 동서양의 역사를 기원전의 시기부터 현대를 제외한 근대까지 정리한 것이 교육의 역사이고, 이와 함께 발전하고 변화해 온 교육에 관한 생각들을 정리한 것이 교육철학이다. 이 두 과목은 별개의 각론이지만 학부의 교직과정에서는 묶어서 하나의 과목으로 제공되는 것이 일반적이다. 그러므로 각론에서 학습하게 될 교육사의 구성을 알아보기 위해서는 '교육사 · 교육철학' 또는 이와 유사한 제목으로 구성된 교과서에서 교육사에 관한 부분을 소개하면 쉽게 이해할 수 있을 것이다. 먼저 노상우의 『교육의 역사와 사상』(1998)에서의 교육사 부분은 다음과 같다.

    제1부 서양 고대 · 중세의 교육
            제1장 고대의 교육
            제2장 중세의 교육
    제2부 근대 시민사회 전후의 교육
            제1장 르네상스 · 종교개혁운동과 근대적 인간교육의 출발
            제2장 계몽주의와 루소의 자연주의 교육사상
            제3장 페스탈로치의 교육사상
            제4장 헤르바르트의 교육사상
            제5장 프뢰벨의 유아교육사상

여기까지만 살펴봐도 이 책에서는 역사와 사상을 구분하지 않고 역사의 흐름 속에서 각각의 사상을 소개하고 있음을 알 수 있다. 이후의 구성에서도 사회주의 교육사상, 한국교육의 역사와 사상, 현대 교육사상, 미래교육의 담론: 생태중심 교육사상 등으로 기술되어 있다. 이처럼 노상우는 고대 · 중세 · 근

대·우리나라·현대·미래라는 구분 속에서 역사와 그 사상을 동시에 소개하고 있다. 이 책으로 보면 교육사와 교육철학은 동일한 학문이라는 점을 알 수 있다.

다음으로 남궁용권의『교육의 역사 철학적 기초』(1995)를 살펴보면, 우선 교육사와 교육철학의 성격을 간단히 소개하고 난 후 이 두 영역의 관련성을 제시하고 있다. 그 이후는 원시사회부터 한국과 서양의 현대교육까지를 역사적 맥락으로 제시하고 있다. 교육사와 교육철학의 관련성을 보기 위해서 이 책의 전체 구성을 살펴보면 다음과 같다.

제1장 교육사와 교육철학의 개념
　　　제1절 교육사
　　　제2절 교육철학
　　　제3절 교육사와 교육철학의 관련성
제2장 원시사회의 교육
　　　제1절 원시사회의 교육
　　　제2절 원시신앙교육
　　　제3절 집단유지 질서교육
제3장 고대국가의 교육
　　　제1절 서양 고대의 교육
　　　제2절 한국 고대의 교육
제4장 중세기의 교육
　　　제1절 서양 중세의 교육
　　　제2절 한국 중세의 교육
제5장 근대의 교육
　　　제1절 서양의 근대교육(1)
　　　제2절 한국의 근대교육(1)

제3절 서양의 근대교육(2)

제4절 한국의 근대교육(2)

제6장 현대의 교육

    제1절 서양의 현대교육

    제2절 한국의 현대교육

이처럼 각론인 교육사·교육철학의 교과서들은 교육사와 교육철학을 완벽하게 구분 짓지 않고 기술하고 있음을 알 수 있다. 하지만 교육학개론 교과서들을 보면, 이 두 영역을 철저하게 구분하여 기술하려는 경향을 보이고 있다. 대부분 유사하므로 한 권의 책을 예로 보도록 하자면 윤정일 등의 『신교육의 이해』(2002)의 제2장과 제3장을 보면 다음과 같다.

제2장 교육의 역사적 기초

    제1절 고대의 교육

    제2절 중세의 교육

    제3절 근대의 교육

제3장 교육의 철학적 기초

    제1절 교육철학의 성격과 탐구방법

    제2절 현대 교육철학의 사조

    제3절 현대 교육철학의 탐구주제

지금까지 살펴본 바를 바탕으로 두 학문 영역에 관하여 이야기하자면, 개론 수준의 기초 영역에서는 이 두 영역을 구분하여 사용하지만, 각론 수준에서는 이 두 영역을 동시에 연관지으면서 기술하고 있음을 알 수 있다. 하지만 한 단계 더 나아가서 대학원 석사·박사 과정에서는 교육사 전공과 교육철학 전공이 확실하게 구분된다.

이러한 교육사와 교육철학의 학문 특성을 바탕으로 하여 저자는 우선 개론 수준에서 이 두 영역을 구분함을 원칙으로 하고, 우리나라의 현재 교육이 미국을 중심으로 하는 서양교육이 바탕을 이루고 있으므로 동양의 교육이나 한국의 교육은 제외하고 서양의 교육을 중심으로 논의하였다. 우선 사건을 중심으로 각각의 시대를 기술한 후, 전체를 흐름이라는 관점에서 파악하고자 한다.

3. 교육의 역사적 과정: 서양교육을 중심으로

1) 고대 그리스의 교육

보통 고대라 함은 역사가 기록되기 시작한 기원전 700년 정도부터 시작해서 서로마제국이 멸망하여 기독교가 지배하는 사회로 넘어가기 전인 476년까지를 말하는 것이 일반적이다. 즉, 중세를 중심으로 역사를 볼 때 그 이전의 오랜 시기라고 보면 간단하다.

고대의 서양사회는 아직 국가가 형성되기 이전으로서 수많은 작은 도시 형태의 삶의 공간들이 도시국가라고 불리며 공존하던 시기였다. 이 시기의 가장 막강한 두 도시국가는 스파르타와 아테네였다. 이 시기는 모든 도시국가가 살아남기 위해서 강한 애국심을 가진 시민의 양성을 주된 교육목적으로 하였다.

스파르타는 수많은 피지배 집단인 농업노동자 계급을 지배하기 위한 막강한 통치력이 필요한 나라였다. 아주 작은 숫자의 통치자들이 20배 이상의 피지배 계급을 지배하기 위해서는 막강한 군사력이 필요하였고, 교육은 이러한 막강한 시민을 양성하기 위하여 전체주의적이고 엄격한 통제주의에 집착할 수밖에 없었다. 문화는 없고 힘만 있는 나라가 된 것이다. 아테네에 군사력으로 승리해서 고대 그리스 지역을 지배하기는 하였지만 문화적으로는 '스파르타식'이라는 엄격성만을 강조하는 용어만 남기게 되었다.

한편 아테네는 자유무역을 중심으로 하는 해상국가로서 자유스러운 분위기에서 민주적인 사상을 갖는 도시국가였다. 그러므로 아테네는 스파르타와는 대조적으로 시민의 개인적 자유가 보장되는 민주적 사회였다. 따라서 교육 역시 자유롭고 건전한 생각을 갖고 문화적 생활을 즐기는 자유 민주시민의 양성에 주력하였다. 같은 애국심을 강조했지만 스파르타는 스파르타의 강인한 군인양성을, 아테네는 건전한 자유시민 양성을 교육목적으로 하게 된 것이다. 강한 스파르타와의 펠로폰네소스 전쟁에서 패해 멸망하였지만 그들의 생각과 사상은 로마에 이어져 오늘에 이르고 있다.

이러한 아테네의 자유스럽고 민주적인 분위기는 소크라테스, 플라톤, 아리스토텔레스 등을 비롯한 수많은 철학자를 배출하였고, 인간정신의 계발에 바탕을 둔 자유로운 시민의 양성이라는 교육목적의 추구가 로마를 통해 후대로 이어짐으로써 이후 인문주의, 자연주의, 계발주의 교육이념의 성립에 지대한 영향을 미치게 되었다.

2) 고대 로마의 교육

그리스 도시국가들과의 전쟁과 경쟁에서 승리한 로마는 이 지역을 바탕으로 하여 서서히 세계 국가로 성장하는 막강한 국가가 되었다. 이러한 로마는 정신적으로 아테네 철학자들의 생각에 영향을 받았으며, 이를 무시하고 힘으로 지배하기보다는 자신들의 문화로 흡수하였다.

로마 역시 강한 애국심을 바탕으로 한 군사력을 가진 시민 양성에 주력하였음은 물론이다. 단체생활을 통한 준법성, 도덕성, 실천성을 강조하며 개인의 자유로운 정신수양과 계발을 경시하는 경향은 있었지만, 그 기저에는 아테네 문화를 중심으로 하는 인간중심 사상이 강조되고 있었다. 로마를 전기 · 후기로 나누기는 하지만, 그에 관계없이 로마를 관통하는 사상은 아테네의 자유스럽고 민주적인 분위기에서의 인간중심 시민의 양성이었던 것이다.

　로마의 지배권이 확대되고 제국의 형태로 모습이 바뀌어 가면서 정치적으로는 여러 변화를 겪게 된다. 실천 중심의 교육을 통한 유능하고 웅변의 능력을 갖춘 현명하고 강한 정치가 양성에 주력하게 되었다. 정치적·군사적으로 막강한 세계 제국으로 성장한 로마는 교육적으로는 아테네의 교육사상을 그대로 이어받아 발전시켰다. 바로 이 점이 스파르타와 로마의 다른 점이다. 아테네의 철학자들의 중심 생각이었던 인간중심의 사회, 참되고 착하고 아름다운 '인간'을 기른다는 거룩한 생각은 이와 같이 로마로 이어지게 된 것이다.

3) 중세의 교육

　로마의 막강한 국가의 힘은 권력 스스로에 의하여 무너지기 시작하였다. 권력의 향락 추구에 의한 부패와 타락이 극에 달하게 되면서 서서히 무너지게 된 것이다. 이와 함께 로마가 313년에 밀라노칙령을 통해서 기독교를 공인하며 국교로서 발전하기 시작하였는데, 막강한 종교세력 역시 그 권력에 의해 타락하게 되었다. 이것이 로마가 멸망하고 중세에 이르게 되는 출발점이다. 로마제국 해체 이후 유럽은 거대한 기독교 왕국을 지향하며 성직자와 세속 통치자 간의 투쟁으로 이어졌다. 그러므로 중세의 시작은 ① 로마의 귀족중심 정치·경제로 인한 타락하고 부패한 사회적·윤리적 요소, ② 권력화·세력화된 막강한 기독교적 요소, 그리고 ③ 북방에서 힘으로 밀고 내려와 로마를 잠식한 게르만족의 봉건적 요소를 바탕으로 한다.

　성직과 세속의 투쟁에서 우위를 차지하게 된 성직자 중심의 기독교는 서서히 중세를 신 중심의 사회로 변모시켰다. 로마의 타락이나 게르만 침략에 의한 파괴나 중세의 특성인 봉건주의 등 그 어느 것도 기독교 신 중심의 사상에 저항세력이 되지 못하였다. 이처럼 인간이 사라지고 신이 지배하는 세계가 무려 천 년 동안 이어지게 된 것이다. 바로 이러한 이유, 즉 인간이 사라졌다는 허무감이 이 시대를 암흑기라고 부르게 된 것이다.

이 시대의 모든 정치·사회·문화 등 세상 전반은 신 중심의 생각이 지배하였다. 그럼에서 인간이 사라지고 신이 그 중심에 서고, 음악은 신 찬양이 핵심 주제가 되며, 문학에서도 인간 중심의 주제는 가차 없이 제거되고 신 중심의 문학만이 남게 된 것이다. 과학적 생각들은 신을 배척한다는 칼날 아래 그 싹조차 없어지게 되었다. 물론 작은 교육의 형태들이 등장하기는 하였다. 봉건제도 유지를 위한 기사교육, 십자군 원정 이후 발생하는 시민계급을 통제하기 위한 시민교육(이는 대체로 조합이라고 불리는 길드를 중심으로 이루어진다.) 등이 있지만 그 중심은 당연히도 기독교 교육이었다. 대학교육의 태동을 이 시기로 보기도 한다. 하지만 당시의 대학은 가르치는 사람들의 길드가 중심이 되었다. 교황이 세속과의 타협이 필요한 이유 등으로 이 가르치는 '길드'가 영업권을 행사할 수 있도록 하여 탄생한 교육기관이 대학의 시작이라는 것이다.

결국 중세의 교육은 다른 모든 사회적 요소와 마찬가지로 신이 지배하게 되었다. 그러므로 이 시기의 교육은 기독교적 의미의 완전에 도달하는 교육, 교회의 권위에 의해 엄중한 감독을 받는 교육, 현세를 부정하고 내세를 준비하는 교육이 되었다. 인간 개인의 지적인 수양이나 자유로운 사고는 신에 의해 통제되고, 모든 인간의 사고는 오로지 교회와 교황에 의해 정립된 기독교적 사고만이 허용되는 비인간적 교육만이 존재하게 된 것이다. 만약 이처럼 인간이 사라지고 신이 지배하는 천 년 간의 암흑기는 인간을 되찾으려는 시도가 없었다면 또 다른 천 년으로 이어질 수도 있었을 것이다.

4) 근대 15~16세기의 교육: 인문주의

암흑기로서의 중세가 근대로 넘어오는 가장 중요한 핵심은 인간회복이다. 신의 지배에 의해 사라졌던 인간을 회복하는 일이다. 따라서 중세가 몇 년에 끝나고 근대가 몇 년도에 시작되었다는 등의 표현은 어색하다. 인간회복을 위한 시도가 언제부터 이루어졌는가가 중요하다. 역사적 표현으로 근대사회는

1453년 동로마제국의 멸망에서부터 시작된다. 그러나 사상적 측면에서 본다면 근대사회의 출현은 이탈리아에서 시작되어 15세기에 절정을 이룬 오랜 기간에 걸친 르네상스, 즉 문예부흥운동에서 비롯된 것이다. 이후 이것은 독일에서의 종교개혁으로 마무리된다. 르네상스와 종교개혁은 다른 사건이지만, 인간회복이라는 흐름으로 보면 같은 맥락이다.

르네상스는 고대 그리스의 고전학문과 그 가치에 대한 관심을 확대함으로써 인간 본성을 재발견하려는 지적 각성 운동이다. 이 운동은 신 중심에서 인간 중심으로 사고의 전환을 이루었기 때문에 인문주의라고 표현된다. 인문주의는 모든 다양한 표현과 작품에서 인간의 본성을 주제로 삼고 인간의 존엄성을 강조한다. 이를 통해 인문주의는 상실된 인간정신과 지혜의 부활을 위해 노력한다. 이 인간회복의 인문주의 운동은 시간이 지나면서 점차 언어주의와 형식주의로 변질되어 가기도 하였다.

이탈리아를 중심으로 일어나 인간회복을 주창하던 시기에 이어 독일에서는 16세기 초부터 또 다른 인간회복 운동이 일어났다. 신 중심의 종교를 인간에게 되돌려주자는 운동, 이른바 기독교의 민주화 운동으로서 종교개혁이 일어난 것이다. 표면적으로는 종교적 모순과 타락에 대한 반발이었지만 실제로는 인간회복 운동이었던 것이다. 종교개혁은 우선 라틴어 성경의 자국어 번역으로 시작된다. 이는 구텐베르크 활자의 발명에 힘입어 대량 출판으로까지 이어졌다. 신 중심에서 탈피한 인간 중심의 기독교 사상은 이론과 실제를 아우르는 조화로운 인간발달에 기여하였다.

5) 근대 17세기의 교육: 실학주의

신에 의해 억눌려 있던 인간의 사고는 인문주의에 의해 서서히 회복되기 시작하였다. 인간의 존엄성에 대한 인식과 의식의 확산 및 자유주의 교육이 활발히 전개되었다. 하지만 인간회복보다는 고대의 언어와 문화에 치중하는 이른바 언어주의와 형식주의의 늪에 빠져 더 나아가지 못하게 되었다. 이에 대한 반발로 시작된 것이 17세기의 실학운동이다.

암흑기의 모든 지식이 신 중심의 이론으로 인간이 배제되었으므로 이제는 실제로 인간에게 필요한 학문을 하자고 하는 운동으로서 실학주의가 대두된 것이다. 실학주의는 실용성을 교육의 목표로 삼고, 구체적인 사물에 대한 지식을 다루며, 자연과학적 접근을 시도하며, 고전 언어주의에서 탈피하며, 여행·관찰·실험 등 다양한 교육방법을 채택하는 등 인간 중심의 교육을 통해 실제적 학문을 발전시키는 데 기여하였다.

실학주의는 인문적 – 사회적 – 감각적 실학주의로의 발전과정을 거쳤다. 처음으로 등장한 인문적 실학주의는 발전 초기의 과도기적 상황에서 고전 연구를 통해 현실생활에 잘 적응하는 유능한 인간 양성을 교육목적으로 하였다. 다음으로 사회적 실학주의는 고전을 배우는 것도 중요하지만 사회생활을 통해 실제적이고 구체적으로 인간의 삶에 기여하는 경험 중심 교육을 목적으로 하였다. 실학주의 발전의 정점인 감각적 실학주의는 본격적 의미의 실학주의 정착이다. 단순히 책이나 지식을 습득하는 학습을 지양하고 실물이나 표본은 인간이 감각적으로 직접 접하고 관찰함으로써 보다 효과적으로 사물의 본질에 접근하자는 것이다. 이른바 과학적 실학주의의 등장인 것이다.

이러한 과학적 실학주의의 등장으로 인해 그동안 신 중심에 의해 억눌려 왔던 인간의 과학적 활동이 다시 불타오르게 되었다. 이른바 과학의 발전이 시작된 것이다. 현재 우리 사회에 적용되는 기초적 과학 이론은 거의 대부분 이 시점을 중심으로 발달된 것이라고 보아도 무리가 아닐 정도로 폭발적인 과학 발전을 이루어 낸 것이 이 시기다.

6) 근대 18세기의 교육: 계몽주의

과학의 발전을 이끌어 낸 17세기의 실학주의는 18세기의 계몽주의로 이어진다. 시기적으로 보면 1688년 영국의 명예혁명으로부터 1789년 프랑스의 시민혁명에 이르는 기간으로, 이 시기에 봉건적 사회체제가 붕괴되고 근대사회가 형성되기 시작하였다.

모든 것을 이성에 비추어 보고 비합리적이고 무지몽매한 것을 철저히 비판하는, 그리고 새로운 시민사회를 위한 인간 중심의 합리적인 신념과 철학이 계몽주의 사상의 핵심이다. 계몽주의는 시민적 삶의 관계와 교육관계의 변화를 초래하면서 근대화로 발전하였고, 인간을 위한 교육을 급격하게 진행시켰다. 또한 계몽주의는 비판과 자유의 정신이었다. 중세의 잔재인 사회적 습성과 전통 또는 억압과 불합리에 대한 비판과 저항의 성격을 띠게 되었고, 인간 이성의 완전한 해방과 새로운 진보를 위한 자유이념을 최고의 가치로 삼았다. 영국의 로크(J. Locke, 1632~1704)를 중심으로 한 합리주의 교육사상, 프랑스의 루소(J. J. Rousseau, 1712~1778)를 중심으로 한 자연주의 교육사상도 이 시기에 등장한 주요 교육사상이다.

자연주의 교육은 자연의 여러 법칙을 발견하여 교육의 과정에 적용하고 인간발달의 자연법칙에 따라 교육을 해야 한다고 주장하였다. 한 개인을 교육하려면 그의 성장의 자연적 법칙을 알아야 한다는 것이다. 교육의 목적이나 과정도 모두 아동의 성장 발달에 관한 연구를 토대로 결정해야 한다고 주장하며, 아동심리의 중요성을 강조하였다. 자연주의 교육은 모든 인공적인 것에 반대하여 자연으로 돌아가자는 것이다.

7) 근대 19세기의 교육: 국가주의

이 시기는 사상적으로 매우 복잡한 시대이기는 하지만 각각의 사회가 국가라는 핵을 중심으로 뭉치면서 이른바 국민국가가 발흥하기 시작하였다. 국민국가주의는 국가가 교육을 주도하는 공교육제도의 확립과 누구나 학교에 와야만 한다는 의미의 의무교육제도가 정착하고 확대되었다.

국가주의 교육사상은 교육을 국가사업의 일환으로 보고, 국가에 의한 교육의 통제와 의무교육제도의 실시 등을 강조하고 강요하는 교육이론을 전개하였다. 지금까지 개인이나 단체 혹은 교회가 담당해 왔던 교육권을 국가 수준에서 가져감으로써 공교육제도의 정당성을 확보하고 그 제도적 기초를 확립하였다. 이는 국가주의 교육이 지향하는 교육의 목적이 개인의 성장과 발달보다는 국가나 사회의 존속과 발전에 있음을 의미한다.

또한 19세기는 교육학의 학문적 정립이 이루어진 시기이기도 하다. 교육활동의 내부를 탐구함으로써 교육사상과 교육이론의 체계화를 시도한 시기였다. 학습자의 심리를 존중하고 그에 따른 인간발달을 도모하는 데 관심을 가진 학자들이 등장하였다. 이른바 계발주의 또는 발달주의 교육사상이 등장한 것이다. 발달주의 교육사상은 관찰과 실험을 통해 심리학적 원칙을 발견하고 이에 근거하여 과학적인 교육방법을 확립할 수 있다는 것이다. 인간발달의 초기 단계의 중요성을 강조하여 유아와 아동발달의 연구를 강조하기도 하였다. 이 시기의 주요 학자로 페스탈로치, 헤르바르트, 프뢰벨을 들 수 있다.

페스탈로치(J. H. Pestalozzi)는 교육이 인간, 특히 소외된 집단을 위해 무엇을 해야 하는가를 극명하게 밝힌 교육자로서 사랑의 교육실천가 또는 교육의 아버지로 추앙받는다. 자연의 섭리에 따르는 합자연교육은 '안에서 밖으로, 단순한 것에서 복잡한 것으로, 가까운 곳에서 먼 곳으로, 욕구의 충족에서 사랑의 발현으로, 이기적 본능에서 사회성으로, 수동성에서 자발성으로' 이끌게 된다. 이러한 자연주의 사고는 당시 인간불평등의 문제를 교육적으로 해결하고자 한 성격을 강하게 담고 있다. 경제적 불평등과 정치적 소외 속에서 살고 있는 이들에게 사랑으로 다가가고자 한 페스탈로치의 교육이념은 현대를 살아가는 우리에게 많은 시사점을 주고 있다.

헤르바르트(J. F. Herbart)는 독일의 철학자로서 교육학을 철학으로부터 독립시켜 하나의 과학적 학문으로 체계화한 최초의 학자다. 그는 교육의 목적에 대한 학문으로서의 윤리학과 교수방법 및 접근 이론에 관한 학문으로서의 심리학을 조화롭게 구성하여 교육학을 학문적으로 체계화하려고 노력하였다. 헤르바르트는 교육학의 아버지로 불리기도 한다. 헤르바르트의 교육관과 방법론은 루소나 페스탈로치의 자연주의 성격을 발전시켜 인간의 의지와 흥미를 적극적으로 학문에 연관시킴으로써 과학적인 교육학으로의 발전을 시작하였다.

프뢰벨(F. W. A. Fröbel)은 자유주의 교육관에 입각하여 특히 유아에 초점을 맞추고 인간교육을 전개한 교육학자이자 유아교육의 아버지로 널리 알려져 있다. 엄격한 교육방식에서 벗어나 아동의 자발성과 창의성을 존중한 프뢰벨은 유치원(Kindergarten) 설립과 가베(Gabe, Gaben, 은물)에 의한 교육을 제창하였다. 그는 1837년에 독일의 블랑켄부르크라는 마을에 아동교육기관을 설립하고 3년 후 이 기관을 어린이(Kinder)의 정원(Garten)이라고 부르게 되었다. 이 시절 프뢰벨은 구, 입방체, 원통과 같이 고정된 형태의 실물로 이루어진 20여 종의 가베를 제작하여 가베에 의한 교육이라는 독특한 교육방식을 제창하였다.

8) 현대 20세기의 교육: 혁신과 전쟁의 시대

현대의 교육을 개론 수준의 교육사에서 설명하기에는 어려움이 많다. 아직 진행 중이거나 새롭게 이어져 오고 있는 20세기의 교육사상을 논하기에는 사관의 정치적 한계에 부딪힌다. 다만 중요한 두 가지 이념으로 20세기를 설명한다면 혁신과 전쟁이다.

20세기는 이전의 그 어느 시기보다, 아니 이전의 시기를 모두 합친 것보다 많은 과학적 발전을 이루었다. 가히 엄청난 속도의 발전이었다. 이러한 과학 문명의 혁신적 발전은 인간의 생활에 발전적 변화와 아울러 인간성을 말살하는 계기가 되기도 하였다.

또한 19세기에 시작된 국가주의는 각각의 국가 간의 힘겨루기, 즉 전쟁으로 이어지게 되었다. 20세기가 시작된 이후 제1차 세계대전, 제2차 세계대전, 한국전쟁, 베트남전쟁, 그리고 뒤이어 에너지전쟁의 성격으로 중동전쟁이 지금까지 이어지고 있다. 가히 혁신과 전쟁의 시대라 해도 과언이 아닌 정신문명과 인간성 파괴의 새로운 암흑기로 표현되기도 한다.

4. 흐름으로서의 교육사 이야기

투키디데스(Thukydides)는 이미 2,500년 전에 역사는 로맨스가 결여된 재미없는 것이라고 그의 저서 『펠로폰네소스 전쟁사』에서 강조하고 있다. 불멸의 지식으로서 기록하고 있을 뿐 누군가가 현실에서 자신의 글을 읽지는 않을 것이라는 것이다. 역사는 재미없다. 하지만 역사드라마는 재미있다. 조선시대의 명의인 허준을 다룬 드라마 〈허준〉, 조선시대 궁중의 음식문화를 다룬 〈대장금〉 등이 재미없었는가. 아마도 많은 국민, 게다가 많은 나라의 외국인까지도 몰입하게 만든 드라마였을 것이다.

왜 역사는 재미없고 역사드라마는 재미있을까. 드라마는 사건에 대한 소개가 아니라 스토리텔링이기 때문이다. 우리는 오랫동안 역사를 공부했지만 역사가 학습자의 흥미를 끌지 못한 가장 중요한 이유는 역사를 사건의 조합으로 암기했기 때문일 것이다. 몇 년도에 무슨 사건이 일어났고, 누가 무슨 물건을 발명했고, 어느 해의 임금이 어떤 정책을 폈는가 하는 등의 학습방식을 의미한다. 이제 우리는 이 사건 중심의 학습을 흐름으로 이해하여야 한다. 맥락 속에서 사건을 보면 그 사건에 얽힌 전후의 이야기들이 등장할 것이다. 그러면 사건은 이야기가 되고 우리에게 새로운 역사 이해의 장을 열어 줄 것이다. 이러한 '흐름'의 입장에서 지금까지 밝힌 교육의 역사를 '이야기'하고자 한다.

고대 그리스 문화, 즉 아테네의 자유스럽고 민주적인 분위기는 소크라테스, 플라톤, 아리스토텔레스 등을 비롯한 수많은 철학자를 배출하였고, 인간정신의 계발에 바탕을 둔 자유로운 시민의 양성이라는 교육목적의 추구가 로마를 통해 후대로 이어짐으로써 이후 인문주의, 자연주의, 계발주의 교육이념의 성립에 지대한 영향을 미치게 되었다. 이때 성립된 인간교육에 대한 생각, 즉 교육목적은 '참되고 착하고 아름다운 인간의 양성'이었다. 여기서 참되고(眞: 진) 착하고(善: 선) 아름다운(美: 미) 것의 핵심에는 인간(人間)이 있었다. 즉, 인류 최초의 교육목적은 인간을 기르는 것이었으며, 그 인간은 참되고 착하고 아름다워야 한다는 인간중심의 교육을 강조한 것이다.

고대에 소크라테스 등에 의하여 만들어진 이 인간중심의 교육은 지금까지 이어지고 있다. 우리 교육의 목적을 '참되고 착하고 아름다운 인간의 양성'이라고 해도 아무런 문제가 없다. 그러나 이러한 거룩한 교육에 대한 생각은 역사의 흐름에 따라 크게 흔들리게 되었다. 그리스에서 로마로 이어진 이 생각은 로마가 성장하고 기독교를 국교로 채택하기 전까지는 그대로 이어졌다. 로마는 강한 애국심을 바탕으로 한 군사력을 가진 시민을 양성함에 주력하였고 단체생활을 통한 준법성·도덕성·실천성을 강조하며 개인의 자유로운 정신수양과 계발을 경시하는 경향은 있었지만, 그 기저에는 아테네 문화를 중심으로 하는 인간중심 사상이 강조되고 있었다. 아테네 철학자들의 중심생각이었던 인간중심의 사회, 참되고 착하고 아름다운 '인간'을 기른다는 생각은 이와 같이 로마로 이어지게 된 것이다.

하지만 로마는 권력의 향락 추구에 의한 부패와 타락이 극에 달하게 되면서 서서히 무너지고 말았다. 이와 함께 로마가 313년에 밀라노칙령을 통해서 기독교를 공인하며 국교로서 발전하기 시작하였는데, 막강한 종교세력 역시 그 권력에 의해 타락하게 되었다. 이것이 로마가 멸망하고 중세에 이르게 되는 출발점이다. 성직과 세속의 투쟁에서 우위를 차지하게 된 성직자 중심의 기독교는 서서히 중세를 신 중심의 사회로 변모시켰다. 로마의 타락이나, 게르만 침략에 의한 파괴나, 중세의 특성인 봉건주의 등 그 어느 것도 기독교 신 중심의 사상에 저항 세력이 되지 못하였다. 이처럼 인간이 사라지고 신이 지배하는 세계가 무려 천 년 동안 이어지게 된 것이다. 바로 이러한 이유, 즉 인간이 사라졌다는 허무감이 이 시대를 암흑기라고 부르게 된 것이다. 이 시대의 모든 정치·사회·문화 등 세상 전반은 신 중심의 생각이 지배하였다. 그럼에서 인간이 사라지고 신이 그 중심에 서며, 음악은 신 찬양이 핵심 주제가 되며, 문학에서도 인간 중심의 주제는 가차 없이 제거되고 신 중심 문학만이 남게 되었다. 과학적 생각들은 신을 배척한다는 칼날 아래 그 싹조차 없어지게 되었다. 이처럼 인간이 사라지고 신이 지배하는 천 년 간의 암흑기는 인간을 되찾으려는 시도가 없었다면 또 다른 천 년, 즉 지금까지 이어질 수도 있었을 것이다.

암흑기로서의 중세가 근대로 넘어오는 가장 중요한 핵심은 신의 지배로부터의 인간회복이다. 신의 지배에 의해 사라졌던 인간을 회복하는 일은 오랜 기간에 걸친 르네상스 운동과 종교개혁에 의해 마무리되었다. 르네상스와 종교개혁은 다른 사건이지만, 인간회복이라는 흐름으로 보면 같은 맥락이다. 르네상스는 고대 그리스의 고전학문과 그 가치에 대한 관심을 확대함으로써 인간본성을 재발견하려는 지적 각성 운동이다. 이 운동이 신 중심에서 인간 중심으로 사고의 전환을 이루었기 때문에 인문주의라고 표현된다. 이어 독일에서는 16세기 초부터 또 다른 인간회복 운동이 일어났다. 신 중심의 종교를 인간에게 되돌려 주자는 운동, 이른바 기독교의 민주화 운동으로서 종교개혁이 일어난 것이다. 표면적으로는 종교적 모순과 타락에 대한 반발이었지만 실제로는 인간회복 운동이었다.

신에 의해 억눌려 있던 인간의 사고는 15, 16세기의 인간회복을 기저로 하는 인문주의에 의해 서서히 회복되기 시작하여 인간의 존엄성에 대한 인식과 의식의 확산 및 자유주의 교육이 활발히 전개되었지만, 인간회복보다는 고대의 언어와 문화에 치중하는 언어주의와 형식주의의 늪에 빠져 더 나아가지 못하게 되었다. 이에 대한 반발로 시작된 것이 17세기의 실학운동이다. 암흑기의 모든 지식이 신 중심의 이론으로 인간이 배제되었으므로 이제는 실제로 인간에게 필요한 학문을 하자고 하는 운동으로서 실학주의가 대두된 것이다. 이러한 과학적 실용주의의 등장으로 인해 그동안 신 중심에 의해 억눌려 왔던 인간의 과학적 활동이 다시 불타오르게 되었다. 이른바 과학의 발전이 시작된 것이다. 현재 우리 사회에 적용되는 기초적 과학 이론은 거의 대부분 이 시점을 중심으로 발달된 것이라고 보아도 무리가 아닐 정도로 폭발적인 과학 발전을 이루어 낸 것이 이 시기다.

과학의 발전을 이끌어 낸 17세기의 실학주의는 과학으로 인해 무너진 자연과 인간성의 회복이라는 형태로 18세기의 계몽주의로 이어졌다. 시기적으로 보면, 1688년 영국의 명예혁명으로부터 1789년 프랑스의 시민혁명에 이르는 기간으로, 이 시기에 봉건적 사회체제가 붕괴되고 근대사회가 형성되기 시작하였다. 새로운 시민사회를 위한 인간 중심의 합리적인 신념과 철학이 계몽주의 사상의 핵심이다. 계몽주의는 시민적 삶의 관계와 교육관계의 변화를 초래하면서 근대화로 발전하였고, 인간을 위한 교육을 급격하게 진행시켰다. 계몽주의는 비판과 자유의 정신이었다. 또한 계몽의 또 다른 이름은 교육, 즉 나눔이다. 자연으로 돌아가자는 이유도, 그동안 발전된 과학적 성과를 나누어 갖자는 이유도 모두 과학의 발전에 의해 무너진 인간을 되찾자는 것이었다.

19세기에 들어서면서 각각의 국가는 서로 경쟁하며 발전하였다. 18세기의 계몽주의에 의해 나누어 가진 과학의 힘이나 시민사회의 형성이라는 근대국가 이념이 발전하면서 그전에는 희미하였던 국가라는 개념이 강하게 대두되기 시작하였다. 이른바 국민국가가 발흥하기 시작하였다. 국민국가주의는 국가가 교육을 주도하는 공교육제도의 확립과 누구나 학교에 와야만 한다는 의미의 의무교육제도가 정착하고 확대되었다. 그러면서 각각의 국가는 자신들의 강함을 주장하기 시작하면서 분쟁의 싹이 트기 시작한 것이다. 이는 산업혁명에 의한 자본주의의 발전으로, 자본가와 노동자의 계급이 대립하는 등 경제적 분쟁의 소지도 안게 되었다. 즉, 자본의 노동지배에 의한 가치관의 변화가 다시 인간의 가치를 흔들게 된 것이다. 이 상황은 바로 20세기의 혁신과 분쟁의 상태로 이어지면서 계속 인간은 흔들리게 되었다.

20세기는 혁신적 과학의 발전을 이루었고, 이러한 과학문명의 혁신적 발전은 인간의 생활에 발전적 변화와 아울러 인간성을 말살하는 계기가 되기도 하였다. 혁신에 의한 인간의 흔들림이다. 또한 19세기에 시작된 국가주의는 각각의 국가 간의 힘겨루기, 즉 전쟁으로 이어지게 되었다. 20세기가 시작된 이후 제1차 세계대전, 제2차 세계대전, 한국전쟁, 베트남전쟁, 그리고 뒤이어 에너지전쟁의 성격으로 중동전쟁이 지금까지 이어지고 있다. 따라서 가히 혁신과 전쟁의 시대라 해도 과언이 아닌 정신문명과 인간성 파괴의 새로운 암흑기로 표현되기도 한다.

◆ 읽을거리

 기억하지 않는 역사는 되풀이된다

관련 개념: 역사인식

친일인명사전에 수록될 인물 4776명이 공개됐다. 을사조약 전후부터 1945년 8월 15일 해방에 이르기까지 일본 제국주의의 국권 침탈과 식민통치, 그리고 침략전쟁에 적극 협력해 우리 민족과 다른 민족에게 피해를 끼친 자라는 기준에 따라 선정된 인물들이다. 8월 사전 출간을 앞두고, 가장 중요한 작업이 일단락됐다. 150여 명의 전문가가 2001년부터 작업했으니 무려 7년 가까이 걸렸다.

사전 편찬은 단순히 친일에 대한 심판을 뜻하는 건 아니다. 이보다는 잘못된 과거를 기억하고 되새김으로써 그와 같은 일이 다시는 되풀이되지 않도록 하자는 데 더 큰 의미가 있다. 타인에 대한 억압이나 차별이 없는 사회, 전쟁과 침략을 반대하고 변화의 가치를 지키는 사회, 개인의 자유와 인권을 존중하는 민주주의 사회로 나아가기 위한 역사적

이정표로서 의미도 있다.

　이번 작업은 순전히 민간 차원에서 이뤄졌다. 민간기구인 민족문제연구소와 친일인명사전 편찬위원회가 국민성금으로 이뤄 냈다. 국민의 높은 의식 수준이 자랑스럽지만, 지금도 여전히 우리 사회를 덮고 있는 친일의 망령을 보여 주는 것이어서 착잡하다. 사실 이 작업은 나라에서 해야 했다. 그러나 정치권, 재계, 언론계를 쥐락펴락하는 친일의 망령에 밀려 나서지 못했다. 2002년 국민의 정부는 기초조사에 필요한 최소한의 예산(2억 원)지원을 계획했으나, 국회는 이마저 모두 삭감했다.

　보수·우익 단체들은 지금도 대한민국의 정통성과 체제를 위협하는 친북 행위라며 사전 편찬을 방해하고 있다. 뉴라이트 계열의 학자들은 심지어 일본 우익의 식민지 근대화론을 그대로 빌려와 일제의 병탄을 미화하고 친일을 비호한다. 이명박 정부는 병탄의 역사를 묻어 두는 것이 실용외교라고 주장한다. 역사는 단순한 과거가 아니다. 오늘의 삶을 비추는 거울이고 내일을 향해 열린 창이다. 일제의 병탄은 한반도의 분단과 전쟁을 초래했고, 청산되지 않은 친일은 이후 이승만 독재, 박정희 군사정권 등으로 이어졌다.

　기억하지 않는 역사는 되풀이된다. 잘못은 용서할 순 있어도, 잊어서는 안 된다. 기억의 보고인 친일인명사전은 시대적 역류를 극복하고, 역사의 정의를 바로 세우며, 평화의 가치를 드높이는 이정표가 될 것이다.

출처: 한겨레신문, 2008. 4. 30.

국민학교와 초등학교

관련 개념: 역사인식

19세기 말 우리나라에 처음 등장한 근대적 초등교육기관의 명칭은 '소학교' 또는 '보통학교'였다. 일본과의 강제 병합 이후에는 한국인이 다니는 학교는 보통학교, 일본인이 다니는 학교는 소학교라고 불렀다. 그러다가 1926년부터 '심상소학교(尋常小學校)'로 통일되었다.

1941년, 제국주의 일본은 심상소학교라는 명칭을 '국민학교'로 바꾸었다. 명칭을 바꾼 이유에 대해 「국민학교령」 제1조에서는 국민학교의 목적을 "황국(皇國)의 도(道)에 따라 보통교육을 실시하고 국민의 연성(練成)을 행함"이라고 규정했다. 조선총독부에서는 "조선에서는 국민의 연성 외에 내선일체(內鮮一體)의 구현에 힘을 쓸 것"이라고 밝혔다.

즉, 국민학교 명칭의 도입에 따라 초등교육의 목적이 천황에게 충성하는 일본 국민의 양성에 있음이 분명해졌다. 아울러 한국인에게 국민학교란 명칭의 사용은 민족적 정체성의 말살과 침략전쟁으로의 동원을 의미했다. 바로 이것이 태평양전쟁 도발을 앞두고 일제가 국민학교 명칭을 도입한 이유였다.

이름을 바꾸는 것과 함께 교육내용에서도 "보편적인 도덕이 아니라 일본의 도덕을 가르친다."는 이른바 '국민과(國民科)'가 강조되었다. 수신(修身, 일본 도덕), 국어(일본어), 국사(일본사), 지리(일본 지리)로 구성된 '국민과'에 대한 특별한 강조가 진행됐다. 이는 어린이를 대상으로 하나는 교육의 첫 단계에서부터 노골적으로 국가주의적 색채를 강화한 것이었다.

1945년 해방 이후 우리 사회 각 분야에서 일본 제국주의의 식민지 잔

재가 청산되어 왔지만, 국민학교라는 명칭은 오랫동안 큰 논란 없이 사용되었다. 그것이 단지 명칭의 사용 문제만은 아닐 것이다. 중요한 것은 그 명칭에 담긴 제국주의적 교육의 성격에 대한 반성도 유보되었다는 점이 아닐까. 패전 직후 일본이 학교 명칭을 '국민학교'에서 다시 '소학교'로 바꾼 것을 보면 더욱 그렇다.

출처: 염복규, 2007. 4. 27.

 ## 사관(史觀)이 통일된 한국사 교과서가 필요하다

관련 개념: 역사교육에 국가가 중심이 되어야 하는가(논쟁거리)

한국인처럼 자신들의 역사를 자랑스럽게 여기는 민족도 드물다. 세계에서 중국과 일본을 우습게 여기는 나라는 한국뿐이라는 우스갯말도 있다. 그러다 보니 자신들이 사랑하는 한국사에 대한 열정이 뜨겁다. 최근 한국사 교과서를 국정으로 할지 검인정으로 할지의 논란에 대해 사회적 관심이 매우 높은 것도 그 때문이다.

교과서는 미성년 집단인 학생을 대상으로 한 것이므로 교육목적이 있어야 하고 그에 합당하게 제작되어야 한다. 교과서는 자유로운 학문의 성과를 집약·정리하여 발간하는 학자들의 개설서와는 다르다. 한국사 교과서는 대한민국의 헌법과 국체(國體)를 기준으로 하여 국민에게 그 역사를 '가르쳐[敎]' 국민으로 '기른다[育]'는 목적에 부합해야 한다. 따라서 교과서 제작 주체는 국가나 국가가 지정한 집단이 되어야 한다. 물론 그 구성원은 민주적 절차로 선임되어야 할 것이다. 교육 목적을 달성하고 학자들 간의 이견을 줄이기 위해서는 초등학교부터 고등학교까지 각각 한 권의 교과서로 엮어 사관(史觀)의 통일성을 꾀하는 방법이 바람직하다. 이러한 통합 교과서를 기획하고 제작할 수 있는 주체는 국가밖에 없다.

한국사 교과서 국정화 작업에 참여하는 학자들은 학회, 출신 학교, 전공, 지역, 연령 등을 초월함은 물론 초·중·고 교사들도 동참시키고 신청제로 하여 참여 폭을 넓혀야 한다. 그리고 이들의 논의를 거쳐 최대 공통분모가 되는 내용을 교과서에 수록해야 한다. 이렇게 제작된 교과서는 4~5년을 주기로 다른 연구자들이 수정·보완하여 재집필하는 시스템을 갖추면 대립 없는 교과서가 될 것이다. 이런 작업은 10명 미만의 집필자로 구성된 현행 검인정 교과서 체제하에서는 할 수가 없다.

국정화 주장은 국사 교육 정책과도 관련이 있다. 현재 교과서 분량은 학생들에게 피로감을 줄 정도로 많다. 그러므로 교과서 분량을 줄여야 한다. 그 내용은 앞서 말한 바와 같이 초·중·고를 각각 한 권으로 하되 반드시 알아야 할 내용만 수록한다. 평가 목표는 전원 100% 이해로 설정하고, 측정 목표치는 '합격(PASS)' 여부만 가리는 것으로 하여 통과의례로서 국사 교육을 필수화하는 것이다. 그 밖의 교과 시간은 교사의 역할로 돌려서 부담 없는 국사 교육을 실시하여야 한다. 그 시간에 주변국 사정과 세계사 교육 등을 할 수도 있을 것이다.

일부에서는 수능 및 공무원 고시와 관련하여 수험생에게 혼란을 주어서는 안 되므로 국정화하여야 한다는 주장도 있다. 국정화가 출판사마다 과다한 출혈 경쟁 비용을 줄일 수 있다는 견해도 있고, 중국의 동북공정이나 일본의 우경화에 대응하기 위한 방편이라고도 한다. 이러한 유용한 주장들은 앞으로 계속 제기되고 수정·보완해 나가야 할 것이다.

한국사 교과서 국정화를 반대하는 이들의 가장 큰 우려는 1970~

1980년대처럼 국가권력이 자신들의 목적을 위하여 교과서를 획일화할 것이라는 것이다. 하지만 지금은 그때의 정치 현실과 다르다. 오히려 과잉 민주화를 우려할 정도다. 시민단체나 SNS 등 통신 매체가 그런 상황의 발생을 결코 방관하지 않을 것이다.

나는 한국사 교과서 국정화를 지지한다. 그렇다고 국정화가 최상의 검인정화가 나쁘다는 의미는 아니다. 어떤 체제든지 장단점이 있기 마련이다. 나는 단지 현재 우리나라 상황에서 국정화가 상대적으로 필요하다는 견해를 갖고 있다. 그리고 교과서는 체제도 중요하지만 무엇보다 내용이 좋아야 좋은 교과서다. 역사를 자랑스럽게 여기는 우리 민족에게 좋은 역사 교과서를 선물해 주어야 한다.

출처: 이재범, 2014. 9. 22.

참고문헌

기억하지 않는 역사는 되풀이된다(2008. 4. 30.). 한겨레신문.

남궁용권(1995). 교육의 역사 철학적 기초. 경기: 학문사.

노상우(1998). 교육의 역사와 사상. 서울: 교육과학사.

윤정일, 신득렬, 이성호, 이용남, 허형(1995). 교육의 이해. 서울: 학지사.

윤정일, 허형, 이성호, 이용남, 박철홍, 박인우(2002). 신교육의 이해. 서울: 학지사.

이재범(2014. 9. 22.). 史觀(사관)이 통일된 한국사 교과서가 필요하다. 조선일보.

염복규(2007. 4. 27.). 국민학교와 초등학교. 중앙일보.

교육에 대한 생각덩어리

-교육철학-

제4장

교육에 대한 생각덩어리
-교육철학-

1. 철학이란 무엇인가*

인간의 학문 전통 중에서 가장 그 역사가 깊은 것이 철학이며, 모든 학문은 철학으로부터 시작된다. 교육철학은 철학 중에서 교육에 관한 내용, 또는 교육을 철학적 사고에서 접근한 것을 의미한다. 그러므로 교육철학을 학습하기에 앞서서 철학에 대한 일반적 이해가 필요하다.

철학은 생각이다. 인간이 생각하는 모든 활동이 철학이다. 학문적으로 철학이란 어원적으로 보면 지혜를 사랑하는 활동이라는 의미다. 자연과 우주와 인생의 의미를 찾으려는 시도도 이에 포함된다. 이를 보다 더 현실적으로 보면, 철학은 언어의 논리적 분석과 어휘와 개념의 의미를 명료화하는 노력이라고 말할 수 있다. 오랜 기간에 걸쳐 어리석은 인간들이 만들어 놓은 언어의 함정이나 그물망을 풀어헤침으로써 우리의 이해를 쉽게 만들려고 돕는 일이라 정의할 수 있다. 정확한 개념 분석을 통하여 언어의 정확한 사용법을 알려 주고, 그

---

* 이 부분에 대한 기술은 윤정일 등의 『교육의 이해』(1995: 87~97)의 '교육의 철학적 기초' 부분을 참조하고 인용하였다. 인용된 모든 내용은 이 책의 내용과 동일하다.

오류를 밝힘으로써 언어의 논리적 지도를 그려 주는 것이다. 어려운 것을 쉽게 풀어 주는 노력이 철학이라는 것이다. 그러므로 꼬이고 복잡하거나 어려운 것은 철학이 아니다. 철학은 어려운 것을 쉽게 만들어 주는 것이다.

철학을 한다는 것, 즉 철학적 활동은 과거에서 현재로, 그리고 다양함에서 단순함으로 변화해 왔다. 철학적 활동은 세 가지 단계를 거쳐 변화하며 발전해 왔다. 이 변화를 사변적 활동, 규범적 활동, 분석적 활동으로 나누어 설명한다. 먼저, 사변적 활동이란 가장 넓고 오래된 방식이다. 우주를 전체로서 파악하고 그 안에서 인간의 지위를 설명하려는 활동으로, 전체적 관점을 획득하려는 시도로서 종합적인 성격을 지닌다. 형이상학적 활동이 대표적인 사변적 활동이다. 우주란 무엇인가, 인간은 어디에서 와서 어디로 가는가 등의 생각을 말한다. 다음으로, 규범적 활동은 가치와 가치판단 그리고 이것들에 대한 정당화에 관심을 갖는다. 지혜로운 삶이 무엇이며, 어떤 것이 옳게 사는 것인가를 구체적·객관적 상황에 관한 지식에서 찾고 이를 안내하는 데 필요한 목표, 표준, 규범 등을 찾으려고 노력하는 활동이다. 역사적으로는 사변적 활동 다음으로 나타나는 것으로서 그 생각의 범위는 점점 좁아지고 있다. 이러한 활동은 최근의 분석적 활동에 이르러 가장 명쾌하고 좁은 활동으로 규정된다. 철학은 언어의 의미를 분해하고 재구성함으로써 언어의 논리적 분석과 어휘와 개념의 의미를 명료화하려는 활동이라는 것이다. 인생의 의미를 찾는 일과 같은 거대한 문제를 다루는 것이 아니라 실생활에 퍼져 있는 언어적 퍼즐을 풀려는 데 주력하는 활동이다. 20세기에 들어 철학자들의 각광을 받은 분석적 활동은 분석철학으로 발전하며 철학의 주류를 이루게 되었다.

이제 학문적으로 철학이라 함은 분석철학을 의미하게 되었다. 분석철학은 19세기 말에 러셀(B. Russell), 무어(G. E. Moore) 등에 의해 시작되어 20세기 초 독일의 비트겐슈타인(L. Wittgenstein)에 의해 확립되었다. 철학적 문제를 바라보는 시각의 큰 변화를 이룬 것으로서 철학의 혁명이라고도 불린다. 분석철학은 우주에 관한 새로운 진리를 발견하는 것이 아니라 일견 소박하게 보이는 과업, 즉 우리의 이해를 방해하는 언어의 그물을 풀어헤치려는 활동으로 인정되었다. 철학자의 과업은 개념 분석을 통하여 언어의 정확한 사용법을 알려 주고 어디에서 오류가 생겼는가를 알려 주는 데 있다. 즉, 철학자들의 과업은 언어의 논리적 지도를 그려 주는 것이다.

2. 교육철학과 교육사

이 책의 제3장에서 교육의 역사를 다루었다. 이미 교육사 부분에 언급하였듯이, 교육에 관한 동서양의 역사를 기원전의 시기부터 현대를 제외한 근대까지 정리한 것이 교육의 역사이고, 이와 함께 발전하고 변화해 온 교육에 관한 생각들을 정리한 것이 교육철학이다. 이 두 과목은 별개의 각론이지만 학부의 교직과정에서는 묶어서 하나의 과목으로 제공되는 것이 일반적이다. 그러므로 각론에서 학습하게 될 교육철학의 구성을 알아보기 위해서는 제3장에서 시도한 방법과 마찬가지로 '교육사·교육철학' 또는 이와 유사한 제목으로 구성된 교과서에서 교육철학에 관한 부분을 소개하면 쉽게 이해할 수 있을 것이다. 먼저 노상우의 『교육의 역사와 사상』(1998)에서의 고대 교육사 부분(제1부 서양 고대·중세의 교육)을 제외한 교육철학 관련 내용은 다음과 같다.

제2부 근대 시민사회 전후의 교육
　　제1장 르네상스·종교개혁운동과 근대적 인간교육의 출발
　　제2장 계몽주의와 루소의 자연주의 교육사상
　　제3장 페스탈로치의 교육사상
　　제4장 헤르바르트의 교육사상
　　제5장 프뢰벨의 유아교육사상
제3부 사회주의 교육사상

제1장 마르크스와 사회주의 교육사상

제4부 한국교육의 역사와 사상

　제1장 (국)선도사상과 교육

　제2장 불교사상과 교육

　제3장 유교사상과 교육

　제4장 실학사상과 교육

　제5장 동학사상과 교육

제5부 현대 교육사상

　제1장 미국의 현대 교육사상

　제2장 실존주의와 교육

　제3장 비판적 교육이론

　제4장 포스트모더니즘과 교육

이처럼 노상우는 역사와 사상을 엄격하게 구분하기보다는 역사의 흐름 속에서 각각의 사상을 소개하고 있음을 알 수 있다. 노상우와는 달리 교육사와 교육철학을 엄격히 구분해서 집필한 경우도 있다. 김영우, 서영현, 이항재, 피정만, 한규원이 공동 집필한 『교육사·교육철학』(1998)을 보면 책 전체를 모두 3개 부분으로 나누어서 한국교육사, 서양교육사, 교육철학 등 역사와 철학을 확실하게 구분하여 제시하고 있다. 제1부에서는 15개 장으로 구분하여 한국교육사를, 제2부에서는 7개 장으로 구분하여 서양교육사를, 그리고 제3부에서는 독립적으로 교육철학을 제시하고 있다. 이 중 교육철학에 관한 제3부의 내용을 보면 다음과 같다.

제3부 교육철학

　제1장 교육과 교육철학

　제2장 교육이론

제3장 지식과 교육

제4장 교수와 교육

제5장 교육과 윤리

이와 같은 저서들과는 달리 교육철학만을 중심으로 집필한 저서도 있는데, 먼저 이지헌의 저서 『교육의 철학적 차원』(2001)의 내용은 다음과 같다.

제1장 인식론과 지식교육

제2장 사회과학 철학과 교육연구

제3장 윤리학과 도덕교육

제4장 사회 · 정치철학과 교육의 평등

제5장 논리학과 비판적 사고

이지헌은 지식을 존중하는 사회, 탐구를 중시하는 사회, 도덕이나 인륜이 살아 있는 사회, 정의가 강물처럼 흐르는 사회, 최소한 기본논리가 통하는 사회를 추구한다는 기본 이념하에서 우리의 교육현장을 파고드는 교육철학, 우리의 전통을 되살리는 교육철학, 그리고 학문의 최신 동향에 뒤지지 않는 교육철학 등을 위해 이 책을 집필하였다. 다음으로 역시 교육철학만을 다룬 교재로서 김재희의 『유아이해를 위한 교육철학』(1994)의 내용을 살펴보면 다음과 같다.

제1장 철학과 교육

제2장 교육의 철학적 이해

제3장 교육의 수단

제4장 현대교육사조

제5장 언어와 교육

제6장 유아교육사상

제7장 유아교육과 아동관

제8장 미래와 교육

제9장 놀이의 교육철학적 이해

이 저서는 독특하게도 유아교사에게 초점을 맞추었음을 제5장 이후의 내용을 보면 알 수 있다. 각 교육단계별로 교육철학을 기술할 수 있다는 좋은 예다. 이처럼 학부 수준 또는 개론 수준에서는 대체로 교육사와 교육철학을 연관지으면서 기술하고 있음을 알 수 있다. 하지만 한 단계 더 나아가면 교육사 영역과 교육철학 영역을 각각 독립적으로 연구하고 기술하고 있음을 알 수 있다.

이러한 교육철학과 교육사의 학문 특성을 바탕으로 하여 필자는 우선 개론 수준에서 이 두 영역을 구분함을 원칙으로 하고, 우리나라의 현재 교육은 미국을 중심으로 하는 서양교육이 바탕을 이루고 있으므로, 동양의 교육이나 한국의 교육은 제외하고 서양의 교육을 중심으로 교육철학을 논의하였다.

3. 전통적 교육철학에 대한 이해*

교육철학, 즉 교육에 대한 일반 사람들과 철학자들의 생각은 고대에서부터 있어 왔다. 이 교육에 대한 생각들은 일반적으로 그 시기를 지배한 철학적 사고와 맥락을 같이한다. 20세기에 들어 이 생각들이 정리되기 전까지는 대체로 관념론적 교육철학, 실재론적 교육철학, 실용주의적 교육철학 그리고 분석철학적 교육철학이 그 주체를 이루고 있었다. 이러한 전통적 교육철학에 대하여 간단히 살펴보고자 한다.

---

* 이 부분은 오해섭의 『교육학개론』(2002)의 제4장 교육의 철학적 기초(pp.112-122)를 참고하고 인용하였다.

1) 관념론적 교육철학

관념론은 물질 또는 자연에 대한 관념의 근원성을 주장하면서 유물론과는 대립한다. 세계를 개인의 의식에 귀착시키는 주관적 관념론과는 달리 현실의 세계를 개인이 아닌 본원적인 우주적 정신 발현이라고 보는 객관적 관념론으로 구분된다. 이 두 관념론은 서로 철학적 혈연을 가지며, 특히 객관적 관념론은 종교 및 신학의 철학적인 표현으로 받아들일 수 있다.

관념론적인 교육관은 교육을 정신적인 작용이며, 자연적인 생활의 필요와 정신적인 필요에 의하여 존재하는 인간 사회의 기능으로 여기며, 교육을 통하여 마음을 훈련하고 정신을 함양하며 이데아에 숙달되게 하는 것을 목표로 하며, 지식이란 실재의 기초가 되는 정신적 원리이며, 지식은 이데아의 형태를 취한다고 본다. 그러므로 만일 지식이 선험적이고 보편적인 이데아에 관한 것이라면 교육은 이데아를 학습자의 의식 속에 가져오는 지적 과정이며, 인간 안에 깃든 가장 좋은 것, 그 사회가 지닌 가장 귀한 것을 습득해야 하는 것이며, 이것이 교육이 지향해야 할 방향이라고 주장한다. 그러므로 교육의 목적은 인간의 본성을 영적 승화, 인격 도야, 미덕, 자아실현 등에 둔다. 정신과 자아실현을 중시하고 정신적 가치가 인간의 생활에 가장 중요하다고 보기 때문에 개성의 완성과 사회개혁, 자아실현을 강조하며 학습 형태도 자율적 형태를 강조한다. 학교는 사회의 양심으로 중립 집단이며 진리를 탐구하고 발견하는 사회적 기관으로 본다. 지적인 존재로서 교사와 학생은 기본적인 이데아를 추구하고, 진리란 무엇인가에 대한 해답은 비록 잠재되어 있지만 우리의 마음속에 존재하고 있기 때문에 그 답이 나타날 수 있도록 반성하고 성찰할 필요가 있다고 주장한다. 학생들이 모두 동일한 지적 능력을 보이는 것은 아니지만 윤리적 · 정신적 · 개성적인 존재이며, 절대가치를 지닌 존재로 자기 수련이 요구되므로 그들의 개인적인 능력을 함양할 필요가 있다. 학생 자신이 자아를 인식하고 자율학습을 진행할 수 있도록 문제해결 학습, 즉 학생 스스로가 의문이 생겨 그

것을 풀려는 생각을 갖도록 하는 교육방법을 사용한다. 교육과정은 이러한 인류의 고귀한 관념의 표현으로서의 고전과 성서의 연구를 중시한다.

2) 실재론적 교육철학

실재론이 주장하는 핵심적인 이론은 모든 학설을 결합하고 있는 '독립원리'인데, 독립원리란 실재와 지식의 문제에 관한 견해로서 물질 또는 진리의 독립적 존재를 말하는 것이다. 독립원리에 따르면, 우주는 우리의 의식과 관계없이 독립하여 존재한다. 다시 말하면, 물리적이거나 자연적 사물과 현상은 사람의 정신과 독립하여 존재·변화·발전하므로 이 세계를 파악하고 이해하기 위해서는 절대적인 존재에 접근함으로써가 아니라 물질세계를 관찰하고 그 법칙을 발견해야 한다는 것이다. 인식론, 즉 인간의 앎에 대해서도 인식의 대상은 인식작용의 의식이나 주관에서 독립하여 존재하며 객관적 파악에 의해서만 참다운 인식이 성립된다는 것이다.

실재론적 교육관은 아동에게 인류의 문화유산 중 가치 있는 내용을 중점적으로 교육시켜야 한다는 것이다. 교육은 모든 것을 지배하며, 자기 자신을 지배하는 힘의 배양과 모든 것을 만물의 근원인 신과 관련시켜 나아가는 일이다. 따라서 교육은 우주의 근본을 이해할 수 있는 핵심적인 지식과 경건한 마음가짐을 갖는 것이며, 우주는 미적·합리적으로 존재하는데 이것을 심정적·과학적으로 인식하는 자질을 연마하여 고도의 지성을 깨칠 수 있도록 지도해야 한다. 교육목표는 이상적인 생활을 즐기는 데 두고 이를 위한 교육과정으로 진리습득과 습관, 학문적 기본 훈련을 중시한다. 교육의 형태는 교사에 의한 강압적이고 타율적인 학습 형태를 취하며, 교사란 교육의 주도권을 지니고 학습내용을 엄선하여 교육하는 권위 있는 사람이며, 교육방법은 훈련적이고 교사중심의 강의 및 주입식을 주장한다.

과학적 자연주의적 실재론은 내세보다 현세에 많은 관심을 가진다. 우리가 살고 있는 우주는 우리의 의식과는 관계없이 독립적인 자연법칙에 의해 운행된다. 인간은 이 자연법칙에 역행하지 않고 순응하며 적응해야 살아갈 수 있다. 대자연 속에서 인간은 순응을 통해 물질적이고 문화적인 환경과 함께 조화롭게 살아갈 수 있는 것이다. 그러므로 인간은 자연의 법칙인 우주의 법칙을 알아야 하며, 교육은 이와 같은 필요성에 의하여 생성되었고 발전해 나가는 것이다. 교육의 목적은 인간이 현실사회에서 인간의 환경과 현실에 원만히 적응해서 살아갈 수 있는 지식을 교육자가 학습자에게 제공·전달하는 데 목적이 있다.

과학적 실재주의 교육에서의 교육내용은 물질적·경험적·직업적 지식이나 기술을 습득시키는 것이 아니라 인간의 이성적 능력을 배양하는 것이라고 주장한다. 근대에 들어와서 과학적 실재론자들은 특별히 자연과학을 중시하여 과학적인 방법으로 획득한 지식이 가장 진실한 지식이라고 주장하며, 교육과정의 구성에 있어서도 과학을 중시하여 지식탐구에 있어 과학적 방법을 동원해야 한다고 강조하였다.

3) 실용주의적 교육철학

실용주의(pragmatism)는 도구주의, 기능주의, 합리주의 등으로도 불리며, 유럽보다는 북미에서 발달하기 시작한 사상이다. 실용주의의 특징은 과거의 철학들이 절대적인 진리를 추구한 데 비하여 진리의 효용 가치를 중시하였다. 즉, 어떠한 생각이 참이고 거짓인지는 실제로 삶의 현장에서 삶의 문제를 해결하며 인간의 생활에 어떻게 적용할 수 있는지를 중심으로 판단해야 한다는 것이다.

또한 실용주의에서 경험은 대단히 중요한 변인인데, 경험 그 자체가 교사 역할을 하며, 인간의 감각과 경험을 통해서만 진리를 확립할 수 있다고 본다. 인간은 인간사회의 환경과 자연환경과의 상호작용을 통하여 발전한다. 실용주의적 인간은 당면한 문제를 해결함에 있어서 어떤 가설을 수립하고 정확한 자료와 과학적 방법을 통하여 지성을 모색한다. 실용주의는 생활방식으로 민주주의를 채택하고 인생의 궁극적인 이상은 자아실현, 즉 자아의 능력을 최대한으로 실현시키는 것이라고 보았다.

실용주의는 교육목표로서 교육적 이상이 고정되어서는 안 되고 밖에서 주어져서도 안 되며, 오직 생활에 적용되는 교육을 중시하였다. 학교는 작은 사회이며 교사는 학생에 대한 조언자나 충고자 또는 조장자가 되어야 한다는 것이다. 교사는 학생들의 경험의 폭을 넓혀 주고 그들이 그러한 경험을 재구성해 나갈 수 있도록 도와주는 사람이다. 교육의 형태는 아동 중심의 자율적 형태를 지향하고 학생들의 능동적인 역할과 참여를 중시하며 문제해결 학습을 장려하였다. 교육방법은 개별화와 차별화를 인정하며 아동 중심 교육을 강조하였다.

4) 분석철학적 교육철학

분석철학적 교육철학은 교사들이 가지고 있는 교육에 관한 개념과 그 개념을 사용하는 방법을 개선하려고 하였다. 교육을 제대로 수행하려면 교육에서 하고자 하는 바를 명료하게 제시해야 하고, 교수·학습 상황에서 사용되는 언어를 명료화해야 하는데, 여기에 분석철학이 주요 기능을 담당할 수 있다는 것이다.

일상생활에서 교육이라는 말이 사용되는 상황을 분석함으로써 교육의 개념을 규정하였다. 교육이라는 말은 특정한 활동이나 과정을 지칭하는 것이 아니라 여러 가지 활동이나 과정이 준수해야 할 기준을 제시하는 것을 의미한다. 또한 교육이라는 말에는 규범적 측면이 내재되어 있으므로 교육의 개념 속에도 이미 규범으로서의 교육의 목적이 들어 있다는 것이다. 이러한 전제에서 교육의 목적을 올바르게 설정하려면 특정한 '구체적 목적'을 설정하기 전에 먼저 우리가 현재 교육에 부여하고 있는 규범적 의미를 분석하고 그 교육의 개념 속에서 도달하고자 하는 바를 명료하게 제시해야 한다. 따라서 이들은 구체적인 교육목적을 제시하지 않는다.

교육과정에 있어서도 중시하는 것은 통합 교과과정이나 문제해결 학습, 지식의 통합 등의 용어가 아니므로 교육내용을 구체적으로 명시하지 않고, 다만 교육과정에 관한 설명에는 인간의 의도가 명확히 드러나야 한다고 주장한다. 역시 교육방법에 있어서도 교사와 학생이 무엇을 어떻게 해야 한다고 주장하지 않는다.

분석철학적 교육철학이 교육에서 사용하는 다양한 용어의 의미를 보다 엄격하고 철저하게 분석함으로써 교육과 교육학의 발전에 기여하였음은 분명하다. 하지만 교육과 관련된 개별적 개념들을 설명하기는 하였지만 그것들을 종합하고 상호 관련성을 파악하여 체계화하지는 못하였다. 또한 교육은 인간에 의한 의도적인 인간 형성의 과정이고, 교육은 인간과 사회의 개념에 근거하면서 철학적 주제를 모두 포괄하는 교육철학에 의해서만 판단할 수 있는데, 분석철학은 이를 간과하였다는 비판을 받는다.

4. 교육에 대한 생각덩어리: 현대의 교육철학 네 가지, 진보 · 항존 · 본질 · 재건주의

교육에 대한 사람들의 생각은 매우 다양하다. 교육은 무엇을 해야 한다든가, 교육은 어떤 일을 해야 하며, 교육을 통해 달성하는 것은 무엇인가 등에 관하여 사람들은 각자의 입장에서 다양하게 교육을 말한다. 비단 교육자나 교육학자들뿐만 아니라 우리 모두는 교육과 깊게 관여되어 있다. 자기 자신의 입장에서 교육은 모름지기 이래야 한다는 생각을 갖게 되는 것이다. 이 점이 교육철학의 다양성이다. 하지만 이러한 생각들을 분류해 보면 비슷한 생각끼리

나누어진다. 이러한 생각덩어리가 교육철학이다. 미국에서부터 시작된 교육에 대한 생각덩어리에 대한 정리는 이제 현대 교육철학의 사조라고 불리면서 우리가 살고 있는 시대의 교육철학을 네 가지로 분류하고 있다. 이 시대를 살아가는 인간의 교육에 대한 생각덩어리는 크게 네 가지로 나누어서 설명할 수 있다는 것이며, 어느 생각덩어리가 사회를 지배하느냐에 따라 그 사회의 교육의 방향이 결정된다. 교육철학이 한 나라의 실질적인 교육제도나 방향을 결정하는 것이다. 오랜 기간에 걸친 인간의 교육에 대한 생각은 20세기에 들어서면서 서서히 큰 덩어리별로 정리되었다. 물론 미국의 학자들에 의해서다. 바로 이 현대 교육철학의 네 가지 성격은 진보주의, 항존주의, 본질주의, 재건주의다. 이 네 가지 교육철학에 대하여 전체적 성립과정을 바탕으로 이야기하고자 한다.

20세기 이전의 학교 교실을 상상해 보라. 어떤 교육철학이 지배했든, 인성이 중요한지 신성이 중요한지, 아니면 정신이 중요한지 물질이 중요한지 등 어느 생각이 교육을 지배했든지 간에 교육은 국가 또는 교사가, 시민 또는 학생에게 국가나 사회가 정해 놓은 일정한 수준의 지식을 전달하는 대단히 수동적이고 강압적인 행태였다. 이러한 고전적 교육에서 한 발 크게 앞서 나가는 생각을 가진 사람들이 등장하였는데, 바로 실용주의(pragmatism)를 바탕으로 하는 진보적 생각을 가진 사람들이었다. 이들은 교육을 인간이 인생을 살아가는 데 아무런 문제가 없게 만들어 주는 것이라고 생각했다. 진리는 변한다. 18세기, 19세기에 가르쳤던 것은 그때 필요한 것이고, 20세기에는 이 시기에 맞는 진리들을 학생들에게 가르쳐야 한다. 그 내용은 가르치는 사람들의 필요에서가 아니라 배우는 사람들의 흥미를 우선시하여야 한다. 방법에 있어서도 교실에서 칠판과 교과서를 통해 가르치는 것이 아니라 실제 현장에 가서 직접 보고 배우는 경험중심의 학습이 가장 효과적이라고 주장한다. 대단한 변화가 아닐 수 없다.

20세기를 뒤흔드는 교육의 진보가 일어난 것이다. 바로 진보주의의 등장이다. 자신이나 가족의 능력에 따라 어느 수준의 학교를 나오든지 간에 그 사람이 한 인생을 살아가는 데 아무런 문제가 없게 만들어 준다는 것이다. 이러한 진보주의라는 교육에 대한 생각덩어리는 당연하게도 미국 시민에게 강하게 환영받으며 20세기 전반을 풍미했다. 학교는 모름지기 이래야 하는 것이며, 국가는 이러한 교육정책을 지지하고 장려해야 한다는 생각이 미국 사회 전반을 지배했다.

이러한 진보주의에 대하여 전적으로 반대하는 아주 오래된 세력이 존재하였다. 즉, 진리가 왜 변하는가 하는 관점이다. 어리석은 진보주의자들은 진리는 변하므로 변하는 진리를 가르쳐야 한다고 주장하였지만, 바로 그 첫걸음부터 틀렸다고 매우 강하게 비판하는 것이다. 바로 이러한 생각을 가진 사람들이 주장하는 교육철학이 항존주의다. 이 세계에는 인간이 필요로 하는 불변의 진리가 존재하며 올바른 인간의 양성을 위해서는 이 불변의 진리, 즉 항시 존재하는 항존의 진리를 가르쳐야 하며, 이 항존의 진리는 고대로부터 이어 온 성현들의 말씀과 가르침 속에 있다는 것이다. 이것이 바로 고전이다. 이러한 불변의 진리가 담긴 고전을 중심으로 교과서를 구성하며, 모든 학교에서 가르쳐야 올바른 인간을 양성할 수 있다는 교육철학이다. 진보주의에 강하게 반대하는 생각덩어리다.

항존주의의 강한 반대에도 전혀 움직이지 않던 진보주의의 거대한 물결은 20세기 중반의 한 사건에 의해 크게 흔들리게 되었다. 냉전체제의 양 본산이었던 미국과 옛 소련은 모든 측면에서 경쟁했다. 경제뿐만 아니라 사회발전, 평등 구조, 과학적 수준 등이 그 예다. 모든 면에서 경쟁하는 과정에서 자본주의로 경제적 우위에 선 미국은 당연히 모든 면에서 옛 소련보다 우월하다고 인정하고 있었다. 이때 옛 소련에서 먼저 무인 인공위성을 쏘아 올리는 사건이 벌어졌다. 1957년의 스푸트니크호 사건이다. 이 사건은 전 미국을 경악에 빠뜨렸다. 전기 충격 수준의 경악이라고 해서 이 사건을 스푸트니크 쇼크라고도 한다. 옛 소련이 인공위성을 개발하는 동안 미국의 교육은 무엇을 하고 있었는가. 아동 흥미 위주의 경험을 쌓기 위해 손잡고 현장 구경만 다닌 것은 아닌

가. 모든 화살이 미국 진보주의 교육에 집중되었다. 미국 시민이 한 사회를 살아가게 하는 데에는 아무런 문제가 없는 교육이었지만, 교육의 수준은 그만큼 낮아질 수밖에 없었다는 것이다. 이른바 수월성 논쟁이다. 어렵더라도 알건 알게 해야 한다는 것이다. '구구단을 모르는 아이들을 사회로 나가게 해서는 안 된다. 기초부터 다시 가르쳐라. 학문의 본질적 구조를 이해시켜라.' 하는 주장이다. 이른바 본질주의의 등장이다. 이렇게 등장한 본질주의는 경험을 중심으로 하여 생활형 인간을 기르는 진보주의도 좋지만 국가 전체 수준에서 교육의 질적 수준을 높여야 한다는 것을 생각의 중심에 놓고 있다. 이러한 생각은 지금까지도 미국 사회를 지배하는 가장 커다란 교육에 관한 생각덩어리로 존재한다.

이 세 가지 생각덩어리가 미국을 지배하는 교육철학이다. 여기에 하나 더 추가되는 것이 있다. 바로 인간성의 회복에 대한 생각이다. 고대 그리스에서 시작된 인간교육의 가장 핵심적인 철학인 '참되고 착하고 아름다운 인간의 양성'이라는 거룩하고 오래된 생각이 혁신과 전쟁 등에 의해 흔들리게 된 것이다. 이른바 현대문화와 인간성의 위기가 사회 전체적으로 강조되면서 땅에 떨어진 인간성을 회복하는 것이 교육이어야 한다는 교육철학이 등장했다. 바로 이 생각덩어리가 재건주의 교육철학이다. 인간성이나 문화의 본질을 다시 일으켜 세워야 하며, 이 핵심에 교육이 있어야 한다는 주장은 그동안 20세기에 제시되어 왔던 교육에 대한 생각들 중에서 장점만을 모아서 새로운 교육방법으로 제시한 것이다. 즉, 재건주의 교육철학은 인간성을 회복한다는 커다란 생각이지만 현실적으로 제시한 철학은 진보주의, 항존주의, 본질주의 교육철학의 장점을 모아 인간성 회복을 위한 교육에 힘쓰자는 것이다.

이러한 네 가지의 교육에 대한 생각덩어리, 즉 진보주의, 항존주의, 본질주의, 재건주의가 현재 인류 사회를 지배하는 4대 교육철학 사조다. 어느 교육철학이 우세한가에 따라 한 나라 또는 한 사회의 교육제도나 교육정책은 변화한다. 흐름으로 살펴본 이 네 가지 교육철학 사조를 기본적 입장이나 자세, 의의 또는 의미, 그리고 비판 등의 세 단계 틀에 맞추어 제시하고자 한다.*

1) 진보주의

① **등장배경과 주요내용:** 전통적인 교육에 반기를 들고 등장한 진보주의 교육은 세계는 변화와 불확실성을 특징으로 하며, 진리는 절대적인 것이 아니라 상대적인 것이라는 철학적 입장에 바탕을 두고 있다. 진보주의 교육의 대표적인 교육철학자인 듀이에 따르면, 교육은 전통적인 교육에서 주장하는 바와 같이 미래의 생활을 위한 준비가 아니라 현재의 생활 그 자체를 의미 있게 만들어 가는 것이다. 교육의 목적은 현재 경험의 계속적인 성장에 있다. 듀이는 경험의, 경험에 의한, 경험을 위한 교육을 주장하였다. 듀이의 주장에서도 시사하는 바와 같이, 진보주의 교육은 학습자가 스스로의 경험을 통하여 지식을 습득해야 한다는 경험에 의한 학습(learning by doing), 즉 경험중심 교육을 핵심적인 원리로 삼고 있다.

② **의의:** 학습자중심주의 교육을 강조한 진보주의의 교육사조는 지식중심의 주지주의적 교육방식 그리고 교사중심의 권위주의적인 교육방식을 비판하고, 학습자의 개성, 학습자의 경험과 참여를 강조함으로써 수동적인 학습과 암기식 교육에 치우친 교육의 대안을 제시했다는 점에서 의의가 있다.

③ **비판:** 그러나 학습자의 개인적 경험과 흥미에 대한 지나친 강조는 교육의 사회적 기능과 문화적 전통을 소홀히 하는 문제를 낳았으며, 기본적인 학습능력의 저하와 현대사회 발전에 필요한 학문적 지식학습의 저조, 다시 말하면 교육의 수월성 실패라는 문제점을 드러내게 되었다는 점에서 비판의 대상이 되었다.

---

* 이 부분에 대한 기술은 윤정일 등의 저서 『신교육의 이해』(2002: 102~113)를 중심으로 정리하였다.

2) 항존주의

① **등장배경과 주요내용**: 20세기 초 진보주의 교육운동이 크게 호응을 받는 가운데 기존의 전통적인 교육관에 선 보수주의자들은 진보주의 교육철학의 급진성과 과격성, 특히 진리의 상대성 등을 비난하였다. 허친스(R. M. Hutchins)와 아들러 등의 학자들은 이러한 진보주의에 강력히 반대하면서 절대적 진리와 절대적 원리를 중시하는 항존주의 교육철학을 제안하였다. 항존주의는 고대 그리스의 이성관과 지식관을 그대로 이어받고 있다. 항존주의에 따르면, 인간은 이성을 지닌 존재이며 이성의 계발을 통하여 인간다운 삶을 영위할 수 있다고 보았다. 항존주의 교육의 최대 목적은 이성의 계발에 있다. 인간의 이성은 영원불멸하는 진리를 습득함으로써 계발되므로 학교에서는 이러한 성현들의 지식이 담긴 위대한 고전들을 중심으로 가르쳐야 한다고 주장한다.

② **의의**: 항존주의는 산업혁명과 과학발달의 영향으로 절대적 가치를 상실하고 방황하는 시대 상황 속에서 인간의 본성과 절대적 가치를 심어 줌으로써 인간 삶의 지표를 확고히 하려고 했다는 점에서 의의가 있다.

③ **비판**: 항존주의는 급격히 변화하는 현대 사회의 모순에 대해 납득할 만한 설명체계를 제시해 줄 수 없으며, 현대 사회가 직면하는 문제들에 대한 해결책을 탐구하는 인간적인 노력과 활동들을 과소평가했다는 점에서 현대 사회의 변화 경향에 역행하고 있다는 비난을 받는다.

3) 본질주의

① **등장배경과 주요내용**: 교육의 수월성 저하라는 치명적 약점을 갖는 진보주의는 이러한 약점에도 불구하고 생활인의 양성이라는 강점으로 인해 오랫동안 미국 사회를 지배했다. 하지만 1957년의 스푸트니크 쇼크는 진

보주의에 대해 일침을 가하는 계기가 되었다. 즉, 학습자의 흥미도 중요하고 실생활에 대한 적응도 필요하지만 본질적으로 가르칠 것은 가르쳐야 한다는 주장이다. 본질주의는 진보주의의 실험정신과 현재의 삶에 대한 강조를 수용하면서 동시에 항존주의가 주장하는 과거의 위대한 업적에 대한 불멸의 진리를 수용함으로써 교육의 질적 수월성 확보를 추구하였다. 수준 높고 가치 있는 영역에 대해 학습자들은 처음부터 흥미를 느낄 수 없으므로 본질적으로 알아야 하는 지식에 대한 학습은 경험이나 흥미 중심이 아니라 엄격한 훈련과 반복, 즉 나선형 교육과정 등을 통해서 강하게 학습시킬 필요가 있다는 것이다.

② 의의: 교육의 사회 공학적 입장을 채택하고 있는 본질주의는 문화의 정수로 간주되는 최전선에 있는 학문과 현실 문제와 관련된 내용을 강조함으로써 교육의 질적 수월성을 추구하기 때문에 교육을 통한 국가 발전을 중시하는 현대 사회의 요구 속에서 널리 호응을 얻고 있다. 1970년대의 미국의 'back-to-basics(기초로 돌아가자)' 운동 등이 바로 그 결과다.

③ 비판: 하지만 본질주의는 교육내용으로 체계적이면서도 현실 문제의 해결에 도움이 되는 학문을 중시하기 때문에 전반적으로 자연과학을 강조하고 인문과학과 사회과학을 경시하는 결과를 낳는 문제를 지니고 있다. 또한 학습자 중심의 교육에서 벗어나 과거의 지식중심 교육으로 돌아감으로써 진보주의 교육의 장점을 이어 나가지 못하게 되었다. 인류가 처한 현실적 문제에만 지나친 관심을 가짐으로써 미래를 보거나 인간에 교육 그 자체를 중시하는 입장으로부터 멀어졌다는 비판을 받는다.

4) 재건주의

① **등장배경과 주요내용**: 재건주의 교육철학은 현대 사회와 문화가 위기에 직면했다고 보고, 이러한 위기를 극복할 수 있는 인간성 회복의 새로운

교육철학에 대한 필요성에서 비롯되었다. 그 대표적인 학자로서 브라멜드(T. Brameld)는 기존 교육철학의 장점들, 즉 진보주의의 실험정신, 항존주의의 고전적 인간의식 학습, 본질주의의 체계적이고 실용적 지식 학습을 통한 교육의 질적 수월성 제고 등을 통합하는 새로운 교육철학을 시도하였다. 이를 통하여 현재 사회의 위기를 극복하고 인간성을 회복하려는 교육 및 사회 운동을 강조하였다.

② 의의: 재건주의는 사회문화적 위기 시대의 교육은 학습자와 일반 대중에게 문화 및 사회 변화에 대한 시대적 요구와 긴급성을 일깨우고, 교육을 통한 새로운 사회질서의 정립과 문화 개혁에 대한 확신을 심어 줄 수 있어야 한다고 보았다.

③ 비판: 그러나 재건주의 교육철학은 위기에 처한 사회 현실에 대한 기본적인 문제의식을 일깨우는 데에는 성공했다 하더라도 교육 실제에는 그다지 큰 영향을 미치지 못하였다는 비판을 받는다.

◆ 읽을거리

오바마는 왜 '스푸트니크 순간'을 거론했나

관련 개념: 본질주의의 등장

버락 오바마 미국 대통령은 국정연설에서 '스푸트니크 순간(Sputnik moment)'이라는 표현을 통해 미국의 현주소에 대한 위기의식과 극복 의지를 분명히 했다.

스푸트니크 순간은 1957년 10월 옛 소련이 최초로 인공위성을 쏘아 올린 사건으로, '당시 풍요롭고 미래를 낙관하던 미국에 울린 경종(警

鐘)과 같은 사건'(워싱턴포스트)이었다. 당시 소련보다 모든 면에서 월등히 앞서 있다고 자부하다 추월당한 미국은 위성을 쏘아 올릴 수 있는 나라라면 핵미사일도 대륙 너머로 쏘아 보낼 수 있을 것이라는 위기의식에 사로잡혔다. 당시 드와이트 아이젠하워 미 대통령은 '스푸트니크 위기'를 선언하고 '우주 경쟁'에 돌입했다. 1년 뒤인 1958년 항공우주국(NASA)을 설립하고 과학자 양성을 위한 교육개혁에 힘을 쏟은 결과, 1969년 유인우주선을 최초로 달에 착륙시키면서 충격에서 벗어났다.

워싱턴포스트는 오바마 대통령이 50여 년 전 미국이 처한 위기와 현재의 위기가 다르지 않다는 점을 인식시키기 위해 스푸트니크 순간이라는 말을 썼다고 분석했다. 보스턴글로브는 중국, 인도 같은 아시아의 신흥 경제국이 던지는 경제적 위협에 직면한 미국에 경종을 울리려 했다고 분석했다. "신재생에너지 개발, 교육개혁, 사회간접자본 재건, 정부지출 억제에 더 적극적으로 대응하지 못하면 세계 경제에서 미국의 몫은 점점 줄어들 수밖에 없다는 냉정하고도 명확한 현실을 제시한 것"이라는 풀이다.

오바마 대통령은 현재 상황을 제2의 스푸트니크 순간으로 규정함으로써 이를 극복하지 못하면 미국은 실패할 것이라는 위기의식을 불러일으켜 미국인의 분발을 호소한 것이다.

출처: 민동용, 2011. 1. 27.

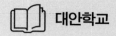 **대안학교**

관련 개념: 진보주의와 본질주의의 장단점

1996년 경기도 광명 YMCA에서 '아이사랑'이란 학부모 동아리가 만들어졌다. 자녀 교육을 함께 고민하자는 모임이었다. 그러다가 "우리가 직접 가르쳐 보면 어때?"라는 말이 나왔다. 방과 후 학교, 주말 학교의 형태로 시작했다. 자신이 생기자 아예 일반학교를 대체할 전일제(全日制) 학교를 만들기로 했다. 그렇게 해서 2001년 3월에 교사 2명에 학생 12명으로 문을 연 초등과정 대안(代案)학교가 '볍씨학교'다.

• 전북 남원의 실상사 담장 옆에 있는 '작은학교'가 있다. 컨테이너 박스 몇 개에 교실과 교무실을 차려 2001년에 문을 열었다. 중학 과정이다. '열을 셀 수 있는 아이는 즐겁게 열을 세고, 백을 셀 수 있는 아이는 즐겁게 백을 센다.'는 게 교육원칙이다. 지리산 아래 그림처럼 펼쳐진 자연에 끌려서인지 졸업장도 안 주는 학교이지만 도시에서도 애들이 찾아온다. 멀리서 온 아이들은 교사와 '작은 가정'을 꾸며 같이 산다.

• 서울 영등포에는 시(市)가 지원을 하는 고교 과정의 '하자 학교'가 있다. 학교를 자퇴한 끼 있는 아이들이 주로 들어온다. 교과서도, 칠판도 없는 수업은 공부이기도 하지만 일도 되고 놀이도 된다. 스스로 뭔가 할 수 있는 판을 벌여 주자는 취지다. 홈페이지 제작법과 디지털영상디자인, 대중음악 등의 수업을 교사와 학생들은 '프로젝트'라고 부른다. 도시 전체가 학교라는 뜻에서 '벽이 없는 학교(School without Wall)'라고 말하기도 한다.

• 교육 당국의 학력인정을 받은 첫 번째 대안학교가 '간디학교'다. 1998년 정식인가를 받으면서 고졸검정고시를 치를 필요가 없게 된 것이다. 수업은 정규교과과정 절반, 간디학교만의 교과과정 절반으로 구성된다. 텃밭 가꾸기, 음식 만들기, 집짓기, 바느질, 쌀농사, NGO탐구, 여성학 이해, 수지침, 단전호흡, 들꽃 알기, 암벽 등반……. 과목 이름만으로도 차별화가 읽힌다.

• 교육부가 최소한의 요건만 갖추면 대안학교의 학력을 대폭 인정해 줄 방침이다. 평준화 교육의 획일화를 보완해 준다는 점에서 바람직한 조처다.

꽉 짜인 교과과정을 정해진 시간표와 판에 박힌 교수법(敎授法)으로 가르치는 교육만이 교육은 아닐 것이다. 끼 있는 아이는 끼를 살려 주고, 상처가 있는 아이는 상처를 보듬어 줄 수 있는 다양한 색깔의 교육이 필요하다. 다만 제도교육 같은 간섭은 없어야 한다.

출처: 한삼희, 2004. 12. 27.

 유토리 교육

관련 개념: 교육철학의 변화에 따른 교육의 변화

3.141592653…. 원주율 π는 끝없이 이어지는 무한소수다. 원주율 숫자를 외우는 것으로 기억력의 한계에 도전하는 사람도 있다. 세계 기록은 지난해 꼬박 16시간 반 동안 소수점 아래 10만 자리까지 암송하는 데 성공한 일본인 하라구치 아키라가 갖고 있다.

학교에서는 원주율의 근삿값으로 3.14를 대입하는 게 보통이다. 가령 '반지름×반지름×3.14'라는 공식으로 원의 넓이를 계산하는 방식이다. 그런데 많은 일본의 초등학교에서는 π에 3을 대입한다. 문부과학성의 학습지도 요령에 '목적에 따라 3으로 처리할 수 있다.'고 규정되어 있기 때문이다. 비판이 쏟아지자 문부성은 "3.14이든 3이든 어차피 근사치에 불과하다. 진짜 중요한 것은 원주율의 개념을 정확하게 가르치는 것"이라고 반론했다.

일본에서 'π=약 3'이 된 것은 이른바 여유(餘裕) 교육(유토리 교육) 때문이다. 1976년부터 단계적으로 도입된 유토리 교육은 과도한 주입식 교육에 대한 반성에서 비롯됐다. 소화도 못할 내용을 학생들의 머리에 강제로 주입시키기보다는 꼭 필요한 내용을 확실하게 가르친다는 이념이다. 학생들의 창의력과 자율성을 존중하고, 문제의 해답을 가르치기보다는 해결 능력을 길러 준다는 발상이다. 그에 따라 교과서는 얇아지고 수업시간 수도 과거에 비해 70% 수준으로 줄어들었다.

처음엔 환영을 받았던 유토리 교육이 최근에는 학력저하의 주범으로 뭇매를 맞고 있다. 이공계 대학 신입생이 "2분의 1+3분의 1=5분의 1"이라고 대답하는 현실은 학교에서 공부를 안 시킨 결과라는 것이다. 2004년에는 경제협력개발기구(OECD) 회원국의 학력조사에서 일본 학생들의 성적이 중위권으로 떨어졌다. 급기야는 아베 신조 총리가 나서 유토리 교육의 철폐를 검토하기에 이르렀다. 여유만 강조하다 공부를 소홀히 하는 풍조를 길렀다는 반성에서다.

일본과 달리 한국 학생들은 공부를 너무 많이 해서 탈이다. 보충수업에 학원과외는 기본이고 저학년이 고학년 과정, 중학생이 고교과정을 앞당겨 배우는 선행학습이 성행한다고 한다. 그런 공부는 대체로 주입

식으로 흐르게 마련이다. 종합적 사고력과 논리력을 기르는 논술 교육
마저 모범답안을 달달 외우게 한다니 말이다. 시험만 끝나면 깡그리 잊
어 먹는 일회용 지식을 습득하느라 밤을 새우는 것만큼 극심한 자원낭
비도 없다. 정작 유토리 교육의 정신이 필요한 것은 한국의 교육현장이
아닐까.

출처: 예영준, 2007. 1. 22.

참고문헌

김영우, 서영현, 이항재, 피정만, 한규원(1998). 교육사·교육철학. 서울: 교육과학사.

김재희(1994). 유아이해를 위한 교육철학. 서울: 동문사.

노상우(1998). 교육의 역사와 사상. 서울: 교육과학사.

민동용(2011. 1. 27.). 오바마는 왜 '스푸트니크 순간'을 거론했나. 동아일보.

예영준(2007. 1. 22.). 유토리 교육. 중앙일보.

오해섭(2002). 교육학개론. 서울: 학지사.

윤정일, 신득렬, 이성호, 이용남, 허형(1995). 교육의 이해. 서울: 학지사.

윤정일, 허형, 이성호, 이용남, 박철홍, 박인우(2002). 신교육의 이해. 서울: 학지사.

이지헌(2001). 교육의 철학적 차원. 서울: 교육과학사.

한삼희(2004. 12. 27.). 대안(代案)학교. 조선일보.

학습의 성패는 콘텐츠가 결정한다

-교육과정-

학습의 성패는 콘텐츠가 결정한다
-교육과정-

1. 교육과정은 학습의 콘텐츠다

컴퓨터는 단지 기계일 뿐이고 그 컴퓨터를 구성하는 것은 콘텐츠다. 콘텐츠는 내용이라는 의미이지만, 실제 컴퓨터에서는 프로그래밍을 통해 생산된 소프트웨어를 의미한다. 바로 이 소프트웨어가 컴퓨터 산업의 핵심이다. 컴퓨터 그 자체의 기술적 진보도 중요하지만 콘텐츠 산업, 즉 소프트웨어의 끊임없는 개발과 발전이 바로 컴퓨터 산업의 발전을 의미한다. 그러므로 컴퓨터 산업의 성패와 미래는 소프트웨어 개발, 즉 콘텐츠에 달려 있는 것이다. 교육도 마찬가지다. 효과적이고 유능한 교사를 갖추고 모든 것이 완비된 훌륭한 시설을 갖춘 학교일지라도 가장 중요한 것은 무엇을 어떻게 가르치는가다. 이것이 교육에 있어서 콘텐츠이며, 교육의 성패를 결정한다.

가족휴가를 가거나 친구들과 여행을 갈 때 우리는 계획을 세운다. 장소와 일정은 물론이고 예산이나 숙식 등 아주 구체적이고 세부적인 것까지 미리 짠다. 잘 놀기 위해서다. 잘 놀려면 계획을 잘 짜야 한다. 하물며 학습에서의 계획이야말로 공부를 잘해 보자는 의미이므로 이것이 교육의 성패를 좌우한다. 교육을 위해 짜는 계획을 커리큘럼(curriculum), 즉 교육과정이라 한다. 컴퓨터 산업의 성패가 콘텐츠에 의해 좌우되듯이, 교육은 어떻게 교육계획을 짜느냐, 즉 교육과정이 그 성패를 결정한다. 전통적으로 교육학자들은 교육의 연구에 있어서 무엇보다도 교육과정을 중시하였다. 타 학문과 연계되지 않고 독자적으로 교육을 위해서 연구되는 학문이기 때문이기도 하지만, 이것이 바로 교육의 결과를 결정하는 중요 요인이기 때문이다.

휴가나 여행 후에는 꼭 다시 모여 뒷풀이, 즉 평가회를 한다. 공식적이든 그렇지 않든 간에 뒷모임을 갖고 그 휴가나 여행 결과에 대해 이야기한다. 장소는 거기가 안 좋았다거나, 일행의 구성에서 누구는 빠졌어야 한다는 등의 이야기일 것이다. 이 결과는 다음 모임에 분명히 반영될 것이다. 왜냐하면 다음 번 휴가나 여행에서는 이번과 같은 시행착오를 겪지 않으면 더 잘 지내고 올 수 있기 때문이다. 교육에 있어서도 마찬가지다. 교육과정이 만들어지고 그 내용과 절차에 따라 학습이 이루어진 후에는 필수적으로 교육평가가 따른다. 더 잘 가르치기 위해서다. 한 교육과정의 수행 결과에 대한 평가는 바로 다음 교육과정에 반영된다. 이를 피드백(feedback)이라 한다.

이러한 이유로 원래 교육과정과 교육평가는 교육학개론에서는 대체적 내용만 소개되지만 각론에서는 한 과목으로 구성되곤 하였다. 이른바 '교육과정과 교육평가'라는 과목이다. 물론 당시에도 조금만 깊이 들어가도 교육과정과 교육평가는 성격이 다른 학문으로서 연구되었지만, 두 학과목의 연관성 때문에 교직과정의 각론에서는 한 과목으로 다루는 것이 일반적이었다. 두 과목 모두 어떻게 하면 교육을 효과적이고 효율적으로 달성할 수 있는가 하는 공통된 목적을 가지고 있었기 때문이다. 그러나 2010년 이후 이 두 과목은 교직과정에서도 분리된 각론으로 제공되었다. 가장 중요한 이유는 내용이 너무 많아서 한 학기에 두 과목을 소화하기가 어려웠기 때문이다. 즉, 관련성이 줄어서가 아니라 교육과정과 교육평가를 독립적 학기에서 다룸으로써 보다 더 많이, 더 효율적으로 가르칠 수 있기 때문이다.

'교육과정과 교육평가'라는 한 과목으로 구성된 각론의 내용을 보도록 하

자. 우선 이 과목을 우리나라에 소개한 최초의 저서 중 하나일 정도로 고전적 교과서라고 할 수 있는 서울대학교의 네 명의 교수, 김종서, 이영덕, 황정규, 이홍우의 저서 『교육과정과 교육평가』(1988)의 내용을 보면 다음과 같다.

　제1부 교육과정
　　　　제1장 교육과정의 개념
　　　　제2장 지식의 구조와 교과
　　　　제3장 교육과정의 통합적 조망
　　　　제4장 교육과정 계획
　제2부 교육평가
　　　　제5장 교육평가의 개념
　　　　제6장 교육평가의 유형
　　　　제7장 학교성적의 평가방법

이와 같이 한 권의 교과서가 제1부와 제2부로 나누어져서 교육과정과 교육평가 영역으로 구성되어 있고, 강의도 당연히 한 학기의 전반부는 교육과정을, 중간고사 이후의 후반부는 교육평가를 학습하는 것으로 이루어졌다. 학습할 내용이 과다함을 알 수 있는 구성이다. 이보다 세부적인 구성으로 이루어진 교과서를 한 권만 더 살펴보면, 박도순, 변영계가 쓴 『교육과정과 교육평가』(1996)다. 이 책도 많은 대학에서 강의교재로 쓰일 정도로 알찬 내용의 교과서라고 인정되는 책이다.

　제1부 교육과정의 이해
　　　　제1장 학교교육의 당면과제
　　　　제2장 교육과정의 개념
　　　　제3장 교육과정의 세 접근

앞의 책보다는 보다 세부적으로 내용이 분화되었음을 알 수 있는데, 이 교과서는 각각의 두 교수가 자신의 전공 영역으로 처음부터 나누어서 집필한 결과다. 교육과정 전공인 변영계는 제1부 교육과정의 이해 부분 7개 장을, 교육평가 전공인 박도순은 제2부 교육평가의 이해 부분 6개 장을 집필하였다. 역시 학습할 분량이 매우 많음을 알 수 있다. 이러한 이유로 해서 이 두 과목은 한 과목이라고 해도 좋을 정도로 관련성이 깊지만 교육과정과 교육평가라는 두 과목으로 발전적으로 각론화되었다.

2. 교육과정이란 무엇인가

1) 교육과정의 내용구성

교육과정과 교육평가가 한 과목의 각론으로 다루어지던 시기에는 그 내용이 방대해서 교직과정 학생들의 학습에는 큰 부담이 되었고, 개론 수준으로밖에는 학습할 수 없는 경우도 있었다. 교수·학습과정을 개선하여 교육을 잘해보자고 하는 동일한 목적을 가진 과목이지만 이러한 단순한 이유로 두 과목의 각론으로 구분되었다. 당연히 강의 순서는 교육과정을 먼저 학습하고 교육평가를 학습하는 것이 올바른 순서다. 그 후 이 두 과목의 연관성을 구체적으로 밝히는 것도 중요한 학습과제다. 현재 우리나라에서 교과서로 활용되는 '교육과정' 관련 저서는 십여 종이 넘을 정도로 꽤 많지만 그 내용구성은 크게 다르지 않으며, 저자가 특색 있게 구성한 내용의 교과서도 보이지 않는다. 교육과정 내용구성의 실제를 보기 위하여 대표적 학자인 연세대학교 이성호의 저서 『교육과정론』(2009)을 보도록 하자.

제1부 교육과정 개발의 이론적 기초
    제1장 교육과정의 의미와 개발원리
    제2장 교육과정의 역사적 발전
    제3장 교육과정에 대한 철학적 태도
    제4장 교육과정과 지식·문화·가치
    제5장 사회변화와 교육과정
    제6장 교육과정의 심리적 기초
    제7장 교육과정 이론의 유형과 발전
제2부 교육과정 개발의 실제
    제8장 교육과정의 지도성과 경영관리
    제9장 요구사정의 절차와 방법
    제10장 교육과정 목적과 목표의 설정
    제11장 교육과정 내용선정과 조직
    제12장 교육과정 시행: 교수·학습의 의미와 수업전략
    제13장 교육과정 평가

제14장 수업장학의 절차와 교수·학습 과정의 평가

한 과목으로 다루던 '교육과정 및 교육평가'에서 전반부에서의 교육과정 구성과는 상당히 발전되고 세분화된 것을 알 수 있다. 다른 교재들도 대체로 유사한데, 제1부에서는 교육과정에 대한 이론적 배경을, 제2부에서는 교육과정의 실제에 대하여 기술하고 있다. 여기서 이 두 영역, 즉 교육과정의 이론에 대한 부분과 실제 영역에 있어서 교육학개론 수준에서 소개해야 할 몇 가지 개념을 살펴본다.

2) 교육과정이란 무엇인가

교육과정은 공부를 잘하기 위한 계획이다. 아주 단순한 표현이지만 교육과정의 일반적 성격을 그대로 반영하는 표현이다. 교육과정은 계획이므로 그때그때 다시 만들어야 한다. 즉, 교육과정은 끊임없이 개정되어야 한다. 심지어 교육과정은 개정하기 위하여 존재한다는 말도 있을 정도다. 교육과정은 그 범위가 매우 넓고 포괄적이다. 당연히도 교육과정은 교육의 내용을 다루는 영역이다. 교육과정의 구성과 실시에는 학생들의 개인차가 고려되어야 한다. 교육과정에는 학교의 특성, 지역사회의 사회문화적 성격이 포괄적으로 담기게 된다.

이처럼 교육과정은 매우 단순한 것처럼 보이기도 하지만 매우 다양하게 정의될 수 있으므로 여러 가지 관점을 고려하면서 여러 측면에서 접근하며 정의해야만 올바른 의미를 파악할 수 있다. 여기서는 어원, 계획, 경험, 환경 등 네가지 관점에서 교육과정을 정의하고자 한다.

첫째, 어원에 근거한 의미를 보면, 교육과정이라는 영어 'curriculum'은 라틴어의 'currere(쿠레레)'에서 그 어원을 찾을 수 있다. 고대 그리스나 로마에서 전차나 말이 경주를 할 때 달리도록 만들어 놓은 코스가 있었는데, 이것이 쿠레레였다. 말이 달리는 코스라는 쿠레레에서 교육과정은 공부하는 코스라는 어원적 의미를 지닌다. 일정한 순서로 배열된 교과목의 내용뿐만 아니라 하급 학교를 거쳐 상급 학교로 이어지는 커다란 의미의 교육제도도 공부하는 코스라는 의미로 사용되는 것이다.

둘째, 일련의 계획으로서의 의미다. 놀러갈 때에도 잘 놀기 위해서 계획을 짜는데, 하물며 공부할 때 계획이 없을 수 있겠는가. 학습에 있어서의 전이의 효과 등 교수·학습의 수많은 법칙을 적용하여 학습할 내용을 찾고 그 순서를 정하고 어떻게 하면 기대하는 학습효과를 극대화할 수 있는가를 고려하여 학습계획을 만들게 되는데, 이것이 바로 교육과정이다. 배워야 할 것에 대한 학습목표를 정하고 그 목표에 가장 효과적으로 도달하기 위한 구체적인 계획이 교육과정이라는 것이다.

셋째, 교육과정은 학생들이 경험한 것이어야 한다. 즉, 학생의 경험으로서의 의미를 지닌다. 교사나 교수가 밤을 새워 열심히 교육과정을 만들었지만 집에 두고 가져오지 않았다면 아무리 훌륭한 계획이었다 할지라도 그것은 교육과정이 아니다. 왜냐하면 학생들의 학습효과 극대화에 사용되지 않아서 학생들이 경험하지 못했기 때문이다. 국가가 주도하여 아무리 훌륭한 교육과정을 만들었을지라도 그것이 사회제도적 이유로 학교에서 가르쳐지지 않았다면 엄밀히 말해 그것은 교육과정이 아니다. 학생들이 경험하지 못했기 때문이다. 엄청난 입시 위주의 학교 분위기에서 시험에 나오지 않는 음악, 미술 등의 과목은 다루어지지 않을 것임을 우리는 충분히 예상할 수 있다. 학생들은 국가 교육과정 속에 있는 음악, 미술을 경험하지 못했으므로 음악, 미술 등에 대한 학습을 할 수 없었고 이에 대한 지식이 없다. 그러므로 그것은 교육과정이 아니다. 학생들이 학교와 교사의 지원 아래 경험하는 모든 것, 바로 그것이 교육과정이다.

넷째, 사회문화적 환경으로서의 교육과정이다. 현재의 사회에서 사라진 것을 교육과정에서 다루지 않는다. 1960년대나 1970년대에 상업교육에서 가장 유행했던 주산교육은 이제 학교 상업교육에서 다루지 않는다. 현 사회에서 주판을 쓰지 않기 때문이다. 아주 단순한 이유처럼 보이지만, 이와 함께 그 사회의 문화가 허용하지 않는 것 역시 학교에서 가르치지 않는다. 과거 독재정권하에서 마르크스 이론은 학교에서 가르치면 안 되는 것이었다. 이처럼 교육과정에는 그 사회의 현재 사회문화적 성격이 그대로 반영될 수밖에 없다. 학교는 사회의 일부이며 사회와 불가분의 관계이므로 학교의 기능은 사회적 문제해결에 있으며, 교육활동을 용이하게 하기 위해서 교육과정에는 의도적으로 그 사회를 지배하는 문화적 환경이 선택되어 녹아들어 갈 수밖에 없다는 것이다.

3) 교육과정의 일반적 유형

사람들의 교육에 대한 생각은 교육에서 무엇을 가르칠 것인가와 직접적으로 연관된다. 교육에 대한 생각덩어리, 즉 교육철학이 교육과정에 직접적인 영향을 준다는 것은 어렵지 않게 이해할 수 있을 것이다. 교육이 생활인을 만들어야 한다는 생각이 지배하는 사회에서는 생활과 밀접하게 관련이 있는 내용들만을 학교에서 가르칠 것이다. 교육과정은 그 사회를 지배하는 교육철학에 의해 결정된다는 것이다. 그러므로 20세기 이후 우리를 지배하는 4대 교육철학을 이해한다면, 교육과정은 그 교육철학과 곧바로 연결되어 나타나므로 매우 쉽게 교육과정의 유형을 찾아낼 수 있을 것이다.

먼저, 시대적으로 가장 오랜 기간 우리를 지배하여 왔던 항존주의 교육철학을 살펴 보면, 교육에서 다루어야 하는 것이 고대 성현들로부터 이어져 온 불변의 진리들이다. 이 불변의 진리들은 교과서로 묶여 있고, 이 내용들을 교사가 중심이 되어 수동적·강압적으로 이끌고 가는 것이 '교과 중심 교육과정'이다. 다음으로, 여기서 탈피하여 교육을 한발 진보시키고자 노력한 진보주의 교육철학은 학습자의 흥미 위주의 내용을 직접 경험하도록 하는 것이었으므로 '경험 중심 교육과정'을 채택한다. 다음으로 본질주의 교육철학은 교육의 질적 수월성 확보를 위해 어렵더라도 필요한 것은 꼭 배워야 한다는 주장이므로 '학문 중심 교육과정'과 연결된다. 마지막으로, 현 사회와 문화가 위기에 직면해 있으므로 인간성의 회복을 위해 재건주의 교육철학이 등장하는데, 당연히 이 철학 아래에서는 인간이 중심이 되는 '인간주의 교육철학'이 등장하는 것이다. 이처럼 항존주의는 교과 중심 교육과정, 진보주의는 경험 중심 교육과정, 본질주의는 학문 중심 교육과정, 재건주의는 인간 중심 교육과정을 발생시킨 것이다. 바로 이 네 가지 교육과정의 형태가 교육과정의 일반적 유형이다. 이 내용을 간략히 핵심만을 요약해서 정리하면 다음과 같다.

① 교과 중심 교육과정
- 문화유산의 전달이 주된 교육내용이다.
- 교사 중심의 교육과정이다.
- 설명 위주의 교수법을 요구하는 경우가 많다.
- 한정된 교과영역 안에서만 학습활동이 이루어진다.

② 경험 중심 교육과정
- 교과활동 못지않게 과외 활동을 중시한다.
- 생활인의 육성을 목표로 하고 있다.
- 아동 중심 교육을 강조한다.
- 사회의 급격한 변화에 적응하는 인간을 육성하고자 한다.
- 문제해결력의 함양을 강조한다.
- 전인교육을 강조한다.

③ 학문 중심 교육과정
- 교과내용은 '지식의 구조'를 핵심으로 조직한다.
- 나선형 교육과정*이 되어야 한다.
- 탐구과정을 중시한다.

---

* 나선형 교육과정: 수준을 달리한 동일 교육내용의 반복(동일 수준 반복과 구분)

④ 인간 중심 교육과정
- 인간 존중을 핵심으로 하는 교육과정이다.
- 표면적 교육과정과 함께 잠재적 교육과정을 중시한다.
- 학교환경의 인간화를 위하여 노력한다.
- 자아실현을 목표로 설정한다.
- 인간주의적 교사를 가장 필요로 한다.

3. 교육과정의 개발과 절차

1) 교육목적과 교육목표

목적이나 목표가 없는 교육은 없다. 모든 교육과정은 교육목적이나 교육목표를 효과적으로 달성하기 위한 것이다. 그러므로 우선 교육에 있어서의 목적과 목표에 대해 명확히 알 필요가 있다.

목적(goals, aims)은 상위 개념이고 추상적이며 포괄적이다. 목표(objectives)는 하위 개념이고 구체적이며 세부적이다. 목적이 상위 개념이고 목표가 하위 개념이라는 것이다. 이 점만 명확히 하자. 다만 이 두 개념은 상대적이다. 어떤 목적이 그 상위 개념과 만나게 되면 목표로 표현될 수 있으며, 또 어떤 목표가 그 하위 개념과 만나면 목적이라고 표현될 수 있다는 것이다. 한 학교의 교훈이 그 학교에서의 교육적 상위개념이라 교육목적이지만, 이것이 국가 단위의 교육 지향인 홍익인간의 이념과 만나면 하위 개념이 되므로 바로 교육목표가 되는 것이다.

교육에 있어서의 목적과 목표는 상황에 따라 상대적으로 쓰인다. 그러므로 본래의 의미만 명확히 해 두고 현장에서는 혼동해서 사용하여도 아무 상관이 없다. 평상시에는 이 두 용어를 구분하지 말고 사용하다가 어떤 두 개념이 동시에 등장했을 때 상위 개념을 목적으로, 하위 개념을 목표로 구분하여 설명할 수 있으면 된다는 것이다.

2) 타일러의 고전적 교육과정 구성이론

학교 학습의 일환으로 민속촌을 견학하게 되었다는 예를 들어 보자. 학습이 므로 당연히 교육과정이 필요할 것이다. 물론 현장에서는 견학계획 또는 구체적 일정 등으로 표현될지라도 이것은 교육과정이다. 놀러 가는 것이 아니므로 당연히 목적(이 경우에는 한 가지만 표현해도 되므로 목적이나 목표를 구분하지 않아도 된다. 다만 상위 과목의 내용에 부속되어 있다면, 이는 하위 개념이므로 목표라고 진술해야 할 것이다.)이 있다. 우리 민족이 어떤 집에서 살았는가를 보러 가는 것이라면 집을 보는 것이 목적이 될 것이다. 그러므로 다음 단계에서는 민속촌의 여러 시설 중에서 집과 관련된 내용만을 추려야 할 것이다. 이것이 목적에 따른 내용의 선정이다. 다음 작업으로는 선정된 내용을 어떤 순서로 볼 것인가를 결정해야 한다. 입구에서 가까운 집부터 볼 것인가 아니면 과거에서 현재의 순서로 볼 것인가를 결정해야 한다. 이것이 내용의 조직이다. 이처럼 교육과정을 만드는 것은 목적에 따른 내용을 만드는 것이다. 이 이론을 제시한 사람이 타일러(R. W. Tyler)다.

전통적 교육과정 이론이라고 불리는 타일러의 교육과정 이론은 다음의 네 가지 질문으로부터 시작한다. 교육과정 개발을 문제해결 과정으로 보는 것이다.

① 이 학습에서 어떠한 교육목적을 성취하려고 하는가
② 이 목적을 성취하기 위해서는 어떠한 교육경험들이 제공되어야 하는가
③ 이러한 교육경험들은 어떻게 조직하면 가장 효과적으로 학습할 수 있는가
④ 앞에서 정한 교육목적의 달성 여부를 어떻게 알 수 있는가

타일러가 제시한 이 전통적 교육과정 개발 모형은 이처럼 매우 단순하다. 딱 두 가지만 포함되면 교육과정이 만들어지는 것이다. 바로 목적과 내용이다. 구체적인 교육목적을 정하고 그 목적을 달성할 수 있는 내용을 정하면 되는 것이다. 다만 내용은 다시 그 내용을 선정하는 과정과 선정된 내용을 효과적 순서로 조직하는 다음 단계가 따른다.

3) 교육과정 내용의 선정기준

교육과정의 목적 또는 목표가 결정되면 바로 그 다음 단계로 그 목적을 가장 효과적으로 달성할 수 있는 학습경험, 즉 교육내용이 정해져야 한다. 교육과정 내용을 어떤 기준으로 선정해야 하는가에서는 내용의 타당성과 유의미성, 유용성, 관련성, 내용의 교수·학습 가능성 그리고 본연의 가치와 사회 지향 목표에의 부합 정도 등이 고려되어야 한다. 좀 더 구체적으로 설명하면 다음과 같다.

① 교육목표와의 일관성이 고려되어야 한다.
② 현실적으로 참신성 있고 신뢰성이 높은 내용이 선정되어야 한다.
③ 학습의 전이도가 높고 활용 범위가 넓은 내용이 선정되어야 한다.
④ 다목적 동시 학습이 가능하면 더 좋을 것이다.
⑤ 구체적 문제해결 방법 및 탐구방법이 제시되어야 한다.
⑥ 학습내용의 범위와 깊이가 균형 있게 선택되어야 한다.
⑦ 학습자의 개별적 특성을 고려해야 한다.

4) 교육과정 조직의 원리

선정된 내용은 가장 효율적 학습이 이루어지도록 조직되어야 한다. 타일러는 학습경험 조직의 원칙으로 다음의 세 가지, 즉 계속성의 원리, 계열성의 원리, 통합성의 원리를 제시하였다. 이에 두 가지 정도를 더 포함시킨다면 범위의 원리와 균형성의 원리가 될 것이다.

① **계속성(continuity)의 원리**: 어떤 내용이 얼마나 계속적으로 반복 유지되어야 하는가에 대한 원리다. 브루너(J. S. Brunner)의 나선형 교육과정에서는 동일 내용을 수준을 달리하여 반복하는 것을 주장하고 있다. 만유인력의 법칙을 유치원에서 대학원 수준까지 계속적으로 반복할 수도 있다는 것이다. 교육과정 내용의 조직에서 우선적으로 고려되어야 할 것이 바로 얼마나 계속되어야 하는가다.

② **계열성(sequence)의 원리**: 계속성이 하나의 개념이 반복되는 것이라면, 계열성은 선행경험 또는 내용을 기초로 하여 다음 경험 또는 내용을 전개함으로써 점차 깊이와 넓이를 더해 가는 과정을 의미한다. 교육과정 내용이 제시되는 시간적 순서이기도 하다. 단순하고 구체적인 것에서 복잡하고 추상적인 것으로의 전개, 시간적으로 과거로부터 현재로의 전개, 친숙한 내용에서 시작하여 잘 쓰이지 않는 내용으로의 전개, 부분에서 전체로, 또는 그 반대로 전체에서 시작하여 부분으로의 전개 등이 그 예다.

③ **통합성(integration)의 원리**: 계속성과 계열성의 원리가 종적인 조직에 관한 것이라면, 통합성은 횡적 조직에 관한 원리다. 여러 학습의 장에서 얻어진 학습경험들이 서로 상관없이 단절되어 있는 것이 아니라 상호 연결되고 통합됨으로써 보다 효과적인 학습을 이룰 수 있어야 한다. 수평적 계속성 또는 연계성이라고도 표현되는 이 원리는 생물 교과에서의 학습경험이 사회 교과의 학습경험과 연계되어 생물학적 오염에 대한 학습이 사회적으로 공해라는 문제와 연관되는 학습을 이르는 것이다.

④ **범위(scope)의 원리**: 교육과정을 얼마만큼 폭넓고 깊이 있게 다루느냐에 관한 결정이 있어야 한다. 정해진 공간과 시간의 제약 아래에서 얼마

만큼의 폭과 어느 정도의 깊이까지 학습경험을 조직할 것인가에 대한 원리다. 폭이 넓어지면 깊이는 얕아질 수밖에 없을 것이며, 반대로 깊이 있는 경험을 하기 위해서는 폭을 줄여야 할 것이다.

⑤ 균형성(balance)의 원리: 교육과정 구성에 있어서 내부적·외부적, 종적·횡적, 수평적·수직적 차원에서 그 어느 한쪽으로의 치우침 없이 조화로운 균형을 유지해야 한다. 다른 교과와의 균형뿐만 아니라 시간의 배당, 조직과의 균형성, 지식의 구성에 있어서의 균형성 등이 종합적으로 고려되야 한다.

4. 교육과정과 관련된 몇 가지 개념

1) 표면적 교육과정

비행기를 탈 때에는 문서화된 탑승자 명단이 작성된다. 배에 화물을 실을 때에도 각각의 물건과 수량이 정확히 문서로 작성될 것이다. 이러한 문서를 매니페스트(manifest)라고 한다. 교육과정에 있어서 공식적으로 작성된 문서로서의 교육과정을 보통은 그냥 커리큘럼(curriculum)이라고 부르면 된다. 하지만 20세기 중반부터 문서화되지 않거나 의도하지 않은 교육과정 또는 비공식적으로 교육의 기능을 하는 숨어 있는 교육과정이 등장했다. 이처럼 표면에 부각되지 않고 안쪽에 숨어 있거나 문서화되지 않은 비공식적 또는 잠재적 교육과정이 대비된 용어로서 표면적 교육과정(manifest curriculum)이라는 용어가 사용되기 시작하였다. 일반적인 모든 교육과정, 즉 문서화되어 있고 표면에 드러난 교육과정은 모두 표면적 교육과정이라고 불려야 하지만, 보통은 그냥 교육과정이라고만 부르며, 잠재적 교육과정과 대비될 때에만 표면적이라는 말을 붙여서 강조하여 사용한다.

2) 잠재적 교육과정

학생들은 교사가 계획하거나 의도하는 것보다도 훨씬 많은 것을 배운다. 또는 교사가 의도한 것과는 전혀 반대의 것을 배우기도 한다. 이처럼 교육과정에서 의도하지 않았거나 의도한 바와는 전혀 다른 것을 학습자들이 배우는 학습결과를 잠재적 교육과정(latent curriculum, hidden curriculum)이라고 한다. 잠재적 교육과정이란 학교의 물리적 조건, 제도 및 행정 조직, 그리고 사회적·심리적 상황을 통하여 학습자들이 가지는 경험 중에서 교육과정에서 의도한 바와 관련되지 않은 경험을 말한다. 이러한 잠재적 교육과정은 다음과 같은 특징을 지닌다.

①표면적 교육과정은 교과활동에, 잠재적 교육과정은 비교과적 활동에 관련이 있다.

②표면적 교육과정은 지적 활동에, 잠재적 교육과정은 비지적 활동에 주로 관련이 있다.

③잠재적 교육과정은 주로 생존기술과 학교문화 풍토에 관련된다.

④표면적 교육과정은 일시적·단기적이고, 잠재적 교육과정은 장기적·반복적이다.

⑤잠재적 교육과정에는 바람직한 것뿐만 아니라 바람직하지 못한 학습도 포함된다.

⑥의도하지 않았지만 학교생활을 하는 도중 은연중에 배운다.

⑦표면적 교육과정은 교사의 지적 영향을, 잠재적 교육과정은 인격적 감화를 받는다.

⑧이 두 교육과정이 조화롭고 상호 보완적으로 작용할 때 강한 영향력을 미친다.

3) 영 교육과정

　영 교육과정(null curriculum)이란 존재하지 않으면서도 학생들에게 교육적 결과를 가져오는 교육과정을 의미한다. 존재하지 않는 교육과정이 교육현장에서 영향을 미치는 경우는 흔히 관찰되는 일이지만, 학문적으로 관심을 갖기 시작한 것은 얼마 되지 않는다. 교육과정에서는 글자와 숫자에 관한 언어적·논리적 사고영역을 강조하지만 비언어적이고 비논리적인 사고 영역은 간과한다는 것이다. 표면적·잠재적 교육과정과 아울러 제3의 교육과정으로서 영 교육과정은 아직은 실험적이기는 하지만 지금의 교육이 부주의로 인해 빠뜨린 영역이 없는지 살펴볼 수 있으며, 교육을 더 풍부하게 함으로 해서 학습자들이 보다 더 많은 교육적 경험을 하게 할 것으로 기대된다.

◆ 읽을거리

 교육과정이 교사 밥그릇 싸움에 휘둘려서야

관련 개념: 교육과정이란 무엇인가

　교육부가 일부 교사들의 '밥그릇 지키기'에 휘둘려 학생들의 수업 부담을 늘리는 방안을 내놓았다가 학생·학부모들의 반발을 사고 있다.

　교육부는 오는 2012년부터 고교 2·3학년의 필수과목 군(群)에 기술·가정과 음악·미술도 포함시키기로 했다. 그러지 않아도 다른 나라에 비해 무거운 수업 부담과 내신·수능·논술 등 이른바 '죽음의 입시 트라이앵글'에 시달리는 학생·학부모들에겐 설상가상(雪上加霜)이었다.

　한국교육과정평가원이 당초에 만든 개정안의 초안(草案)은 이렇지 않았다. 그걸 교육부 담당자가 손을 대 바꿔 버린 것이다. 이 교육부 책임자는 음악과목 담당으로 밝혀졌다. 김신일 교육 부총리는 16일 "교육과정(敎育課程) 개편은 (교사 등의) 이해(利害)관계가 얽힌 권력투쟁"이라고 말했다. 필수과목 늘리기에 해당 과목 교사들의 압력이 컸다는 사실을 시인한 것이다. 김 부총리는 "국회의원들이 특정 과목을 필수로 지정해 달라고 요구하기도 했다."고 말했다.

학생들이 과중한 과목 수로 어떤 고통을 당하는지는 안중(眼中)에도 없었다는 이야기다. 우리 고교생들은 한 해에 10~12개 과목을 배우고 있다. 미국(6~7개)이나 영국(8개)보다 훨씬 많다. 억지로 과목을 더 늘려 봤자 그 과목 교육은 학교 현장에선 파행적으로 진행될 수밖에 없다. 그러면 내신(內申) 성적을 잘 받기 위해선 학원에서 이 과목의 과외를 따로 받아야 한다.

이런 일이 벌어지는 것은 교과목을 사실상 교사들이 정하기 때문이다. 결정권을 가진 교육부 산하 교육과정심의회 위원들은 교사·교수 중심이다. 미국에선 교육과정결정위원회는 엄격한 공모·추천과 자격 심사를 거쳐 선정된 일반인들로 구성돼 있다. 우리는 최근에야 심의회 위원에 기업·NGO 등의 참여를 늘렸지만 아직도 교사들의 목소리가 압도적으로 크다. 지난 12일의 공청회(公聽會)도 교사들이 자기 과목의 비중을 높여 달라고 경쟁적으로 요구하는 피켓 시위장이 돼 버렸을 정도다.

출처: 조선일보, 2007. 1. 17.

아이들 생각 이끌어 내는 '생활중심의 유아교육'

관련 개념: 교육과정의 일반적 유형

　유치원에 실습 나간 대학생들을 지도하러 간 곳에서 재미있는 생활 중심 교육을 보게 되었다. 실습생은 일상생활 중에 아이들이 자주 보이는 바람직하지 않은 상황을 그림으로 보여 주고 있었다. 슈퍼에서 사탕을 사 달라며 떼쓰고 우는 아이, 어른 없이 카트를 격하게 몰며 쌓아 놓은 물건 상자에 처박는 아이, 사람들이 돈을 내려고 서 있는 줄 앞 쪽으로 새치기하려는 아이, 돈을 지불하지 않은 채 과자를 먼저 먹는 아이들을 그린 그림이었다. 실습생이 의도한 교육 목표는 문제가 일어났을 때 징징거리거나 떼쓰는 대신 원하는 것을 말로 할 줄 알기, 건강에 나쁜 것은 먹지 않기, 사람들이 많은 곳에서 위험한 장난하지 않기, 다른 사람에게 폐 안 끼치기, 차례 지키기, 정직하기 등이었다.

　실습 선생님이 아이들에게 "이 상황은 어떤 일이 벌어지고 있는 것을 그린 것인지 말해 보겠니?"라고 하자 아이들은 자신의 경험을 바탕으로 여러 가지 말을 하였다. 그러나 모든 판단 기준은 자신이 원하는 것이었다. 사탕은 먹고 싶으니까 울지 말고 "엄마, 사탕 사 주세요."해야 한다고 했다. 카트는 아빠에게 밀어 달라고 하면 된다고 했다. 새치기한 것이 옳지 않은 일이라는 것에 초점을 맞추기보다는 새치기하지 말라며 손사래를 치며 화 내는 여자아이에게 더 초점을 맞추려 했다. 실습생은 인내심을 갖고 아이들이 다른 방향으로 생각해 볼 수 있도록 질문하였다. 약 30분 동안 실습생과 만5세 유아들이 이야기를 주고받은 후 아이들의 결론은 이랬다. "말로 엄마에게 부탁해 봐요.""엄마가 안 된다고 하면 또 부탁해 보고 정말 안 되는 거면 참아요. 떼 부리지 않아요.""차

례대로 줄 서요." "어떤 애가 차례를 안 지키면 '새치기하다가 넘어져서 다칠 수 있어. 차례를 지켜야 돼.'라고 말해 줘요." "남의 물건을 함부로 가지면 안 돼요. 슈퍼 물건은 돈 낸 후에 먹어요." "먹고 싶어도 참았다가 먹어야 해요."

자기중심적인 발달 특징을 가지고 있는 아이들이 다른 사람의 입장에서 생각해 보고 합의를 도출해 내는 것을 보고 유아교육의 힘을 느꼈다. 일부 부모가 바라는 지필교육에 의한 문제 풀기식 교육보다 아이들의 뇌리에 박힐 수 있는 훌륭한 도덕교육이었던 것이다. 역시 유아교육은 생활중심, 경험중심의 교육이어야 하고, 아이들의 생각을 이끌어 내는 교육이어야 한다. 그래서 유아들을 가르치는 선생님의 자질이 그 무엇보다도 중요하다.

출처: 이원영, 2007. 5. 30.

 급 훈

관련 개념: 교육목적과 교육목표

서울 어느 고등학교의 선생님이 기말고사 감독을 하러 3학년 교실에 들어갔다가 깜짝 놀랐다. 걸려 있는 급훈(級訓)이 '엄마 친구의 딸을 이기자.'였다. 다른 반은 어떤가 했더니 2학년 어느 교실의 급훈은 '대학 가서 미팅 할래, 공장 가서 미싱 할래!'다. 그저 장난으로 걸어놓은 게 아니라 담임·부장·교감·교장 등의 결재를 받은 정식 급훈들이었다. 그는 더불어 살기를 가르쳐야 할 학교에 이 무슨 섬뜩한 급훈이냐고 어이없어 했다.

• 요즘 고교 급훈 중엔 대학입시에 관련된 것들이 많다. '지하철 2호선을 타자.' 지하철 2호선에 있는 주요 대학들에 들어가도록 열심히 공부하라는 얘기다. 여고엔 '30분 더 공부하면 내 남편의 직업이 바뀐다.' '열심히 공부하면 신랑 얼굴이 바뀐다.'도 있다. 담임선생님 사진과 함께 '지켜보고 있다.'고 써 놓기도 한다. 선생님이 지켜보고 있으니 졸지 말라는 뜻이다.

• 어제 조선일보 독자면에 장난 같은 급훈들을 개탄하는 교육평론가의 기고가 실렸다. 그는 'YES 대학으로 가자'.는 급훈을 예로 들었다. 신촌에 있는 연세대, 이화여대, 서강대에 들어가자는 뜻이라고 한다. 그는 "급훈이 사소한 것 같지만 교육적 덕목을 규정하는 중요한 철학적 문제"라며 "제대로 된 교사라면 이런 급훈이 교실에 걸리게 할 수는 없다."고 했다.

• 이러다 보니 '아름다운 급훈' 공모(公募)도 생겨났다. 작년 전남교육청의 '참신한 급훈 경진대회'에 응모한 406개 급훈 가운데 최우수작은 '자신감으로 말하고 열정으로 실천하자.'(순천고)였다. 입상작 중엔 '1%를 나누면 공동체가 보인다.'(해남고)가 돋보였다. 적은 것이라도 나누고 베풀어 모두가 함께 사는 세상을 가꿔 보자는 이런 급훈이야말로 정말 아름다운 급훈이다.

• 진심과 선의가 담긴 급훈은 실제로 아이들의 생각과 생활을 바꿔 놓기도 한다. 전주 서천 초등학교 6학년 6반 급훈은 '사랑을 실천하는 6반'이다. 아이들은 지난해에 폐지를 모아 팔고 용돈도 보탠 돈 9만

6,070원을 올해 초 사회복지공동모금회에 이웃사랑 성금으로 냈다. 33명 모두가 '사랑 실천'이라는 급훈 아래 폐지를 모으면서 사랑을 전하는 천사가 된 것이다. 급훈은 1년간 담임선생님이 학급을 이끄는 철학이자, 아이들이 쳐다보고 가는 마음의 지표다. 너무 딱딱하고 근엄해서도 곤란하겠지만, 장난스럽게 그저 '좋은 대학 가려면 공부 열심히 하라'라는 식이어서야 무슨 교훈이 되겠는가.

출처: 김동섭, 2008. 3. 20.

참고문헌

교육과정이 교사 밥그릇 싸움에 휘둘려서야(2007. 1. 17.). 조선일보.

김동섭(2008. 3. 20.). 급훈(級訓). 조선일보.

김종서, 이영덕, 황정규, 이홍우(1988). **교육과정과 교육평가**. 서울: 교육과학사.

박도순, 변영계(1996). **교육과정과 교육평가**. 서울: 문음사.

이성호(2009). **교육과정론**. 경기: 양서원.

이원영(2007. 5. 30.). 아이들 생각 이끌어 내는 '생활중심의 유아교육'. 중앙일보.

줄 세우기를 멈추고 교육을 개선하라

-교육평가-

제6장

줄 세우기를 멈추고 교육을 개선하라
-교육평가-

1. 교육평가를 올바로 이해하자

평가라고 하면 우리는 대체로 시험을 떠올린다. 시험을 떠올리면 바로 성적과 연결된다. 이어서 곧바로 떠오르는 것은 등수, 즉 석차다. 석차는 줄 세우기다. 대학 진학을 원하는 전국의 고등학생들은 대학수학능력시험(수능)이라는 평가를 받고 전국의 학생이 일렬로 줄을 서게 된다. 수능은 국가기관인 교육과정평가원에서 출제하고 평가한다. 결국 국가가 나서서 전국의 학생들을 성적순으로 일렬로 줄 세우기를 하는 것이다. 당연히 이 결과는 대학 진학과 바로 연관되므로 대학도 이에 따라 서열이 매겨지면서 이 역시 전국 대학들을 줄 세우는 일로 이어진다. 이것이 우리가 알고 있는 교육평가의 대표적·현실적 사례다.

이러한 평가의 줄 세우기식 이해는 교육현장에서 편 가르기로 이어진다. 공부 잘하는 아이와 공부 못하는 아이, 성적이 높은 아이와 낮은 아이, 서울 시내 4년제 대학에 갈 수 있는 아이와 그러지 못할 아이 등으로 편 가르기가 이루어진다. 이제부터가 더 큰 문제. 우리네 교육현장에서의 편 가르기는 교육의 편파성과 교육 포기로 나타난다. 공부 잘하는 아이는 계속 더 잘 지도해서 좋은 학교로 가게 해야 각 고등학교의 줄 세우기에서 앞으로 나가게 될 것이므로, 당연히 공부 못하는 아이들을 위한 지도는 없다. 교육 포기다.

하지만 교육평가는 근본적으로 줄 세우기나 편 가르기가 아니다. 교육평가의 기본 의도는 교육의 개선과 진보에 있다. 이는 교육과정의 기본 의도와 정확히 일치한다. 교육과정과 교육평가는 목표 선정, 내용 구성, 학습지도, 평가, 피드백 등이 교육 전체의 흐름 속에서 파악되고 이루어져야 한다는 것이다. 이러한 이유로 해서 교육과정 및 교육평가는 같은 목적을 가진 한 개의 학과목으로 인식되어 왔고, 그렇게 운영되었다. 다만 최근에 그 교육내용의 다양성과 과다함 때문에 한 학기를 두 학기로 확장하는 형태로 교육과정과 교육평가를 구분하였다. 이 두 과목이 다른 성격의 각론으로 이해되어서는 안 되는 이유다.

이와 같은 교육평가의 기본 의도, 즉 교육의 개선과 진보라는 목적을 이해하였다면 교육평가는 절대로 줄 세우기나 편 가르기가 되어서는 안 된다는 것을 누구나 쉽게 이해할 수 있다. 교육 포기가 아니라 교육의 개선과 진보다. 잘하는 아이는 잘하는 아이에 맞게, 못하는 아이들은 거기에 맞게 학습방법 등을 개선함으로써 교육 전반에 걸친 성숙과 발전이 이루어져야 한다는 것이다. 그럼에도 교육현장에서는 안타깝게도 교육평가가 여전히 성적을 매기는 도구로, 줄 세우기와 편 가르기로 이어지고 있는 실정이다.

이제 우리는 교육평가의 올바른 이해를 위한 시도를 하게 될 것이다. 우선 교육과정과 교육평가가 분리되기 이전에 필자가 오랫동안 강의 교재로 사용해 왔던 유봉호, 정영주의 저서 『교육과정 및 교육평가』(1993)의 내용구성을 살펴보자. 교육과정 부분은 장 부분까지만, 교육평가 부분은 구체적 내용 파악을 위해서 절 단위까지 소개한다.

제1부 교육과정

　　제1장 교육과정의 개념

　　제2장 교육과정의 유형

종래 동일 교과목이었던 시기의 교육과정과 교육평가는 이렇게 연결된 같은 목적을 가진 내용으로 구성되어 이해하기가 어렵지 않았다. 제2부의 교육평가는 그 내용을 자세히 파악하기 위해 절 단위까지 소개하였는데, 큰 틀은 이론과 실제의 단 두 가지다. 교육평가가 무엇이며 어떻게 시행하는가, 이 두 가지일 뿐이다. 이 두 과목이 각론 수준에서 분리되면서 '교육평가'라는 제목의 새로운 교과서들이 등장하였다. 필자가 십여 건의 교과서를 검토해 본 결과, 그 내용은 대체로 비슷했고 깊이에서 약간의 차이를 보이고 있었다. 그중에서 교육평가 전문가인 이화여자대학교 성태제의 저서 『교육평가의 기초』 (2009)의 내용을 살펴보면 다음과 같다.

제1부 교육과 교육평가

　　　제1장 교육과 교육평가

　　　제2장 교육목표, 교육과정과의 연계

제2부 교육평가의 종류

　　　제3장 교수·학습 진행에 의한 평가

　　　제4장 참조준거에 의한 평가

제3부 총평, 측정, 검사

　　　제5장 총평, 측정, 검사

　　　제6장 정의적 행동특성 측정

제4부 문항 제작

　　　제7장 문항 제작과 유형

　　　제8장 선택형 문항 제작

　　　제9장 서답형 문항 제작

제5부 문항분석과 점수보고

　　　제10장 문항분석

　　　제11장 검사점수 보고와 해석

제6부 타당도와 신뢰도

　　　제12장 타당도

　　　제13장 신뢰도

제7부 컴퓨터화 검사와 수행평가

　　　제14장 컴퓨터화 검사

　　　제15장 수행평가

제8부 교육평가의 과제와 전망

　　　제16장 교육평가의 과제와 전망

다른 책들도 대체로 동일하지만, 무려 16장으로 구성되어 있는 성태제의 구성은 앞서 소개한 유봉호, 정영주의 저서『교육과정 및 교육평가』부분과 같이 이론과 실제의 두 부분으로 크게 나뉜다. 우리는 여기서 알아차려야 할 핵심이 있다. 교육평가를 어떻게 하느냐보다는 왜 하느냐가 더 중요한 포인트라는 점이다. 즉, 교육평가의 실제가 아니라 이론 부분에 대한 집중적인 학습이 교육학개론 수준에서는 중요하다. 이 책에서는 교육평가가 무엇이며 어떻게 발전하여 현재에 이르렀나에 초점을 맞추고, 진정한 의미의 교육평가에 대하여 이야기하고자 한다. 전체 파악을 위해서 꼭 필요하다고 판단되는 교육평가와 관련된 몇 가지 개념도 아울러 소개하였다.

2. 교육평가의 발달과정

1) 교육측정의 발달

사물의 물리적 특성을 숫자로 표현하는 것을 측정이라고 한다. 무게, 길이, 부피, 넓이 등 인간은 오랜 기간에 걸쳐 이러한 사물의 특성을 숫자화하는 데 주력하였고, 그 결과 자연과학에서의 측정은 오래전부터 고도로 정밀화되어 왔다. 사람들은 19세기 중반에 들면서 인간의 머릿속에 든 것을 재고 싶어 하기 시작했다. 공부하기 전의 상태와 공부한 후의 상태가 사람마다 다를진대, 이를 측정할 방법이 없을까 하는 고민에 빠진 것이다. 이른바 교육측정에 대한 고민의 시작이다.

교육측정은 학습자들의 학습 진보 상태를 판단하고 그 결과치를 알아보려는 시도에서 시작되었다. 주요 방법으로 구두시험과 필답고사가 등장하였다. 이후 학생 수의 증가 등에 따라 필기시험이 크게 확산되었는데, 이의 단점으로 제기된 것이 채점의 주관성이다. 출제자의 의도가 시험이나 채점에 주관적으로 반영된다는 것이다. 이에 시험의 객관성 확보에 대한 사회적 필요성이 대두되었다.

인간의 행동을 객관적으로 측정할 수 있을까. 그것도 자연과학의 측정처럼 정확하고 신뢰적으로 잴 수 있을까 하는 문제는 19세기 중반부터 학자들의 관심 있는 연구과제였다. 여기에 불을 지피고 가능성을 제시한 학자가 손다이크다. 자연과학에서의 측정에는 척도가 사용된다. 길이를 재기 위해서는 자가, 무게를 재기 위해서는 저울이 필요하다. 마찬가지로, 인간의 행동 변화를 측정하기 위해서는 이에 걸맞은 척도만 있으면 된다는 것이다. 존재하는 모든 것은 양적으로 존재하므로 인간 심리에 근거한 척도만 있으면 얼마든지 인간행동도 양적 측정이 가능하다는 것이다. 20세기 초 이러한 획기적인 주장에 힘입어 교육측정은 매우 활발하게 진행되며 발전하였다. 여러 분야에서의 표준테스트(standard test)나 척도(scale)가 계속적으로 제작되면서 이른바 측정운동(measurement movement)이 활발히 전개되었다.

많은 학자가 교육측정에 활발히 참여함으로써 인간행동의 측정에는 가히 혁명적이라고 할 수 있는 변화들이 20세기 초부터 시작되었다. 표준화 검사의 발달과 보급, 지능검사지의 제작, 성격검사의 출현과 발달 등이 이루어졌다. 이제 교육측정은 매우 정확하고 신뢰도 높게 발달하였다. 교육측정에 대한 관심이 높아지기 시작하자 손다이크에 의해 측정연구가 활발해지면서 교육측정이 발달하게 되었는데, 이 시기를 교육측정의 시대라고 한다. 이 시대에 일어난 교육측정운동은 과거의 주관적 방법에서 탈피한 평가의 객관화 노력으로 인정받고 있다. 다만 교육의 목적을 명확히 인식하지 못한 채로 결과의 수량화에만 치중하였다는 비판도 받고 있다.

2) 교육평가의 정착과정

손다이크에 의해서 촉발된 교육측정운동은 20세기에 들어서 괄목할 만한 수준으로까지 발전하였으며, 이후에도 인간행동과 심리적 특성을 과학적으로 측정하려는 노력은 활발히 이어지고 있다. 이러한 측정의 발달에 의하여 인간 행동의 변화가 정확한 수치로 표현되기 시작하면서 교육학자들은 단순한 숫자에 불과할 수도 있는 이 측정결과를 어떻게 교육에 활용할 것인가에 대하여 생각하기 시작하였다. 타일러를 비롯한 미국 진보주의 교육협회 소속의 학자들은 8년 동안에 걸쳐 정확한 측정의 결과를 교육에 활용하는 새로운 교육의 내용과 방법에 대한 실험적 연구를 시행하였다. '8년 연구'라 불리는 당시로서는 혁신에 가까운 이 실험적 연구는 다음과 같은 다섯 가지의 기본적 가정하에서 수행되었는데, 이것이 종전의 측정과 구별되기 시작하면서 교육평가의 정착에 기여하게 되었다.

① 교육은 인간 행동양식의 변화를 추구하는 과정이다.
② 평가는 이러한 학생의 행동변화가 어떻게 실제 일어나고 있는가를 밝히는 과정이다.
③ 학습과 관련된 여러 장면의 상호 연결 능력은 학습자의 발달에서 중요한 부분이다.
④ 평가의 과정은 교사의 지도방법과 학생의 학습방법을 결정한다.
⑤ 평가는 전체적 측면에서 학교와 관련된 모든 주체, 즉 교사·학생·학부모의 책임이다.

타일러는 평가란 본질적으로 교육목표가 교육과정이나 수업에 의하여 실제로 어느 정도나 성취되었는가를 확인하는 과정이라고 하는 목표 지향적 입장을 취했으며, 교육목표와 관련지어서 교육평가 도구를 개발하고 교육의 효율성을 발전시키는 데 주력하였다. 이러한 교육평가의 정착은, 첫째, 교수이론의 큰 변화와 발전의 영향을 받으면서 동시에 성장하였고, 둘째, 인간의 지적·정의적 행동특성의 개발 가능성에 관한 이론이 발달되면서 그 영향을 받았으며, 셋째, 교수·학습이론 및 교육공학의 발달과 더불어 학습의 개별화가 실제적으로 가능해진 것이 교육평가의 개념을 변화시키고 정착시켰다.

이와 같이 교육평가는 교육학의 새로운 사고의 흐름에 따라 종래의 학업성취도 측정에서 벗어나 교육과정에 대한 평가, 교육결과에 대한 평가, 수업 개선과 진보에의 활용 과정 등을 포괄하면서 발전하고 있다.

3. 교육측정과 교육평가 개념의 비교 분석

교육측정의 핵심은 얼마나 잘 수치화시키느냐에 있다. 교육과정의 핵심은 이처럼 측정된 수치를 어떻게 교육에 활용하느냐에 있다. 이 둘의 관계는 명쾌하다. 교육측정의 결과에 교육적 가치를 부여하는 것, 이것이 교육평가다. 여기서 '교육적 가치'에 주목할 필요가 있다. 줄 세우기나 편 가르기에 교육적 가치가 있는가 생각해 볼 필요가 있다는 것이다. 복잡하고 어려운 출제 과정을 거치고 투명한 시험 과정을 거친 후 여러 단계의 통계 작업을 거쳐 발표되는 수능의 성적 수치는 대단한 측정의 결과다. 가히 현대 교육측정의 결정체라고 해도 과언이 아닐 것이다. 그러나 여기에 교육적 가치가 부여되지 않고 단순히 대학을 가기 위한 줄 세우기에 지나지 않는다면 과연 그것을 올바른 교육평가라 할 수 있겠는가.

교육평가의 목적이 성공한 학생, 실패한 학생, 성적이 높아 좋은 대학에 간 학생, 그렇지 못한 학생 등으로 판정을 내리고 통계적으로 유목화하고 분류하는 등의 선별 작업에 있다면 이러한 교육측정치는 학생들의 교수·학습 개선 과정, 즉 교육의 개선과 진보에는 아무런 도움을 줄 수 없다. 교육측정의 결과가 교실에서의 교수·학습과정을 개선하고, 학생들의 학습을 극대화하는 데 도움을 주며, 교육을 개선하고 진보하는 데 쓰일 때에만 진정한 교육평가라 할 수 있을 것이다.

4. 교육평가와 관련된 몇 가지 개념

1) 상대평가와 절대평가

시험과 평가에 심지어는 초등학교부터 시작하여 오랫동안 시달려 온 학습자들은 당연히 상대평가와 절대평가에 대하여 어렴풋이 알고 있을 것이지만, 구체적으로 설명하려고 하면 잘 모를 수 있다. 여러 가지 설명 방식이 있을 수 있겠으나, 확실한 기준 한 가지만 알면 아주 효과적으로 이 두 가지 평가방법의 차이를 이해할 수 있을 것이다. 바로 원점수의 해석 차이다.

수능 시험의 결과가 나왔다고 가정하고 예를 들어 보자. 400점 만점의 시험에 한 학생이 390점을 맞았다, 잘 본 걸까, 못 본 걸까라는 질문에 390점이라는 숫자에 집중한 대부분의 사람들은 '잘 보았다.'고 대답할 것이다. 그런데 그해의 수능이 쉬워서 일부 소수의 학생이 390점이고 반 이상의 학생이 391점을 넘었다면, 그래도 잘 본 것일까. 이때 학생들이 받은 본래의 점수, 즉 390점을 원점수라고 부른다. 수능에서 원점수는 아무런 의미를 갖지 못한다. 이 원점수가 상대적으로 어느 위치에 있는가가 중요하다. 쉽게 말하자면 몇 등이냐는 것이다. 이처럼 원점수가 의미가 없으면 상대평가다.

다른 예로 운전면허 시험을 보았다고 하자. 운전면허 필기시험은 100점 만점에 70점을 넘으면 합격이다. 어느 수험자가 99점으로 필기시험을 통과하였다. 또 다른 수험자는 70점으로 겨우 합격하였다. 이때 99점은 70점보다 잘 봤다고 할 수 있는가. 아니다. 이 시험에서는 70점만 넘으면 모두 동일하다. 이때는 기준이 되는 70점이라는 목표 지향점을 넘었는가 아닌가가 의미가 있다. 69점과 70점은 당락의 차이이지만 70점과 99점은 차이가 없다. 자신이 받은 원점수가 목표 지향점 또는 합격 수준점을 넘었는가 아닌가가 중요하다. 기준점을 알고 있을 때 원점수는 매우 중요한 의미를 지닌다. 이런 경우를 절대평가라고 한다.

다른 교과서에 소개되어 있는 일반적인 방법의 설명도 알아보자. 먼저 상대평가는 규준지향적 평가(normreferenced evaluation)로서, 상대적 서열에 의한 수우미양가, T-점수, Z-점수, 백분위 등을 말한다. 다음으로 절대평가는 목표지향적 평가(criterionreferenced evaluation)로서, 달성도에 의한 수우미양가, ABCDF 따위의 학점을 말한다. 이는 개인차 변별을 위한 것이 아니라, 목표 달성도 반영이 궁극적 목적이다. 상대평가의 단점(절대평가의 장점)을 정리하면 다음과 같다.

① 평점/서열매김을 통한 지적 계급주의, 귀족주의 발생 우려
② 학교교육의 당연한 논리로 경쟁심 조장
③ 학습이론과의 부적응(예: 비학습행동의 강화)
④ 진정한 의미의 학습효과 비교 불가능
⑤ 경쟁의식, 분류화 등으로 정서장애와 정신위생에 악영향 우려

상대평가의 장점(절대평가의 단점)을 정리하면 다음과 같다.

① 개인차 변별에 적합
② 학생 상호 비교를 통한 평가
③ 경쟁을 통한 외적 동기 유발 가능

2) 타일러의 고전적 교육평가 모형

타일러는 교육과정과 교육평가를 넘나들며 고전적 이론을 펼친 학자다. 교육과정의 전통적 이론으로서 목적을 정하고, 내용의 선정과 조직을 제시한 그는 교육평가에 있어서도 7단계의 교육평가 모형을 제시하였다. 대체로 개론이

나 교육평가 교과서의 교육평가 실제 부분은 이 이론으로 시작하는 경우가 많다. 타일러는 교육평가에서 누가 어떠한 목적을 가지고 평가하더라도 반드시 거쳐야 할 공통된 7단계의 일반적 절차를 제시하고 있다.

① 교육목적을 설정하는 일
② 교육목적을 분류하는 일
③ 교육목적을 학습자의 행동 형태로 표현하는 일
④ 학습자의 기대행동이 잘 나타나도록 상태를 마련하는 일
⑤ 학습자의 행동을 적절히 평가할 수 있는 방법을 선정하고 시행하는 일
⑥ 평가결과를 종합하고 해석하는 일
⑦ 평가결과를 기록하고 이에 따라 지도하는 일

3) 진단평가

수업 개선을 위한 평가의 과정은 진단평가 - 형성평가 - 총괄평가로 이루어진다. 이 중 진단평가는 마치 의사가 진료를 하는 것과 같이 수업 과정에 들어가기 전에 우선 수업을 위한 준비로서 수행하는 평가다. 병이 든 후 치료하는 것보다 미리 그 징후를 알아내어 삶의 질을 개선하듯, 수업에 있어서의 진단평가도 수업 중에 일어날 수 있는 일들에 대하여 미리 알아내고 처치함으로써 보다 효과적으로 수업을 개선하려는 것이다.

진단평가는 학습자들이 수업의 출발지점에서 지녀야 할 조건들을 고루 갖추고 있는가를 판단하며, 다음으로 학습자가 이번 학습을 위해 이전에 이미 성취했어야 할 과정을 잘 마쳤는가를 확인한다. 마지막으로, 진단평가는 학습자들의 학습적 특성을 면밀히 분석하여 이들 각자에게 맞는 효과적인 수업을 위한 정책을 세우고 적절한 교수·학습방법의 선택과 적용을 위해 시행된다. 이러한 진단평가는 다음의 다섯 가지 기능으로 요약하여 설명된다.

첫째, 정치(placement)의 기능이다. 동일선상에 있는 모든 학습자가 동일한 조건을 갖추고 있지 못하므로, 수업에 들어가기에 앞서서 각 학생의 현재의 정확한 수업 특성적 위치를 파악함으로써 학습자들을 가장 적합한 학습 상황에 배치하려는 것이 정치 기능이다.

둘째, 출발점 행동(entering behavior)의 확인 기능이다. 어떤 학생은 이미 학습적 위치를 높게 확보하여 작은 노력만으로도 요구 수준을 달성할 수 있는가 하면, 어떤 학생은 그 정도가 낮아 앞의 학생보다 몇 배의 학습적 노력을 했음에도 불구하고 요구 수준을 달성하지 못하는 경우가 있다. 사회문화적 환경으로 인한 불리함 등을 발견함으로써 노력의 정도를 인정해 주는 등의 판단을 내리는 기초가 된다.

셋째, 학습목표 성취 정도를 진단하는 기능을 갖는다. 이미 계획된 목표치를 충분히 달성하였는가를 판단하여 다음 단계의 학습에 진입하도록 할 것인가를 결정함으로써 학생들의 성취 수준에 가장 알맞은 선에서 교수 · 학습이 이루어지도록 하려는 의도다.

넷째, 교수방법 선정의 기능을 한다. 진단평가를 통하여 학습자들이 그동안 학습을 통하여 습득하였거나 이루어 낸 결과를 토대로 학습적 특성을 파악함으로써 다음 단계에서 학습할 내용의 수준을 결정하거나 교수 · 학습방법의 수준이나 방법을 결정할 수 있다.

다섯째, 학습을 불가능하게 하거나 방해하는 요인들(learning disability)을 찾아내는 기능을 한다. 눈이 나쁜 아이들을 미리 찾아내어 안경을 맞추거나 앞자리에 앉히는 등의 노력을 하자는 것이다. 이 기능이 가장 중요할 수도 있는데, 모든 학습자의 학습 방해 요인을 미리 찾아내어 제거하거나 극소화해 줄수만 있다면 학습의 효과를 극대화할 수 있을 것이다.

4) 표준화검사

모든 규격에 맞도록 잘 만들어진 저울이라면 서울에서 재든 부산에서 재든, 아니면 일본에서 재든 간에 그 결과는 같다. 이것이 표준화된 척도다. 대부분의 물리적 측정을 위한 척도들은 이미 표준화되어 있다. 하지만 인간의 행동특성을 측정함에 있어서는 상황이 다르다. 가령 저자가 강의한 학생들이 본 중간고사 문제를 생각해 보면, 이 문제지는 내 학생들에게 국한된 시험이라 다른 대학의 학생들을 평가하는 데 사용한다면 그 효과를 적절히 판단하기가 어렵다. 내 학생들을 위한 평가지이지 우리나라 대학생 모두의 기준에 맞춘 평가가 아니라는 것이다. 이 경우는 표준화되어 있지 않은 것이다.

하지만 수능이나 운전면허 시험은 어떤가. 서울에서 보든 부산에서 보든, 비가 오든 아니든, 감독관이 누구이든 간에 그 결과는 동일하게 나오도록 만들어져야 하며, 그렇게 되도록 노력하고 있다. 이러한 평가를 표준화되어 있다고 말한다. 대체로 심리적 측면의 검사들이 많기 때문에 표준화 심리검사라고도 부른다.

5) 타당도, 신뢰도, 객관도

검사나 시험이 표준화되기 위해서는 다음의 세 가지 조건을 수준에 맞도록 갖추어야 한다.

첫째, 타당도(validity)다. 무게를 측정하기 위해서는 저울을 사용해야 하며, 길이를 재기 위해서는 자를 사용해야 한다. 무게를 재는 데 자를 사용했다면 타당하지 않은 척도를 사용한 것이다. 이것이 타당도다. 인간의 지능을 측정하기 위한 검사지라면 인간성이나 도덕성을 재는 척도가 아니라 지능을 재는 데 초점을 맞춘 검사지이어야 한다는 것이다. 수학 점수를 측정하기 위해 영어 문제가 출제되어서는 안 된다는 것이다. 정확한 척도를 사용하였는가라는 조건을 충분히 갖춘 경우, 타당도가 높다고 말한다.

둘째, 신뢰도(reliability)다. 평소에 시험을 보면 60점 정도 받던 학생은 그 정도의 점수가, 90점 정도를 맞는 학생이라면 역시 그 정도의 점수가 나오면 사람들은 그 평가결과를 믿을 만하다고 생각하는데, 이것이 신뢰도. 시험이나 검사를 얼마나 오차 없이 일관성 있고 정확하게 재고 있는가 하는 것이다. 이의 개선을 위해 표준화 시험이나 검사지 제작자들은 재검사, 동형검사, 반분검사, 내적 합치도 등의 방법을 사용하여 신뢰도를 높이려고 노력한다.

셋째, 객관도(objectivity)다. 이는 누가 언제 어디에서 시행해도 그 결과가 동일하게 나와야 함을 의미한다. 출제자가 검사 실시자의 주관성을 의도적으로 배제하는 작업을 진행하며, 그 객관화의 결과치가 높아야 함을 의미한다.

이처럼 표준화검사는 측정하고자 하는 것을 제대로 측정하고 있는가 하는 타당도, 정해진 오차 범위를 넘지 않으면서 일관성 있고 정확하고 믿을 수 있게 재고 있는가 하는 신뢰도, 그리고 누구라도 정확한 사용방법이나 감독 조건에 따라 시행하면 늘 같은 결과를 얻을 수 있는가 하는 객관도. 이 셋은 동일하게 취급되어야 하며, 네 번째로 한 가지 조건을 더 추가하면, 실제 사용하기 편리하게, 가격도 적당하게, 다루기 간단하게 제작되었는가를 표시하는 실용도(utility)를 들 수 있다.

◆ 읽을거리

 너희가 평가를 아느냐

관련 개념: 교육평가의 의미

　전국 초등학교 3학년생을 대상으로 하는 교육부의 '기초학력진단평가'를 놓고 사회적으로 뜨거운 논쟁이 일고 있다. 학력평가를 실시하려는 교육부의 입장은 기초학력이 형성되는 시기인 초등학교 3학년 연령층을 대상으로 읽기·쓰기·셈하기 등 3개 분야에 걸쳐 학력진단평가를 실시하고 드러난 문제들을 보완하기 위해 필요하다는 주장이다. 이에 대해 교원단체, 시민단체들의 시각은 이번 교육부의 평가가 학교 간 서열화와 경쟁을 부채질하는 학교교육 역기능에 대한 우려를 내세워 이의 철회를 요구하고 있다. 이 같은 논쟁의 와중에 일선 초등학교 현장에서는 학력시험이 부활되고 있고, 사설 업체의 기초학력평가 대비 예상 문제집이 팔려 나가기 시작하며, 동네 보습학원 등에서는 시험대비반까지 생겨나고 있다는 보도를 접하게 된다.

우리가 당면하고 있는 대부분의 사회 제도는 장단점의 양면성을 동시에 지니고 있다. 마치 요지경(瑤池鏡) 속을 들여다보는 것처럼 정답이 존재하기보다는 제기된 문제를 보는 개인이나 이해집단의 견해에 따라 상반된 주장을 내놓을 수 있다. 그러나 오늘날 우리 사회가 당면하는 문제는 요지경 상황 속에서 절대정답을 찾으려는 데 있다.

초등3년 학력평가 '요지경'

또 하나의 문제는 주어진 사회문제의 결론은 대부분 목소리 큰 쪽의 판정승으로 끝이 난다는 점이다. 국가의 법 조항 위에 군림하는 국민정서법(?)이 작용하고 있고 언론의 선정적 보도 또한 그 역할을 일부분 담당하고 있는 듯하다.

국내외적으로 교육평가를 전공하고 있는 학자들의 '평가'에 대한 정의와 그 기능은 대략 세 가지 정도로 요약된다. 평가는 의사결정을 위해 필요한 자료를 수집하는 활동이라는 점, 전개되고 있는 정책이나 프로그램의 목표달성 여부를 확인하기 위한 기능, 그리고 수집된 자료를 통해 얻어진 결과에 대한 가치를 부여하기 위한 활동 등으로 요약할 수 있다.

빗나간 평가 문화부터 손질

이 같은 평가의 원론적 관점에서 보면 오늘날 우리나라의 학교교육 정책이 아무리 인성교육과 전인교육에 초점이 모아진다 하더라도 학생들의 기초학력에 대한 평가 또한 배제할 수 없을 것으로 보인다. 중요한 것은 이 같은 학생들의 평가에 대한 학생과 교사, 그리고 학부모와 우리 사회의 일그러진 평가 문화가 달라져야 한다는 점이다.

이미 오래전부터 실시되고 있는 미국 초등학교에서의 평가 문화는 우리에게 시사점을 줄 것으로 보인다. 기초학력평가 전날, 학교 선생님들의 이야기는 대개 이렇게 진행된다. "내일 아침에는 편안한 복장을 하고 아침식사를 꼭 하고 오너라. 이번에 치르는 학력평가는 학교 성적표에 반영되거나 남과의 경쟁 시험이 아니라 여러분 한 사람 한 사람의 기초학력을 진단하기 위한 일종의 건강검진 신체검사와 같은 것이란다."

지금 우리 사회가 대립 양상을 보이는 초등학생 기초학력평가의 문제는 이를 철회할 것인가, 강행할 것인가의 문제가 아니라 학교 간 서열화와 경쟁 등의 역기능적 요소들을 평가 결과의 활용 단계에서 배제시킬 방안의 마련이 핵심이다. 일부 단체에서 시험 중단을 위한 시험 업무 거부 투쟁 계획이 발표될 것이란 언론보도를 접하며 평가는 곧 서열과 경쟁을 의미하고, 약점을 노출시키는 기능만을 부각하여 몰아붙이는 우리 사회의 일그러진 평가 문화가 언제쯤 제자리를 찾게 될 것인지 씁쓸해진다.

출처: 오성삼, 2002. 10. 3.

뒤처진 학생 끌어 주는 교육도 중요하다

관련 개념: 교육평가의 진정한 의미

　교육과학기술부가 공개한 2009학년도 초·중·고교생 국가수준 학업성취도 평가 결과는 학력이 전반적으로 상승했다는 내용을 담고 있다. 학력저하 문제를 둘러싼 교육계의 우려와 논란이 다소간 줄어들 수 있다는 점에서 일단 다행스럽다. 특히 기초학력 기준 미달 학생의 비율이 초·중·고교생 모두 전년보다 줄어든 게 고무적이다. 2008학년도에 처음 실시된 전국 단위 학업성취도 평가에선 중·고교생의 10% 정도가 기초학력도 갖추지 못한 것으로 드러났으나 이번 평가에선 중학교 3학년 7.2%, 고교 1학년 5.9%로 크게 줄어든 것이다. 초등학교 6학년의 기초학력 미달 비율도 2.3%에서 1.6%로 낮아졌다.

　기초학력 미달 학생들은 공부에 흥미를 잃고 계속 뒤처지는 퇴보의 늪에 빠지기 십상이다. 그러나 이번 평가 결과는 학교와 교사의 열정과 헌신적 노력이 뒷받침된다면 학습부진 학생이라도 거뜬히 성적을 끌어올릴 수 있다는 사실을 확인해 줬다. 학습부진 학생의 학습 동기 부여를 위한 특별 인성교육 프로그램을 마련하거나 방과 후에 학습 부진 학생을 수준별로 나눠 맞춤형 학습을 한 학교, 각각의 학생에게 맞춘 교재를 개발해 가르친 학교들은 하나같이 기초학력 미달 비율이 현저히 낮아진 것이다.

　공부 잘하는 학생을 더 잘하게 밀어 주는 수월성 교육은 중요하다. 그러나 뒤처진 학생을 이끌어 주는 교육도 그에 못지않게 중요하다. 기초학력 미달 비율을 줄이는 데 성공한 학교들은 이를 실천으로 보여 준 셈이다. 이 같은 노력이 모든 학교로 확산돼야 공교육의 희망도 커질 수 있다.

　기초학력 미달 학생을 줄이는 데에는 학교 밖의 도움도 필요하다. 어학을 전공하거나 독서지도사 등 자격증이 있는 학부모가 학습부진 학생의 개인교사로 참여한 경북 예천 용문초등학교의 경우가 좋은 예다. 경기도 파주의 문산북중학교처럼 인근 부대의 엘리트 장병을 학생과 연결해 개별 학습지도를 받게 하는 것도 눈길을 끈다. 지난해 대학생 7,000여 명이 참여해 초·중·고교생의 학습지원을 한 서울시의 '동생 행복도우미 프로젝트' 같은 대학생 공부 봉사활동도 적극 장려할 만한 프로그램이다.

출처: 중앙일보, 2010. 3. 6.

 ## 수준별 이동수업의 허점(虛點) 보완을

관련 개념: 교육평가와 수업개선

　고려대 교육학과 박사학위 논문에서 중2 때 학업성취도가 하위 20%에 속한 학생 6,172명의 1년 뒤 성적 향상도를 따져 봤더니 수준별 이동수업을 한 학생들이 그렇지 않은 학생들보다 영어 4점, 수학은 7점 낮았다는 분석이 나왔다. 하위권 학생들을 상대로 한 특별보충수업이 되레 성적을 떨어뜨렸다는 분석도 나왔다. 영어·수학 과목을 중심으로 2~4단계의 수준으로 나눠 가르치는 수준별 이동수업은 서울과 광역시의 경우 중·고교의 85%가, 그 외 지역에선 76%가 시행하고 있다.

　수준별 이동수업은 교육 효율을 향상시켜 주는 것이 일반적이다. 미분·적분까지 뗀 학생과 이차함수를 이해 못하는 학생이 뒤섞여 배우는 교실의 학습 효율은 떨어지기 마련이다. 그런데도 하위권 학생 가운데 수준별 이동수업을 받은 학생들 성적이 상위권·하위권이 섞여 배운 학생들보다 낮게 나온 것은 학교들이 상위권 학급만 신경 쓰고 하위권 학급을 소홀히 취급했기 때문으로 볼 수밖에 없다. 실제 일부 학교에선 하위권 학급에는 기간제 교사를 주로 배치하고 있다고 한다. 그렇게 되면 학습부진 아이들은 자신들이 낙오자(落伍者)라고 생각하게 되고 공부에 대한 흥미와 자신감도 잃게 된다.

세계에서 가장 교육성과가 뛰어나다는 핀란드 학교에선 학습부진아로 분류하는 학생 10% 정도에 더 관심을 쏟는다. 핀란드 학교는 이런 학생들을 묶어 10명 이하로 학급을 편성하고 담임 외에 보조교사를 배치해 쉬는 시간까지 생활지도를 해 준다. 그래도 안 되는 경우에는 유급(留級)시켜 1년을 더 배우게 한다.

하위권 아이들을 평균 학력으로 끌어올리는 것을 학교 교육의 최우선 목표로 삼아야 한다. 교육 당국이 학습부진 학급엔 더 실력 있는 교사, 더 많은 학습보조 교사를 배치해 줘야 한다. 수준별 반편성을 몇 단계로 하는 것이 바람직한지, 어떻게 해야 수준별 수업의 부작용을 줄일 수 있는지도 검토해야 한다. 학습부진 학생 가운데는 가정형편이 어려운 아이들이 많다. 학교와 선생님들이 이런 아이들에게 더 열의와 관심을 갖고 보살펴 주는 것이 사회를 공정(公正)하게 만드는 길이기도 하다. 학교와 교장에 대한 평가도 그 학교가 하위권 학생을 얼마나 중위권으로 끌어올렸는가를 갖고 해야 한다.

출처: 조선일보, 2010. 8. 31.

사지선다형 시험 퇴출

관련 개념: 교육평가와 시험

　어느 초등학교 시험에 나온 문제다. '우리나라를 빛낼 일을 하려면 어떻게 해야 할까요? ① 열심히 공부한다, ② 용돈을 많이 쓴다, ③ 만화책을 읽는다, ④ 열심히 논다.' 한국인이라면 누구나 떠올리는 답은 당연히 하나다. 초등학교부터 중·고교 졸업 때까지 12년 동안 사지선다(四支選多)형 문제와 모범 답안에 우리는 길들여져 있다. 용돈을 많이 써 보거나, 만화책을 읽고, 열심히 놀아 본 경험을 밑거름해서도 나라를 빛낼 일을 할 수 있다는 생각을 하기란 힘들다.

　• 문학평론가 이어령 씨는 1967년 처음 이화여대 교수가 돼 입시 감독을 맡았을 때의 충격을 잊지 못한다. 김소월 시 '진달래 꽃'의 주제를 묻는 문제가 사지선다형으로 나왔다. 시론(詩論)을 가르치는 자신이 보기엔 '이별' '사랑' 등 넷 모두에 ○표를 할 수도 있고, ×표를 할 수도 있었다. 그러나 학생들은 의심 없이 그중 하나만 골라 ○표를 하고, 바깥에선 누구도 문제에 대해 이의(異議)를 제기하지 않는 것이었다. 그 후 이 씨는 매년 첫 수업을 '진달래꽃'의 다양한 주제를 분석하는 것으로 시작했다.

　• 사지선다형 시험은 해방 후 미국의 실증주의 교육철학 도입과 함께 우리나라에 자리 잡았다. 주관식 논술형 시험은 평가자에 따라 점수가 들쭉날쭉하고 정실(情實)에 흐를 위험성이 있다. 사지선다형은 누구에게나 똑같은 기준에 따라 공정하고 공개적인 경쟁을 보장할 수 있도

록 해서 환영받았다. 무엇보다 채점이 쉽다. 국가 차원에선 1969년 대입 예비고사에서 채택됐고, 행정고시 등 각종 공무원 시험에서도 쓰였다.

• 시험에 절어서 살다 보니 '사지선다형(型) 인간'도 나왔다. 자기가 생각하는 정답을 대지 못하고 넷 중 하나를 고르는 게 몸에 배었다. 정답이 안 떠오를 땐 연필을 굴리는 것도 흉이 되지 않는다. 네 개의 예시된 답안 바깥에는 정답이 있을 수 없다고 스스로 생각의 틀을 닫아 버린다. 인생엔 정답이 너무 많은 경우도 있고, 정답이 안 보이는 경우도 얼마든지 있다.

• 미국 교육부가 3,900억 원을 들여 사지선다형 시험을 전면 폐기하는 '학력평가 개혁'에 착수했다는 소식이다. "무엇을 배웠는지가 아니라 무엇을 할 수 있는지 평가하자는 취지"라는 설명이다. 평가의 편의에 미련 갖지 말고 수험생의 진짜 능력을 테스트할 방식을 우리도 찾아볼 때다.

출처: 김태익, 2010. 9. 6.

참고문헌

김태익(2010. 9. 6.). 사지선다형 시험 퇴출. 조선일보.

뒤처진 학생 끌어 주는 교육도 중요하다(2010. 3. 6.). 중앙일보.

성태제(2009). 교육평가의 기초. 서울: 학지사.

수준별 이동수업의 허점(虛點) 보완을(2010. 8. 31.). 조선일보.

오성삼(2002. 10. 3.). 너희가 평가를 아느냐. 조선일보.

유봉호, 정영주(1993). 교육과정 및 교육평가. 전남: 교학연구사.

교육은 항상 옳고 가치 있는 것인가

-교육사회학-

교육은 항상 옳고 가치 있는 것인가
-교육사회학-

1. 가치 중립의 개념과 교육사회학

우리는 교육을 가치 있는 것으로 본다. 가치가 있으니까 교육을 장려한다. 학교도 많이 세우고 수준 높은 교사를 양성하기 위해 노력한다. 교육학의 모든 하위 영역 역시 가치적인 교육을 보다 더 가치 있게 하기 위해서 조직되고 운영되고 연구된다. 응용학문이라고 일컫던 시절이 있었을 정도로 고도로 발달된 다른 학문 영역의 내용들을 교육이라는 제목을 앞에 붙여 교실로 가지고 왔다. 교육심리학, 교육철학, 교육사회학, 교육통계 등이 그 예의 일부다. 교육은 가치 있으므로 이의 기능 유지와 발전을 위한 모든 교육학의 하위 영역 학문들은 가치적인 교육을 계속 가치 있게 하는, 이른바 가치 지향적 학문으로 존재한다. 하지만 모든 학문이 가치 지향적인 것은 아니다.

종교학을 예로 들어 보자. 현대의 종교학은 기독교 · 불교 · 유교 등 모든 종교를 동일한 입장에서 보고 접근한다. 각각의 종교에 가치를 부여하지 않는다. 가치 중립적 학문이다. 하지만 종교학이 처음부터 가치 지향적이지는 않았다. 중세 기독교가 지배하던 시절의 종교 관련 학문은 신학이다. 이 시절의 기독교는 절대적 가치를 지니므로 이의 바탕이 되는 신학은 절대적 가치를 향해 가는 가치 지향적 학문일 수밖에 없었다. 그러면 언제부터 종교학이 가치 중립적이 되었나. 바로 종교의 선택권이 시민에게 주어지고부터다. 시민이 원하는 종교를 선택할 수 있는 사회, 이른바 종교적 시민사회가 되어서야 비로소 종교학은 가치 중립적인 학문으로 발전할 수 있었다. 같은 맥락으로, 정치학은 정치의 결정권이 시민에게 주어진 정치적 민주사회가 등장하고 나서야 비로소 가치 중립적인 정치학이 발전할 수 있었던 것이다.

그러면 교육은 어떻다는 것인가. 아직 교육의 결정권이 시민에게 주어지지 않았다는 말인가, 다시 말하면 교육의 민주사회가 아직 성숙하지 않았다는 것인가. 논쟁의 여지는 있지만 아직은 아니라는 말이 답에 가까울 것이다. 우리는 국가가 정해 놓은 교육체제하에서 국가가 만들어 놓은 교육과정을 12년 동안 배운다. 옳고 그름을 떠나서 우리에게 교육을 선택할 권리가 있는 것인가. 이러한 상황에서 모든 교육은 가치 있는 것이며, 모든 교육학의 하위 영역은 이 가치적인 교육을 보다 가치 있게 하기 위하여 존재할 수밖에 없다.

이러한 교육의 가치 지향성을 문제로 삼고 들여다보기 시작한 것은 교육학자들이 아니라 사회학자들이었다. 사회학자들이 사회의 한 영역으로서 교육을 설정하고 이를 그들의 시각으로 들여다보기 시작한 것이다. 사회학자들의 바로 이러한 시각이 가치 중립적 접근이다. 여전히 교육자나 교육학자들은 교육이 가치 있다고 보고 있으므로 가치 중립적 접근이 불가능하다. 그러나 이미 오래 전에 사회의 중심에는 시민이 있으며, 이러한 민주적 시민사회에서는 모든 현상을 가치 중립적으로 보고 접근하므로 교육 역시 사회 속의 한 현상으로 보고 가치 중립적으로 접근한 것이다. 이 입장에서 보면 교육은 가치 있을 수도 있고, 가치적이지 못할 수도 있다는 것이다.

학교를 많이 세우기만 하면 모든 이에게 교육의 기회가 돌아가서 사회 전체가 발전하고 성숙할 것인가, 아니면 자본주의 사회의 학교는 상류층을 위해서만 봉사하므로 학교가 늘어나면 오히려 계층 간의 격차가 더 커져 사회 불평등이 심화될 것인가. 이러한 중립적 관점에서 교육과 사회의 관련성을 보려는 것이 가치 중립적 접근이고, 교육학 전체에서 이러한 시각으로 교육을 보는 학문이 교육사회학이라는 것이다.

이처럼 교육사회학은 교육과 사회의 관련성을 연구하고 학습하는 과정이므로 이를 학습하기 위해서는 많은 개념을 필요로 한다. 교육에 관한 개념과 아울러 사회에 관한 개념을 충분히 공부한 후 이 둘의 관련성을 공부해야 하므로 교육학 공부의 후반부에 학습하는 것이 일반적이다.

교육사회학은 기존의 교육을 보는 시각에 문제를 제기하는데, 그동안 당연하게 여겨 왔던 교육적 사실들에 대해 문제를 제기하는 것이다. 학교에서 가르치면 학생들은 배운다. 일견 당연해 보이는 이 시각에도 문제를 제기할 수 있다. 고등학교 기술·가정 시간에 스웨터 뜨기가 있었다면, 그 단원의 목표는 기술 배양과 자립심 양성이었을 것이다. 하지만 입시 만능의 우리 세대 학생들은 이 숙제를 어머니나 언니가 해 주거나 아니면 학교 앞 문방구나 수예점에서 구입하는 것으로 해결한다. 학교에서는 기술과 자립심을 키워 주고 싶었지만 학생들이 배우는 것은 의타심과 금전만능일 수 있다는 것이다.

2. 교육사회학의 등장과 발달과정

교육사회학도 처음에는 가치 지향적 상태로 교육에 도입되었다. 19세기 중반 이후 미국에서는 발달된 사회학의 영역을 교육자 또는 교육학자들이 중심이 되어 교육에 적용하는 방식으로 도입했다. 이는 교육심리학의 성립 과정과 내용과 방법상으로 일치한다. 이렇게 시작된 최초의 교육사회학은 교육학자들이 가치 있는 교육의 개선과 진보를 위한 학문으로서 교육실천에 적용하였다. 이런 이유로 초기의 교육사회학은 'Educational Sociology'라는 영어 명칭으로 시작되었다. 이를 우리말로 직역하면 '교육적 사회학'이라고 번역되기도 하지만, 그 의미의 정확한 파악을 위해서는 의역하여 '실천 지향적 교육사회학'

이라고 부르는 것이 타당하다.

발전을 계속하던 실천 지향적 교육사회학은 20세기 초에 학회를 구성하고 학회지를 발간하는 등 활동을 활발히 전개했다. 하지만 20세기 중반 무렵부터 새로운 시각의 교육사회학이 등장했다. 사회학자들이 사회의 한 영역으로서의 교육 또는 학교를 가치 중립적으로 보기 시작한 것이다. 이를 영어로는 'Sociology of Education'이라고 부른다. 이를 우리말로 직역하여 '교육의 사회학'이라고 번역되기도 하지만, 이는 '교육적 사회학'과 의미의 차이를 용어상으로 구분할 수 없다. 이의 정확한 의미 파악을 위해서 의미 중심으로 번역하여 '사회학 지향적(학문 지향적) 교육사회학'이라고 쓰는 것이 타당하다. 이 두 학문은 미국 학문 사회에서 공존하지 못하고 심하게 경쟁하는데, 아주 짧은 시기에 모든 명칭은 Educational Sociology에서 Sociology of Education으로 변화했다. 학회의 명칭뿐만 아니라 학회지의 이름까지도 바뀌었다. 이는 교육사회학의 주류가 실천 지향적 교육사회학에서 학문 지향적 교육사회학으로 바뀌어 오늘에 이르고 있음을 말한다. 이처럼 미국을 중심으로 교육사회학이 등장하고 발전하였는데, 이는 교육과 사회가 아주 큰 틀에서 서로 영향을 주고받는다는 것을 기본 가정으로 하므로 거시적 교육사회학이라고 한다.

한편 영국을 중심으로 한 유럽에서는 교육과정이 교육과 사회에 미치는 영향을 살핀다. 교육에 문제가 있어서 사회에 좋지 않은 영향을 미친다면 이는 학교에서 가르치고 배우는 내용이 잘못된 것이므로 학교에서 가르치는 것, 즉 교육과정을 들여다보고 개선해 나가야 한다는 것이다. 이를 신교육사회학(New Sociology of Education)이라 하여 미국 중심의 교육사회학과 구분한다. 또한 이 신교육사회학은 교육과 사회의 문제를 학교 내부의 미시적인 교육과정으로 본다고 해서 미시적 교육사회학이라고 하며, 교육과정을 중심으로 연구하는 방법을 근거로 교육과정사회학이라고도 부른다.

3. 교육사회학의 연구영역

초기의 교육사회학인 Educational Sociology, 즉 실천 지향적 교육사회학은 기존 사회학의 발달된 이론들을 빌려 와서 교실이나 학교에 적용하려는 의도로 시작되었다. 가치 지향적으로 시작된 초기의 교육사회학은 특히 학교와 지역사회의 관련성에 대하여 주로 연구하였는데, 학교가 지역사회의 발전을 위해 어떻게 기여할 것인가, 더 큰 틀로 말한다면 교육이 국가나 사회의 발전을 위해서는 어떤 역할과 기능을 하여야 하는가 하는 접근이었다. 하지만 후기의 교육사회학인 현재의 교육사회학의 주류를 이루는 Sociology of Education, 즉 학문 지향적 교육사회학은 기존의 실천지향적 교육사회학과는 달리 가치 중심적 입장에서 교육과 사회의 관련성을 보려고 하였다. 구체적으로 교육사회학이 어떤 영역을 연구하고 학습하는가를 알아보기 위해서 김신일의 저서『교육사회학』(2003)의 내용과 구성을 보는 것이 가장 좋은 방법이다. 이 책은 1985년 초판이 발행된 이후 몇 번의 개정을 거쳐 지금에 이르고 있다. 우리나라의 교육사회학 관련 교과서 중 가장 권할 만한 책이라고 판단된다.

이해를 돕기 위하여 각각의 주제를 연구에서 다루는 질문 형태 또는 과제 형태의 주제로 소개하면, 제5장 교육의 확대와 원인은 '사람들은 왜 자꾸 더 높은 학교로 가려고 하는가', 제6장 교육과 사회평등은 '교육은 사회를 평등하게 하는가', 제7장 교육평등론은 '교육은 어떤 단계를 거쳐 시민 모두에게 평등하게 분배되는가' 등으로 설명될 수 있다.

이러한 교과서의 내용 구성을 살펴보면 교육사회학이 무엇을 공부하는가를 쉽게 알 수 있을 것이다. 또 다른 방법으로서 그동안 교육사회학 영역에서 연구되었던 과제의 명칭이나 주제에 많이 사용된 용어를 중심으로 살펴보면 대표적인 것으로, 교육과 평등(사회적 지위 획득), 학교 사회와 학업성취, 교육정책과 제도, 공교육의 문제, 교육개혁, 교육학 · 교육사회학의 성격 · 발달 · 이론, 교육열, 학력사회 등을 들 수 있다. 이외에도 여러 개념이 있지만 이 정도의 소개만으로도 교육사회학이 교육과 사회의 관련성을 연구하고 공부하는 학문이라는 것을 짐작할 수 있다.

4. 사회를 보는 두 가지 시각: 기능이론 · 갈등이론

인간을 연구하고 우리 사회를 보는 근본적 방식은 2,500년 전 소크라테스,

플라톤, 아리스토텔레스 이후 패러다임의 변화가 없었다. 그동안 수천 년 동안 사람들은 우리 사회를 보는 시각이 단 한 가지였다. 조화롭다는 것이다. 하늘과 땅과 사람이 조화롭고, 임금과 신하와 백성이 조화롭다. 심지어 암흑기라고 비판받은 중세에도 신과 인간의 조화로움—물론 불합리한 것이었지만—을 앞세웠다. 우리가 사는 사회는 서로 돕고 서로 의지하고 살며, 어려운 자는 부자의 도움을 받으며, 임금은 신하와 백성을 위해 늘 걱정하면서 그들이 잘 살 수 있도록 염려하였다는 것이다. 사회를 보는 이 방식은 20세기 초까지 아무런 저항이나 변화 없이 그대로 받아들여져 왔다.

20세기에 들어서면서 일단의 급진적 사회학자들이 이 시각에 대하여 강하게 반발하면서 나타나 사회의 불합리성을 지적하기 시작하였다. 이 사회는 밖에서 보면 마치 조화롭고 상호 보완적으로 발전하고 있는 것처럼 보이지만 이들 구성원과 그 집단들 사이에서는 끊임없이 갈등과 투쟁이 있어 왔다는 것이다. 가진 자들은 그것을 유지하느라 싸우고, 못 가진 자들은 더 가지기 위해 그들과 끊임없이 싸워 왔다는 것이다. 이른바 갈등주의자들의 등장이다. 그러면서 이 갈등주의 입장의 학자들은 기존의 사회를 보는 질서와 상호 보완의 시각을 기능주의라고 비판하였다. 초기에는 갈등주의의 생각이 사람들에게 받아들여지지 않았다. 여전히 조화로운 세상이라는 시각이었다. 하지만 세계적 경제공황과 함께 자본주의가 심각하게 발전하면서 이 이론에 대한 의식들이 바뀌기 시작하였다. 여전히 지금도 주류인 기능주의에 대항하고 저항하는 비주류의 입장인 갈등주의는 점차 사회를 보는 또 다른 시각으로 자리 잡아 가고 있다. 이들 이론에 포함되는 세부 이론과 연구 업적들이 무척 많지만 여기서는 단순히 기능주의와 갈등주의로 구분하고자 한다. 즉, 사회를 질서와 조화, 상호 보완의 입장에서 보는 모든 이론을 기능주의, 그 대항 세력으로서 각 인간과 계급과 계층 간에는 끊임없는 투쟁과 갈등이 존재한다고 보는 모든 이론을 갈등주의라 부른다.

이 두 관점은 기본적으로 두 가지 전제는 동일하다. 하나는 우리가 살고 있는 사회는 하나라는 것이다. 보는 시각에 따라 좋은 사회와 나쁜 사회가 있는 것처럼 보이지만 사실은 하나의 사회를 시각차에 의해서 완전히 다르게도 볼 수 있다는 것이다. 다른 하나는 우리가 살고 있는 사회는 계층을 이루면서 존재하고 발전해 나간다는 것이다. 어떤 시기에 계층으로 존재했던 사회는 시간이 흘러 사회가 변동되면 그 계층의 내부 구성은 바뀌더라도 여전히 계층을 이루면서 존재하고 변동해 간다는 것이다. 마르크스 이론도 갈등이론의 성격을 띠지만 계층이 아니라 두 계급 간의 투쟁이며, 시간이 흐르면 프롤레타리아 혁명에 의해 이 계급도 없어진다는 이론이므로 이 점에서 갈등이론과 차이를 보인다. 이 두 전제를 바탕으로 기능이론과 갈등이론을 설명해 보자.

기능이론은 사회를 질서, 조화, 상호 보완적으로 본다. 이는 우리 사회를 살아 있는 생명체로 보고 설명한다는 것이다. 이른바 사회유기체론이다. 우리 몸의 모든 기관은 자신의 자리에서 우리 몸 전체를 유지하기 위해 노력한다는 것이다. 눈은 눈의 자리에서, 손은 손의 자리에서 발보다 우월하다고 말하지 않고 묵묵히 자기 일을 수행한다. 이것이 유기체의 존재 방식이다. 인간이 살아가는 사회도 이처럼 군주는 군주의 자리에서, 군인은 군인의 자리에서, 농민이나 하층민은 나름 그들의 자리에서 유기체처럼 묵묵히 일함으로써 이 사회가 조화롭게 지금까지 존재해 왔다는 시각이다. 결국 기능주의 이론이 보는 사회는 각기 다르면서도 질적으로는 우열의 차이가 없는 기능을 수행하는 수많은 개인과 집단의 통합체로서, 질서 유지와 안정과 상호 보완이라는 합의된 목표 아래 살아가는 사회라는 것이다.

갈등이론은 이러한 기능이론에 철저하게 반대하면서 등장한다. 갈등이론은 사회를 개인 간 및 집단 간의 끊임없는 경쟁과 갈등의 연속으로 본다. 즉, 세력 다툼, 이해의 상충, 지배자의 압제와 피지배자의 저항, 그리고 사회의 끊임없는 불안정과 변동이 이 이론이 보는 사회의 속성이다. 갈등이론은 각 계층이 조화로워 보이지만 사실은 그렇지 않고 끊임없는 투쟁과 갈동 속에서 존재한다. 즉, 인간이 소유하고자 하는 대상물은 제한되어 있으나 인간의 소유욕은 무한

하다. 이 모순을 해결할 길이 없으니 인간 간, 계층 간의 경쟁과 갈등은 불가피하다. 살기 위해서는 투쟁이 필연적이라는 것이다.

음료수 캔을 위에서만 보고 동그랗게 생겼다고만 주장한다거나 옆에서만 보고 네모라고만 말하는 사람은 없다. 극단의 입장에서 예를 든 것이다. 이 두 이론도 마찬가지다. 기능이론이나 갈등이론 중 오로지 하나만으로 사회를 설명하거나 이해하는 사람은 없다. 설명을 위한 이론적 양극단일 뿐이다. 그러므로 우리는 이 두 이론 사이의 어느 한 부분에서 사회를 보고 있으며 그 시각도 늘 변하게 된다. 예를 들면, 젊어서 갈등주의적 시각으로 사회를 보던 사람이 나이가 들어가면서 기능주의적으로 바뀐다거나, 책을 많이 읽고 공부를 해 가면서 점점 갈등주의로, 돈을 많이 벌거나 사회적 지위가 높아 갈수록 점점 기능주의로 변해 가는 것이다. 물론 어느 이론이 옳고 그름의 문제는 절대로 아니다.

5. 교육사회학 연구의 한 예, 교육과 사회평등: 교육은 사회를 평등하게 하는가

1) 평등론: 평등한 사회란

불과 100여 년 전 우리 사회를 보자. 임금과 신하의 관계로 갈 것까지도 없이 그 사회의 주류를 이뤘던 농촌으로 가 보자. 어떤 사람은 물려받은 논밭이 수만 평이 넘어 그 토지를 경작할 땅이 없는 하층 농민들에게 빌려 주고 소작을 받아 부자로 살아갔다. 소작농과 지주의 차이는 그야말로 하늘과 땅 차이다. 누구는 물려받은 재산이 많아 부자이고, 누구는 그게 없어 매우 가난하다면 이 사회는 불평등하다. 또 그런 봉건적 사회에서는 노비의 자식은 아무리 머리가 좋고 능력이 있어도 다시 노비가 될 수밖에 없다. 지주의 아들은 제아무리 능력이 없고 머리가 나쁠지라도 그는 당연하게도 다시 지주가 된다. 이러한 제도 역시 불평등하지 않은가.

그렇다면 평등한 사회란 어떤 것일까. 모두 비슷한 상황에서 사는 사회는 대체로 평등한 사회일 것이다. 계층의 폭이 좁은 사회를 의미한다. 상류층의 재산 일부를 국가가 걷어다가 하층민에게 나누어 준다면 평등사회가 되지 않을까. 이것이 이른바 '소득 있는 곳에 세금 있다.'는 조세제도를 통한 평등사회의 추구다. 또한 비록 노비의 자식으로 태어났지만 능력이 뛰어나면 하층계급에서 상층계급으로 이동할 수 있다면 그 사회는 평등한 사회일 것이다. 근대에 들어서면서 학교라는 제도가 이를 가능하게 하였다. 아무리 하층민일지라도 공부를 잘해서 좋은 학교를 나오면 그 사회의 상류층으로 진입할 수 있는 사회, 우리는 이런 사회를 계층 이동이 가능한 사회라고 하며, 바로 이런 사회를 평등사회라고 한다.

평등한 사회의 두 가지 형태를 보면 하나는 조세제도와 같은 사회제도를 통하여 상류층과 하류층의 격차를 좁히는 방식으로 불평등 구조를 축소시키는 노력으로서, 이를 계층구조의 평등화라고 한다. 다른 하나는 학교와 같은 사회적 장치를 통하여 계층 이동이 가능하게 함으로써 사회적 지위를 개인의 능력 중심으로 결정하게 하는 노력으로서, 이를 사회이동의 능력주의라고 한다. 사회가 고도로 발전하면서 우리는 전자의 경우, 즉 계층구조의 평등화보다는 후자의 경우, 즉 사회이동의 능력주의를 진정한 의미의 평등이라고 본다. 계층 이동이 가능한 사회, 또는 계층 이동이 과거에 비해 좀 더 가능해지는 사회로 발전해 가고 있는 경우 우리는 이런 사회를 평등사회라고 한다.

2) 귀속주의와 업적주의

엄격한 지배 구조가 존재했던 봉건시대나 구시대의 권위적 사회에서는 부모의 지위가 그대로 자녀에게 이동했다. 부모가 지주이거나 부자이면 특별한 경우가 없는 한 그 자녀는 부모의 부와 지위를 그대로 계승했다. 이러한 사회를 귀속주의 사회라고 한다. 귀속주의 사회의 계층 이동 방식은 경쟁은 피하고 극도로 통제된 계급구조적 선발 방식이 이를 대신한다. 기득권을 가진 상층계급의 기준에 맞는지의 여부에 따라 사회적 계층 이동이 결정되는 것이다. 이른바 후원적 이동의 사회다. 구세대의 권위적 사회는 귀속주의 사회이며, 사회적 계층 이동은 후원적 이동이다.

이후 민주적 시민사회가 형성되면서 우리는 그가 어디에 속해 있는가 하는 인간의 계급보다는 인간 개개인이 가지고 있는 능력을 보다 중시하는 사회로 발전해 갔다. 이러한 사회에서는 타고난 지위가 아니라 순전히 개인이 갈고 닦은 능력과 이에 따라 쌓이게 되는 사회적 업적이 그의 사회적 지위를 결정하게 된다. 이러한 사회를 업적주의 사회라고 한다. 업적주의 사회에서의 계층 이동은 완벽한 규칙을 갖추고 공정하게 진행되는 스포츠 경기처럼 오로지 개인의 다양한 능력과 전술에 의한 업적의 결과로 결정된다. 그가 기득권층인지 아닌지는 아무런 영향을 미치지 못하고 오로지 개인의 능력과 자질 및 노력 등에 의해서만 사회적 계층 이동이 결정되는 것이다. 이른바 경쟁적 이동의 사회다. 민주적 시민사회가 형성된 후 이루어진 능력 중심 사회는 업적주의 사회이며, 사회적 계층 이동은 경쟁적 이동이다.

3) 기능이론과 갈등이론으로 학교교육을 보는 시각

이제 우리가 보고자 하는 것은 사회가 평등화되어 가는 데 있어서 학교가 어떤 역할을 하는가다. 우리가 살고 있는 사회는 구시대에서 현대로 시간이 흐르는 동안에 권위적 사회는 능력 중심 사회로, 귀속주의 사회는 업적주의 사회로, 후원적 이동의 사회는 경쟁적 이동의 사회로 변화해 왔다. 이러한 변화의 과정에서 주목할 것은 평등이다. 사회는 계속 평등해지는 방향으로 발전해 왔다. 이 과정에서 교육 또는 학교가 사회 변화에 어떤 역할을 했는가 하는 것이다. 기존의 시각, 즉 우리가 수천 년 동안 사회를 보아 왔던 질서와 조화의 시각으로만 보자면, 학교는 사회가 평등화되는 데 기여했을 것이다. 하지만 우리는 이에 저항하는 또 다른 시각의 사회를 보는 눈을 배웠다. 바로 갈등이론이다. 여기서는 사회가 평등화되어 감에 있어서 학교가 어떤 역할을 하였는가를 가능이론과 갈등이론의 두 시각으로 비교하면서 살펴보고자 한다.

기능주의자들은 학교를 사회변동에 관한 낙관적 시각에서 본다. 학교가 갖는 두 가지 순기능, 즉 사회화와 사회적 선발이라는 기능은 모든 사람이 학교에 모여 사회화된 후 각자의 능력에 따라 사회적 선발을 거친다는 것이다. 다시 말하면, 학교를 통해 개인의 능력에 따라 사회로 재배치된다고 본다. 구세대의 권위적 사회가 근현대로 시간이 흐르면서 나타난 가장 큰 변화는 귀속주의 사회를 타파하고 업적주의 사회로의 이동인데, 여기에 가장 기여한 것이 학교라는 것이다. 학교를 통해서 비록 부모가 가난하거나 계층이 낮은 자들도 각자의 능력에 따라 부모의 지위에 얽매이지 않고, 즉 후원적 이동에서 벗어나 경쟁적 이동이 가능하게 되었다는 것이다. 미국의 초기 교육학자들은 이를 일컬어 '위대한 평등 장치'라고까지 주장하였다.

갈등주의자들은 여전히 기능주의자들의 입장에 저항한다. 초기의 학교교육 또는 외형적 학교교육의 입장에서 보면 그렇게 보일 수도 있지만 우리가 크게 간과하고 있는 중요한 사실이 있다는 것이다. 학교는 이미 지배집단 또는 상류층에 의해 만들어졌고, 학교에서 무엇을 가르칠 것인가를 결정하는 것 역시 그들이라는 것이다. 또한 이른바 좋은 학교, 상급 학교로 갈수록 지배집단 또는 상류층에게 더 많은 기회가 주어질 것은 자명한 사실이라는 것이다. 부잣집 아들이 국제중학교, 특수목적고등학교를 거쳐서 이른바 스카이 대학을 나와 또다시 부모와 같은 사회적 지위를 얻게 된다는 것이다. 아무리 구시대에서 근현대로 넘어올지라도 자본적 귀속주의 사회에서 벗어나지 못하며, 사회적 계층 이동은 여전히 부모의 지위가 크게 결정하는 후원적 이동에서 벗어나지 못하는 불평등 사회가 계속될 것이며, 시간이 가면서 자본주의가 깊어 갈수록 이 불평등은 점점 더 심화될 것이라는 주장이다. 갈등주의자들은 학교를 불평등 재생산의 원흉이라고 주장한다.

여기서 또 다시 주의해야 할 점은 우리가 살고 있는 사회는 하나라는 기본 가정을 생각해야 한다는 것이다. 우리 사회가 하나이듯 우리 사회의 학교제도 역시 하나다. 위대한 평등 장치로서의 학교가 존재하고 한편으로는 불평등 재생산 원흉의 기능을 하는 또 다른 학교제도가 존재하는 것이 아니다. 기능주의자들의 극단적인 시각과 역시 갈등주의자들의 극단적인 시각에 따른 설명일 뿐이며 각각의 주장은 과장되었다는 비판도 받는다. 그러므로 우리는 기능이론과 갈등이론을 그렇게 받아들였듯이, 학교에 관한 두 시각도 옳고 그름을 떠나 그 중간의 어느 한 지점에서 학교를 보고 있는가를 판단하면 된다. 새로운 시각을 이해하면서 우리는 학교의 또 다른 측면을 보게 됨으로써 학교를 또는 사회를 보는 시각을 두 배로 확장할 수 있다는 점에 주의를 기울여야 한다.

4) 또 다른 귀속주의의 등장

기능이론과 갈등이론의 학교교육에 대한 시각은 약간의 시간차를 가지고 존재한다. 초기의 학교교육을 설명함에 있어서는 기능주의적 관점에서의 접근이 우세하였다. 후원적 사회의 불평등 이동에서 능력 중심 사회의 평등이동으로, 즉 귀속주의에서 업적주의로 이동하는 초기에는 학교가 위대한 평등 장치라는 주장에 근거가 있다는 시각이다. 한편 20세기 중반을 지나면서 전 세계의 자본주의가 점차로 심화되면서부터는 갈등주의적 관점의 접근이 우세해졌다. 부모의 지위가 학교교육을 통해 자식들에게 미침으로써 이들이 다시 부모의 지위에 올라서는 일이 점점 더 빈번해지게 된 것이다. 그러므로 많은 사람은 무슨 수를 써서도 자식을 더 좋은 학교, 더 높은 학교에 보내려 하게 되었다. 학교를 통해서 능력을 인정받고 그 업적에 따라 사회적 지위를 분배받는 것이라는 기능주의적 입장에서 벗어나 학교에서 교육받은 햇수와 학교의 이름을 더 중요시하게 된 것이다. 다시 말하면, 학교가 우리를 지배하게 된 것이다. 어느 학교를 나왔는가, 박사 학위를 받았는가 등이 이제 우리를 귀속하게 된 것이다. 과거 구시대가 그 집안의 혈통이나 족보, 재산과 지위 등에 의한 귀속주의였다면, 이제 자본주의가 깊어 가는 우리 사회는 학교의 졸업장이 마치 과거의 족보처럼 우리를 귀속하는, 이른바 또 다른 귀속주의가 등장한 것이다.

◆ 읽을거리

 멀어지는 '개천에서 용 나는 세상'

관련 개념: 평등과 불평등

앞으로 세대 간 계층 이동성이 약화될 것이란 우려가 제기됐다. 한국개발연구원(KDI)의 김희삼 부연구위원이 어제 낸 연구보고서를 보면, '고용 없는 성장'의 고착화와 사교육 차별 등으로 세대 간 경제적 이동성이 점차 약화될 것으로 분석됐다. 계층 이동성 약화는 사회의 역동성을 떨어뜨리고, 사회통합을 저해한다. 정책적 대응이 시급한 이유다.

우리나라는 얼마 전까지만 해도 세대 간 계층 이동성이 비교적 높은 나라였다. 고도성장 과정에서 질 좋은 일자리가 급속히 늘어난 데다 저소득층 자녀도 일정한 교육만 받으면 고소득 일자리를 얻을 수 있는 기회가 많았기 때문이다. 이른바 '개천에서 용 나는 세상'이었다.

하지만 외환위기 이후 사회경제적 환경이 근본적으로 달라졌다. '고용 없는 성장'이 고착화하고, 높은 사교육비 때문에 저소득층 자녀는 충분한 교육을 받을 기회를 갖지 못하고 있다. 이런 추세가 계속되면 부모의 경제력에 따라 자녀의 사회적 지위와 신분이 결정될 수밖에 없게 된다. 또 계층 간 갈등이 심해지고 사회발전을 위한 역동성도 사라진다. 정부는 이런 점들을 충분히 고려해 계층 이동성 수준을 높일 수 있는 정책 마련에 나서야 한다.

세대 간 계층 이동성 제고를 위해 가장 중요한 것은 소득에 관계없이 충분한 교육을 받을 수 있는 기회를 제공하는 것이다. 유치원 단계부터 초·중등 과정을 거쳐 대학을 졸업할 때까지 공부하겠다는 의지와 능력만 있으면 균등한 교육 기회가 주어져야 한다. 김희삼 부연구위원의 지적대로 공적 장학금 확충 등 교육 격차를 줄일 다양한 정책 마련에 노력해야 한다. 특히 턱없이 비싼 대학 등록금 문제와 관련해서는 대출 확대가 아니라 등록금 액수를 줄이는 적극적인 대책이 필요하다.

사교육 근절도 빼놓을 수 없는 과제다. 높은 사교육비는 저소득층 자녀를 교육시장에서 소외시켜 공정한 경쟁을 할 수 없게 만든다. 그동안 사교육비를 낮추기 위한 여러 정책이 시도됐지만 기득권에 밀려 번번이 실패했다. 더욱 강력한 의지와 현실성 있는 정책을 마련해 사교육비 절감을 이뤄야 한다. 하지만 교육을 충분히 받아도 질 좋은 고소득 일자리가 없으면 계층 상승은 불가능하다. 그런 점에서 정부의 일자리 창출 노력은 아무리 강조해도 지나치지 않다고 하겠다.

출처: 한겨레신문, 2009. 12. 30.

 개천에서 용이 못 나는 한국

관련 개념: 교육과 사회평등

지난해 광복절 경축사에서 이명박 대통령이 '공정한 사회'를 새 국정기조로 삼겠다고 했지만, 지금은 그 정치적 표어조차 국민의 뇌리에서 멀어져 가는 것 같다. 이 대통령의 공정사회는 '출발과 과정에서 공평한 기회를 주되, 결과에 대해서는 스스로 책임을 지는 사회' 또는 '개천에서 용이 날 수 있는 사회'라고 하였다.

하지만 한국 사회의 공정성 전망은 여전히 밝지 않다. 그 근거는 출발과 과정이 공평하지 못한 교육제도에서 찾을 수 있다.

첫째, 유아교육의 기회가 공평하지 않다. 최근에 조금씩 나아지고는 있지만 유아교육 취학률이 2010년 39.9%에 불과했다. 이것은 오스트레일리아(호주)의 4~5세 정규 유아교육 취학률 96.3%와 대조된다. 유아교육 진학률이 낮은 것은 물론 경제적인 문제다. 2010년 말 유니세프의 발표에 따르면, 한국의 가계소득 격차는 경제협력개발기구(OECD) 회원국 평균보다 훨씬 크고 회원국 중 3위다. 소득격차 때문에 생기는 낮은 유아교육 진학률을 정부 정책이 보전하지 못하고 있다. 국내총생산(GDP) 중 미취학 아동(0~6세)에 대한 정부의 공적 지원율은 0.17%로, 회원국 평균인 0.61%를 한참 밑돈다.

유아교육의 효과는 평생 지속되며, 어느 학교급보다도 크다고 한다. 호주에서 약 1만 명의 아이를 장기간 연구한 바에 따르면, 정규 유아교육을 받은 아이들의 언어지능과 논리수학 지능이 유아교육을 받지 않은 아이들보다 훨씬 높았다고 한다. 특히 초등학교에 들어가면, 유아교육을 받아 모든 학습의 기초가 되는 한글을 대략 읽고 쓰는 학생에 비하여 유아교육 없이 입학한 학생들은 처지기 시작하고 열등의식을 가질 수밖에 없을 것이다.

둘째, 학교의 교육과정도 공평하지 못하다. 교육에는 '피그말리온 효과' 또는 '기대자의 효과'가 작용한다. 가령 교사가 어떤 학생에게 지능지수가 높다든가 공부를 잘할 것이라는 기대가 있으면, 다른 학생에 비하여 그 학생에게 관심과 호의를 갖고 조언·지도를 더 잘하게 되어 그 학생의 성적이 좋아진다는 교육심리학이론이다. 게다가 학교에 들어가면 신상명세서를 작성하는데, 보호자의 학력과 직장을 쓰게 되어 있다. 선진국에서는 그런 정보를 요구하지 않는다. 그런 정보는 학생들에 대한 교사의 선입감이나 편견을 조성할 수 있을 것이다.

셋째, 교육기회의 격차는 사교육으로 인해 더 심화된다. 초·중·고 전체 학생들의 사교육 참가율이 2009년에는 서울이 80%인데 비해, 읍·면 지역은 67%밖에 되지 않고, 사교육비 지출액은 서울이 읍·면의 두 배가 넘는다. 더욱이 자녀 1인당 사교육비 지출액은 월 소득 200만 원 미만 저소득층 가정보다 월 소득 500만 원 이상 고소득 가정에서 약 5배나 높다.

이렇게 교육의 출발과 과정이 공평하지 못한 것은 교육 결과에 나타나기 마련이다. 가난하거나 유아교육을 제대로 받지 못한 아이들은 교사의 관심에서 소외되고 공부에 취미를 잃게 되어 수업시간에 수업에 집중하지 못하게 된다. 이런 수업 태도의 차이는 수능성적과 대학진학으로 나타나기 마련이다. 2004~2008년간 평균 수능성적이 월 소득 200만 원 이하 저소득층 학생은 257.6점인데 비해 500만 원 이상 고소득층 집단은 291.1점으로 나타났다. 4년제 대학 진학률도 전자는 43.1%인데 비해 후자는 77.8%였다.

한국의 임금체계는 교육의 차이를 그대로 반영하고 있다. 과거 10년간 고졸자나 전문대 졸업자의 임금은 4년제 대학 졸업자 임금의 66%밖에 되지 않았다. 이렇게 학력별로 임금격차가 장기간 변동하지 않는 것은 역량보다 학력에 의해 임금이 정해지고 있음을 시사한다. 이렇게 교육의 차이는 소득의 차이로, 소득의 차이는 교육의 차이로 연결되어 가난은 대를 물리게 되고 사회계층 간의 불공정은 더 심화되기 마련이다. 교육의 출발과 과정을 공정하게 하고 학력 간 임금 격차를 개선하지 않는 한 개천에서 용을 기대하는 것은 연목구어와 다름없다.

출처: 권오율, 2011. 4. 30.

 부모소득이 대기업 취업을 좌우한다니……

관련 개념: 또 다른 귀속주의의 등장

　계층 간 이동 가능성이 줄어든 사회는 정체된 사회다. 부모가 부자이면 자녀도 부자이고, 부모가 가난하면 자녀도 가난할 수밖에 없는 사회라면 더 이상 발전을 기대하기 어렵다. 어제 한 학술대회에서 발표된 「부모의 소득계층과 자녀의 취업 스펙」이란 논문을 주목해야 하는 건 그래서다. 이 논문은 부모가 고소득층일수록 자녀가 대기업에 취업하는 확률이 높다고 지적했다.

　이유는 두 가지인데, 우선 대기업이 채용할 때 토익점수나 어학연수를 많이 본다는 점이다. 게다가 이는 고비용 스펙이므로 부모 소득이 높을수록 점수가 높은 것으로 나타났고, 그 결과 대기업 취업 확률이 높아진다는 의미다. 둘째는 고소득층 부모일수록 인맥과 정보력이 높기 때문에 자녀가 대기업에 취업하는 데 유리하게 작용할 뿐 아니라 대기업 역시 부모의 소득을 중시하고 있다는 것이다. 이 같은 연구 결과는 사실 어제 오늘의 일이 아니다. 대물림 현상이 심각해지고 있다거나 개천에서 용 나기 어려운 사회가 돼 가고 있다는 연구는 여럿 나왔다. 국민의 통념도 비슷하다. 이런 마당에 부모의 소득이 자녀의 대기업 취업 여부를 결정한다면 대물림 현상은 심화될 게 자명하다. 전체 사회의 역동성 역시 심각하게 해칠 것이다.

노력해도 성공할 수 없는 사회는 꿈이 없는 사회다. 더 심각해지기 전에 정부와 대기업 등 사회 지도층이 개혁에 나서야 한다. 무엇보다 대기업의 선발 방식을 바꿔야 한다. 토익점수와 어학연수 등 고비용 스펙으로 뽑는 방식을 지양하고, 대신 기업에서의 업무 수행과 밀접하게 연관된 역량과 능력을 제대로 측정하는 방식으로 바꿔야 한다. 어학 능력보다 문제해결력이나 의사소통 능력, 창의력 등이 기업에서 더 유용하다는 건 삼척동자도 아는 일이다. 다만 기업들이 알면서도 비용 등 여러 가지 이유로 실천하지 않았다.

기업이 못한다면 정부가 나서라. 그럼으로써 부모의 소득이 자녀의 대기업 입사 여부를 좌우하는 변수로 작동하지 못하도록 해야 한다. 부모의 소득이 계층 간 이동을 가로막는 요소로 작동하고 있는 현실을 여하히 극복하느냐에 우리의 미래가 달려 있기 때문이다.

출처: 중앙일보, 2013. 6. 4.

참고문헌

권오율(2011. 4. 30.). 개천에서 용이 못 나는 한국. 한겨레신문.
김신일(2003). 교육사회학. 서울: 교육과학사.
멀어지는 '개천에서 용 나는 세상'(2009. 12. 30.). 한겨레신문.
부모소득이 대기업 취업을 좌우한다니…(2013. 6. 4.). 중앙일보.

어떻게 하면 더 잘 가르칠 수 있을까

-교수법(교수·학습)과 교육공학-

어떻게 하면 더 잘 가르칠 수 있을까
-교수법(교수 · 학습)과 교육공학-

교수법(교수 · 학습)

　개강하고 첫 강의시간에 들어가서 소위 진도를 나가는 교수가 있다. 이는 혼자 한 손으로 박수를 치는 격이다. 박수는 왼손과 오른손이 비슷한 힘으로 마주쳤을 때에야 비로소 소리가 나는 법이다. 아무리 왼손이 강하고 재빠르게 휘둘렀다고 해도 오른손이 받아 주지 않으면 헛손질이다. 왼손만 힘들다. 학습도 이와 마찬가지다. 방학 동안에 아무리 열심히 강의 준비를 많이 했어도 첫 시간은 참아야 한다. 학습자들이 준비가 되어 있지 않기 때문이다. 졸업하고 국가고시를 치러야 하는 특별한 과들은 물론 첫 시간도 아까운지 강의를, 아니 진도를 팍팍 나갈 수 있다. 학생들은 그 진도만큼 나중에 스스로 학습해야 한다. 한쪽은 가르쳤을 뿐이고 다른 한쪽은 필기했다가 나중에 학습해야 한다. 이것은 동시에 일어나는 일이 아니다. 교수 · 학습은 상호작용이고 동시에 일어난다. 가르치는 사람 따로, 배우는 사람 따로가 아니다. 마치 손뼉을 치는 것과 같다.

　첫 시간은 이러한 한 학기 동안 이루어질 내용에 대한 상호작용을 준비하는 시간이다. 학습의 양도 중요하지만 학습의 질이 더 중요하다. 첫 시간에 교수나 교과목에 대한 잘못된 태도, 즉 잘못된 심리적 지향성을 갖게 되면 그 학습은 실패할 확률이 매우 높다. 우리 교수나 교사들의 최대의 목표는 '어떻게 하면 잘 가르칠 수 있을까'다. 잘 가르치는 교수가 인기도 높다. 이런 교수는 교수·학습과정을 잘 이해하고 학습자들이 잘 상호작용할 수 있도록 꾸준히 노력한다. 그러면서 동시에 잘 가르치는 비법으로 '교수법'을 공부한다. 여러 전문가들의 책을 읽고, 교수법 개선과 관련된 강의나 특강도 꾸준히 듣고, 관련 학회에도 잘 참석한다.

어떻게 하면 더 잘 가르칠 수 있을까. 가르치는 사람들이 평생을 짊어지고 가야 할 화두다.

1. 교수 · 학습이란 무엇인가

가르치고 배우는 것을 잘해 보자는 것이다. 첫 시간부터 수업을 진행하기보다는 일단 공감대를 형성한 후 상호작용에 들어가자는 것이다. 하지만 학원과 같은 상업적 교육에서는 금전과 관계가 있으므로 첫 시간부터 곧바로 강의에 들어가야 항의가 없을 것이다. 가르치고 배우는 일은 따로 따로 일어나는 일이 아니라 동시에 일어난다. 또 지식의 전달에만 초점을 맞추면 학습의 주체인 인간이 사라지게 된다. 본질적으로 교수·학습은 지식의 공유다. 즉, 나누어 갖는다는 의미다. 교수·학습은 각각의 사건이 아니라 전체적 흐름의 시각에서 보아야 한다. 가르친다는 것은 열심히 배우고 훈련해서도 잘할 수 있겠지만, 근본적으로 예술과 같아서 타고나는 부분이 있다. 기술적 문제가 아니라 예술적 접근이라는 것이다. 이러한 교수·학습의 본질적이고 기본적인 의미를 다섯 가지로 요약해서 정리하면 다음과 같다.

① 교수와 학습은 분리되어서 생각할 성격의 것이 아니라 동시에 일어나는

상호작용으로 인식해야 한다. 한 가지만 일어나고 또 나머지가 이어서 일어나는 형태가 아니라 동시에 일어난다는 것이다.

② 인간 간에 이루어지는 복합적인 상호작용으로서 교수 · 학습 행위의 주체는 인간이어야 한다. 즉, 가르치고 배우는 교사와 학습자가 주체이지 결코 전달되는 내용이나 지식, 교과목이 주체가 되어서는 안 된다는 것이다.

③ 교수 · 학습은 교수 · 학습내용을 중개 요소로 놓고 교수자와 학습자가 상호작용하는 행위로서, 삶의 의미를 교수자와 학습자가 서로 나누어 갖는 사회적 학습의 기회다.

④ 교수 · 학습의 과정은 각각의 내용 또는 지식의 단위로 구분된다. 하지만 이 상호작용은 각각의 사건 별로 인식되는 것이 아니라 전체적 흐름의 맥락에서 이해하여야 한다. 교육과정은 흐름이요, 과정(process)이다.

⑤ 교수 · 학습의 기술은 본질적으로 타고나는 경향이 있다. 책을 잘 쓰거나 연구업적이 좋은 사람이 잘 가르치지 못하는 경우를 종종 본다. 지식이 없어서 못 가르치는 것이 아니라 가르치는 방법에 서툴러서 그럴 수 있다. 피아노를 처음 다루는 사람도 음계를 칠 수는 있지만 연주는 할 수 없다. 피아노에 관한 지식이 있다고 해서 연주를 하는 게 아니다. 교수 · 학습은 그런 면에서 기술이나 과학이 아니라 예술에 가깝다.

2. 교수 · 학습과 교수법의 관계

학습자와 교수 사이의 관계를 긍정적으로 만드는 일이 먼저이고, 이들에게 무엇을 어떻게 가르칠 것인가는 그 다음에 이어지는 과제다. 교수 · 학습이 먼저이고 바로 이어서 교수법 개발이 따라야 한다는 의미다. 저자가 오랫동안 교재로 사용해 왔던 윤정일 등의 『신교육의 이해』(2002) 제7장은 이성호가 집필하였는데, 그 내용 구성을 살펴보면 다음과 같다.

제7장 교수 · 학습

　제1절 교수 · 학습 방법 탐구의 준거

　　　1. 교수 · 학습 행위의 본질적 의미

　　　2. 교수행위의 효율성과 패러다임

　　　3. 교수 · 학습과정의 여러 가지 요소

　제2절 교수 · 학습 방법 유형

　　　1. 고전적 교수 · 학습 방법

　　　2. 지력개발 교수 · 학습 방법

　　　3. 사회적 상호 촉진 교수 · 학습 방법

　　　4. 공학적 교수 · 학습 방법

　제3절 교수설계와 교수 · 학습 방법의 개선

　　　1. 교수설계의 의미와 모형

　　　2. 교수설계의 유형

　　　3. 교수방법의 개선

앞부분에서 교수 · 학습이란 무엇이고 왜 중요한가 등을 이야기하고 뒷부분에서 교수법에 관해 논하고 있다. 대체로 유사하지만, 한 권의 교과서를 더 보기로 하자. 성태제 등 13명이 공동 저술한 『최신 교육학개론』(2012)의 제7장 교수 · 학습의 내용을 살펴보면 다음과 같다.

　1. 교수 · 학습

　　1) 학습의 과정 및 정의

　　2) 교수의 정의 및 하위 영역

　2. 교수의 3대 변인

　　1) 교수의 조건변인

　　2) 교수의 방법변인

3) 교수의 성과변인

3. 가네의 교수이론

   1) 교수이론의 성격

   2) 목표별 학습조건론

   3) 수업사상

비교적 어려운 용어를 사용하면서도 간단히 설명해야 함으로써 내용이 이해하기 어렵게 되었지만, 내용 구성은 역시 교수·학습을 먼저 소개하고 이어서 교수법을 소개하는 방식이다. 이렇게 볼 때 이 영역은 교수·학습이라는 소제목보다는 교수법으로 명명하는 것이 낫다. 결국 초점은 교수법의 개선, 즉 어떻게 하면 더 잘 가르칠 수 있을까임에도 교수·학습만을 제목으로 내세우는 것은 어색하다. 필자는 교수법과 교수·학습을 병기하였지만, 앞으로는 이 장을 교수법이라고 부르는 것이 바람직할 것이다.

3. 교수법 관련 교과목의 구성 내용

가르치는 사람의 입장에서 가장 중요한 것은 '어떻게 하면 학생들에게 수업내용을 잘 가르칠까'일 것이다. 공감대의 형성 없이 곧바로 수업을 진행한다거나, 자신을 잘 따라오는 학생들에게만 초점을 맞추어 수업을 진행한다거나 하는 오류를 범할 수 있다. 가르칠 내용에 대한 지식과 가르치는 것은 큰 차이가 있다. 지식이 많다고 해서 그 내용을 잘 가르치는 것이 아니라는 것이다. 그러므로 교수법은 자신의 전공 영역과는 별도로 가르치는 사람이라면 누구나 따로 배워야 할 영역이다. 서울대학교의 나승일은 『교수법 가이드』(2004)를 저술하여 대학에서 강의하는 사람들에게 큰 호응을 얻은 바 있는데, 그 구성을 살펴보면 다음과 같다.

1. 대학과 교수학습
2. 성공적인 수업준비
3. 핵심적인 수업기술
4. 효과적인 수업의 과정과 방법
5. 보충 및 심화학습 지도법
6. 합리적인 학습평가
7. 지속적인 교수능력 평가 및 개선

이와는 조금 다른 접근방식을 가진 저서도 있는데, 미국 코넬 교수(J. D. Connell)의 저서를 정종진 등이 번역한 『뇌 기반 교수·학습 전략』(2008)은 심리학, 의학, 신경과학, 교육학 등 여러 학문 분야에서 수행된 뇌 연구로부터 얻은 지식과 통찰을 실제 교실에서 적용할 수 있도록 집필한 책이다. 이 책의 내용 구성은 다음과 같다.

1. 학습자로서의 교사
2. 뇌기반 학습
3. 뇌와 환경
4. 좌뇌형, 우뇌형 및 중뇌형
5. 다중지능
6. 정보처리이론
7. 학습양식
8. 정서적 뇌
9. 맺음말: 나선형 경로에 대한 종합적 고찰

이 두 저서의 경우처럼 학습자의 준비에서부터 교수자의 접근방식 및 평가에 따른 피드백에 이르기까지 교수법은 독립된 교과목으로서 가르치는 사람이라면 누구나 학습해야 할 영역인 것이다.

4. 교수법을 어떻게 개선할 것인가

잘 가르쳐야 한다는 사실은 교사가 평생 간직해야 할 과제요, 명제다. 자신의 수업을 늘 개선하고 발전시켜야만 하는 것은 모든 교사가 해야 할 당연한 일이다. 그럼에도 불구하고 현장의 교사들의 이 수업개선 활동은 지체되거나 실행에 옮기지 못하는 경우가 빈번하다. 시간이 갈수록 그 개선 의지가 약화되고 쉽게 타성에 젖는 이유를 대체로 다음의 네 가지 원인으로 설명할 수 있다. 첫째, 수업개선의 동기나 필요성에 대한 인식 부족이다. 교사 개인의 태도나 가치관이 수업개선의 관점을 가지고 있지 못한 경우다. 둘째, 학교라는 조직이 갖는 제도적인 억제 요인이다. 학생지도뿐만 아니라 과중한 행정 업무 등으로 인한 업무 과중과 스트레스 등이 교사로 하여금 수업개선의 의지를 약화시킨다는 것이다. 셋째, 대학입시제도와 같은 사회제도적인 요소들이 수업개선을 방해한다. 아무리 훌륭한 과학교사라 할지라도 입시를 앞둔 학생들에게 실험실습을 할 수는 없는 것이 현실적 억제요인이다. 넷째, 교수법이나 심리학에 관한 이론적 지식이 부족한 경우다. 수업개선의 의지와 욕구는 가지고 있다고 할지라도 수업개선과 관련된 지식이 없다면 불가능할 것이다.

이 네 가지 수업개선의 억제 요인 중에서 교사 자신이 어찌할 수 없는 요인이 있다. 예를 들면, 학교 내 업무 과중이나 입시제도와 같은 사회제도적인 요인들이다. 이를 제외하고 교수방법을 개선할 수 있는 접근방법을 대체로 세 가지로 요약할 수 있다. 첫째, 수업개선에 대한 동기부여다. 개인적인 경향으로 수업개선의 의지가 부족한 교사들에게 왜 수업을 개선하여야만 하는가에 대한 의지를 불어넣어 주는 일이다. 둘째, 학습을 통한 개선이다. 많은 교사들이 수업개선에 대한 의지는 있으나 이와 관련된 지식이 부족한 이유로 실제 개선을 못하고 있다. 정기적인 교원연수뿐만 아니라 교수법 관련 연수 프로그램을 활용하고, 스터디 그룹이나 교수학습센터 등을 활용하여 교수법 관련 지식을 습득하려고 노력해야 한다. 셋째, 자신의 강의를 타인들에 의해 평가받아야 한다. 전통적으로 가장 많이 쓰이는 방법이지만, 교사들이 종종 스스로 거부하는 방법이기도 하다. 자신의 수업을 수업 전문가나 선배 및 동료 교사들에게 보여주고 평가를 받는 방식이야말로 수업개선의 지름길임을 인식해야 한다.

5. 참고자료: 교수 · 학습방법론

사실 교육에 있어서의 방법론은 그 전체 활동의 과정과 결과의 성패를 좌우할 만큼 중요한 요인이다. 대체로 교육학개론의 교수 · 학습 영역에서는 이러한 방법론에 대한 논의가 거의 없거나 부족하다. 한국교육학회 사회교육연구회에서는 오래전에 방법론에 관한 중요한 교재를 출판한 바 있는데 『사회교육방법론』(1988)이 그것이다. 교수방법론의 고전이라고 할 수 있는 이 책이 나온 이후 이를 바탕으로 여러 분야에서의 교수방법론이 다양한 명칭으로 제시되었지만 이 책에 소개된 내용의 틀에서 크게 벗어나지 못한다. 이 책의 핵심 영역을 개인 중심의 교수 · 학습방법, 소집단에서의 교수 · 학습방법, 대집단에서의 교수 · 학습방법으로 구분하여 간단히 소개하고자 한다. 이는 어느 영역의 교육에도 활용될 수 있는 좋은 교수방법들이다.

1) 개인 중심의 교수 · 학습방법

개인 중심의 교수 · 학습방법은 일반적으로 세 가지의 형태로 다시 구분할 수 있는데, 이는 완전히 독자적인 학습 형태, 학습보조자의 도움을 받는 형태, 교육자료 및 기자재를 활용하는 형태다. 이 방법들은 독자적으로 또는 복합적으로 적용될 수 있으며, 어떤 경우에는 그 구분이 모호한 경우도 있다. 그러므로 여기서는 이 세 가지 구분 방식을 적용하지 않고 그대로 개인 중심의 지도 방법을 소개한다.

① **도제제도**: 주로 기술 습득과 관련된 영역으로서 경험 있는 숙련자와 오랜 기간 같이 지내면서 개별적 습득을 하는 형태다.

② **CAI(computer assisted instruction)**: 개인 컴퓨터의 대중화와 함께 등장한 자기주도형 학습의 대표적인 형태다. 사전에 프로그램 된 소프트웨어를 가지고 컴퓨터를 통해 상호작용하는 학습방식이다.

③ **원격교육(distance education)**: 가르치는 사람과 학습자 사이에 어떤 거리(distance)가 존재할 때, 이를 방송이나 통신 수단 또는 기타의 방법을 이용하여 극복하고 개별적으로 학습하는 일을 가능하게 하는 방법이다.

④ **카운슬링**: 훈련받은 상담자의 도움을 받아 스스로 문제를 해결하는 방식이다.

⑤ **직접개별학습**: 일정한 교사에 의존하여 수시로 직접 만나 쌍방 커뮤니케이션(two-way communication)을 통해 학습하는 방식으로, 개인지도나 체육활동의 코치 등이 이에 속한다.

⑥ **현장경험**: 조직적인 계획에 의한 현장에서의 실제경험을 통한 학습으로, 매우 다양한 상황을 실제로 보고 느끼면서 상황을 이해하고 적응하는 방식이다.

⑦ **개인학습 프로젝트**: 특정 영역의 학습을 하기 위한 교육자원 활용 등을 포함한 학습으로, 완전학습, 프로그램 학습 등이 이에 속한다. 개인 중심 학습의 가장 전통적이고 보편적인 방식이다.

⑧ **인턴(internship)**: 도제제도와 현장경험을 조합한 방식으로서, 의사 훈련에 많이 쓰여 왔으며, 최근에는 경영학적 기법이나 전문적인 역할 습득의 방법으로 많이 쓰이고 있다.

⑨ 다중 미디어 학습(multi-media learning package): 최근 들어 보급되기 시작한 방법으로서, 사용 가능한 모든 매체를 활용하여 개별학습을 돕는 방식이다. 이 방법은 직업교육, 언어개발, 개인 성장과 관련된 영역 등에서 널리 활용되고 있다.

⑩ 약정학습(contract learning): 특정 영역에 필요한 학습내용만을 협정 또는 계약에 의해 개인 중심으로 학습하게 하는 방식이다.

2) 소집단에서의 교수·학습방법

교수·학습방법의 대부분은 어떤 형태로든 집단을 중심으로 활동하는 것이 일반적이다. 특히 이 집단은 연령층이나 사전학습의 정도 또는 의식 구조 등이 크게 다르지 않은 비교적 동질의 구성원으로 조직된 집단 특성을 지닌다. 그러므로 교수·학습방법의 대부분은 소집단을 대상으로 한 방법이 중심이 된다. 여기서는 비교적 동일한 성격의 구성원으로 조직된 소집단에서의 교수·학습방법을 소개한다.

① **강의기법**: 교수기법에 있어서 가장 전통적인 방식으로서 지금까지 학교 교육에서의 주된 방법으로 사용되어 왔으며, 일방적인 전달 형태가 단점으로 지적된다. 하지만 이 나름대로의 장점을 가지고 있으므로 현대 교육에 있어서도 강의기법이 주된 또는 보조적인 수단으로 적절히 활용될 수 있다.

② **토론기법**: 토론기법의 중요한 기능은 쌍방 커뮤니케이션이 가능하다는 것이다. 토론을 통하여 자신의 견해를 밝힐 수 있고, 타인의 의견을 들을 수 있으며, 이를 통해 보다 활성화된 학습을 행할 수 있다. 토론의 방식으로는 단상토론(symposium), 세미나, 배심토론(panel), 학습 대표 집단 참여제 토론, 대담토론(colloquy), 공개토론(forum), 소집단 원탁토론, 소집

단 분과토론 등이 있다.

③ 브레인스토밍(brainstorming): 용어 그대로 사람의 뇌(brain)를 마치 폭풍우가 몰아치듯(storming) 하는 토론 기법으로서, 여러 사람의 지혜를 모아 해결책을 마련하는 토의 기법이다. 이는 어떤 문제를 놓고 가능한 한 많은 아이디어를 산출하는 기술로서 집단적 사고단계와 평가단계로 이루어진다. 이 방법에 의해 아이디어를 창출할 때 적용되는 회의 진행의 일반적 네 가지 규칙(rule)은 다음과 같다.

- 부정적 비판은 허락되지 않는다. 모든 아이디어는 정확하게 똑같은 방식으로 취급되어야 한다.
- 많은 아이디어가 나올수록 더 좋다.
- 조합과 확대가 요구된다.
- 얽매이지 않고 자유스럽게 진행하는 것이 요구된다.

④ 역할연기(role play): 인간관계의 일반적 영역에서 어떤 상황이나 문제를 극화한 것으로서 소집단 구성원들에게 서로 다른 역할을 주고 어떤 가상적 상황에서 서로 협의하여 결정을 유도하게 함으로써 다른 역할을 맡은 사람들과의 원만한 타협을 보도록 하며, 아울러 나 아닌 다른 사람들의 역할이나 기능을 이해하도록 돕는다.

⑤ 감수성 훈련(sensitivity training): 이 집단훈련은 심리적인 문제나 사회적인 문제를 다루기 위해 형성되며, 자신의 행동과 기타 타인의 행동에 대하여 통찰력을 제공해 준다. 이 집단 방식은 특히 개인의 심리적인 문제의 해결방식으로서 사전단계에서도 취급되어야 할 방법이며, 자기 자신의 장단점을 파악하기 위하여 자기노출과 의지를 요구한다. 이 방법에는 사교회, 좌선, 스포츠, 레크리에이션, 극기훈련, 봉사활동, 다도(茶道) 등이 있으며, 우리나라에서도 최근에 교육계 · 산업계 · 종교계 등에서

활발하게 이용되고 있다.

⑥ **문제해결(problem-solving) 기법**: 어떤 문제를 해결하기 위하여 또는 문제해결 자체에 실마리가 될 수 있는 결정에 도달하기 위해 소집단 모임을 갖는 방식이다. 이에는 소집단 커뮤니케이션(small-group communication) 기술에 대한 지식뿐만 아니라 특별한 문제에 대한 지식 및 엄격한 절차와 규칙에 대한 성실한 태도가 필요하다.

⑦ **프로젝트 기법**: 실제 생활에서 생긴 확실한 목적을 가진 문제를 학습자가 자발적으로 계획하고 실천해서 해결하는 일련의 활동을 의미한다. 이 기법은 우리나라에서 특히 농촌 4-H 활동에서 '과제활동'이라는 명칭으로 많이 적용되어 온 방법이다.

⑧ **현장견학**: 한 집단이 특별한 목적으로 일정한 장소를 방문하여 일이 진행되고 있는 현장을 직접 목격하고 배우고 확인하는 행동을 말한다. 현장견학의 근본 취지는 실제 있는 그대로의 상태에서 일어나는 활동 및 기술 등을 관찰하는 데 있다. 이 방법은 생생하고 실제적인 경험을 얻을 수 있을 뿐만 아니라 학습자들에게 흥미를 유발하여 생활과 관련을 가진 학습을 가능하게 한다.

⑨ **시청각교육 기법**: 인쇄된 언어 이외에 보다 구체적인 시청각 교재나 교구를 가지고 사람의 감각기관에 호소함으로써 학습의 성과를 더욱 능률적으로 올리려는 교육방법이다. 학교교육에서는 강의 방식의 단순성을 보완하기 위하여 주로 이용되어 왔는데, 다른 접근 방식과 함께 주 기능 또는 보조 기능으로 활용될 수 있는 방식이다. 앞으로 교육공학 및 신기술의 발전과 함께 더욱 많은 활용이 기대된다.

⑩ **레크리에이션**: 개인이나 집단이 여가 중에 갖는 활동이며, 그 활동으로 얻어지는 직간접적 동기가 다른 학습활동에 영향을 미치도록 하는 방식이다. 모든 학습활동의 지도자들은 이에 관한 이론뿐만 아니라 실제로 레크리에이션을 주도할 수 있는 능력을 갖추어야 한다.

⑪ **참여훈련(participatory training) 기법**: 학습자들로 하여금 자신이 해야 할 활동을 처음부터 계획하고, 그것을 실천하며, 그 과정 및 결과를 평가하는 등 전 과정에 실제로 참여하게 하는 방법이다. 이는 최근의 참여연구법(participatory research)에 의하여 개발된 방법으로서, 이때의 지도자는 훈련의 상황을 지켜보는 정도의 역할만을 하면 된다. 이 방법을 적용하기 위해서는 학습의 주체가 학습자 자신이라는 인식의 전환이 필요하다.

3) 대집단에서의 교수 · 학습방법

대집단을 위한 특별한 교수 · 학습방법으로는 강연, 매체 이용, 매스컴의 활용 등이 있을 수 있다. 하지만 가장 적절한 방법은 소집단을 중심으로 한 방법이므로 대집단을 적절한 방식으로 분할하여 소집단 교수 · 학습방식을 적용하는 것이 효과적이다. 분할이 어렵거나 불가능한 경우에 있어서는 비록 일방적 커뮤니케이션(one-way communication) 방식이기는 하지만 대규모 강연회나 첨단 매체를 통한 전달기법의 적용이 가능할 것이다.

◆ 읽을거리

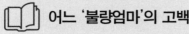 어느 '불량엄마'의 고백

관련 개념: 교수 · 학습

아이 잘 키운다고 소문난 배우 채시라가 그제 점심 먹는 자리에서 '수포대포, 영포직포, 독포인포'를 아느냐 물었다. 웬 해괴한 고사성어

인가 했더니 '수학을 포기하면 대학을 포기해야 하고, 영어를 포기하면 직장을 포기해야 하며, 독서를 포기하면 인생을 포기해야 한다.'는 뜻이란다. 책벌레인 그녀는 "역시 독서가 중요하죠?" 했으나 수학 못하는 자식 둔 소심한 엄마는 대학 못 갈까 봐 가슴이 쿵 내려앉았다.

• 스웨덴 연수 시절 스톡홀름 시립초등학교 3학년에 다니는 아들 녀석은 중국에서 온 아이와 수학 1~2등을 다퉜다. 담임이 "한국 3학년 애들은 요즘 뭘 배우냐?"고 물어 왔다. 세 자릿수 나눗셈을 한다고 했더니 "오 마이 갓."하며 혀를 내둘렀다. 거기선 두 자릿수 덧셈을 가르치는 중이었다.

• 스웨덴 교사들은 수업 끝나는 종만 울리면 쉬는 시간이든 점심시간이든 아이들을 운동장으로 내몰았다. 그러고는 모든 교실 문을 잠그느라 목에 주렁주렁 열쇠를 걸고 다녔다. 잘 놀아야 두뇌도 발달한다고 했다. 비가 오나 눈이 오나 줄곧 뛰어놀아서인지 스웨덴의 10대들에게선 비만을 찾아보기 힘들었다. 1년 만에 한국으로 돌아온 아이는 하루가 다르게 군살이 붙었다. 수학 스트레스가 안긴 살이었다. 선행학습을 무시한 대가였다. 초등학생이 중학교 수학을 못 푼다고 학원도 받아 주질 않았다. '미친 교육'이라는 탄식이 절로 나왔다.

• '스칸디 맘' '프렌치 맘'이 한국에서 각광받은 건 최근 1~2년 새다. 스파르타식 '타이거 맘'에 열광하며 사교육 시장을 달궜던 극성 엄마들이 감성 교육, 자연주의 교육으로 전환하기 시작했다. 영어학원 대신 숲 학교를 보내는 엄마와 대학 대신 직업학교를 택하는 아이들이 부

쩍 늘었다. 세월호 참사 후 '변심'의 속도가 더욱 빨라지고 있는 느낌이다. '바라지 않아야 바라는 대로 큰다.' '엄마의 빈틈이 아이를 키운다.'며 '불량맘이 돼라.'고 부추기는 육아서들이 베스트셀러에 올랐다.

• 세월호 충격이 준 반짝 현상으로 치부하기엔 한국 엄마들, 영리하다. 일류대 졸업장이 행복을 보장하지 않는다는 사실을 깨달았다. 요즘 세상엔 고분고분한 모범생보다 매사를 달리 보는 '삐딱이'가 제 앞가림하고 살 확률이 크다는 걸 목격했다. 뼛국물까지 쥐어짜 가르친 자식이 부모 노후를 챙겨 주지 않는다는 사실도 뼈저리게 느꼈다. 불량맘들은 사교육 시장까지 흔들고 있다. 문 닫는 학원이 속출한다. 입시 위주 교육 시스템도 바꿔 놓을 태세다. '원조 불량맘'은 그저 회심의 미소를 지을 뿐이다.

출처: 김윤덕, 2014. 5. 29.

 '넌 특별한 아이'라는 위험한 주문

관련 개념: 교수 · 학습

고가 마케팅 전략이 잘 먹히는 곳 중 하나가 유아용품 시장이다. 100만 원대 수입 유모차가 인기를 끄는가 하면 최근에는 보통 물티슈보다 열 배 비싼 '청담동 물티슈'도 등장했다. 영국 왕가에서 사용하는 '로열베이비' 제품들도 인기란다. '내 아이는 특별하다'는 'VIB(Very Important Baby)' 마케팅 제품들이다.

군이 명품이 아니어도 유아용품 광고는 대부분 '내 아이는 특별하다.'는 믿음을 파고든다. 저출산 시대, 하나나 둘뿐인 아이가 소중하고 특별하지 않을 리 없다. 부모는 명품 인생이 아니더라도 자식은 명품 인생을 살게 하고 싶은 욕심에 허리끈을 졸라맨다.

마케팅만의 문제도 아니다. 부모들이 자기 아이들을 바라보는 시각, 양육관과도 통한다. 늘 '넌 특별한 아이'라고 칭찬을 아끼지 않는다. 부모의 긍정적 지지야말로 최고의 양육 태도란 확신과 함께다. 칭찬은 고래도 춤추게 하지 않는가 말이다.

그런데 미국 스탠퍼드대학교 심리학과 캐럴 드웩 교수는 '칭찬의 역효과'에 주목한다. 물론 모든 칭찬이 나쁘다는 것은 아니다. "넌 똑똑해. 넌 재능 있어. 넌 머리가 좋아." 같은 칭찬이 문제다. 타고난 재능을 칭찬하면 아이는 오히려 그런 주변의 기대를 강박으로 느끼고 그에 부합하지 못하는 데에서 좌절을 느낀다는 것이다. 또 지능과 재능을 칭찬받으면 '능력은 태어날 때 정해진 것'이라는 생각에 도전정신이나 실패를 극복하는 힘이 줄어들어 결국 능력이 저하된다는 분석이다. 아마 '넌 특별하다.'고 주문처럼 되뇌는 것도 비슷할 것이다.

반면 노력과 과정을 칭찬하는 방식은 도움이 된다. 그런 칭찬을 받으면 아이는 '노력하면 능력이 나아질 수 있다.'는 믿음을 갖게 되고, 실제로도 능력이 향상된다는 것을 실험으로 입증해 냈다.

사실 현대 부모에게 일반화된 '넌 특별한 아이'라는 양육 이데올로기의 더 큰 문제는 특별하지 않은 평범한 삶을 아주 하찮은 것으로 받아들이게 할 가능성이다. 부모를 포함해 대부분의 사람들이 살아가며 아마도 아이가 장성해 십중팔구 그렇게 살아갈 평범한 삶 말이다.

나 역시 누군가를 가리키며 "공부를 열심히 안 하면 나중에 저렇게밖에 못 된다."며 아이를 '협박'한 적이 있다. "넌 특별하고 똑똑하고 재능 있고 머리가 좋으니 나중에 잘될 거라 믿는다."는 말을 격려랍시고 매일 해 대기도 했다.

어찌 보면 부모의 삶이란 특별할 줄 알았던 제 아이의 평범성을 받아들이는 과정일 수 있지만, 모두가 특별하게 되는 것보다 특별한 사람이든 평범한 사람이든 평범성을 하찮지 않게 여기는 세상이 훨씬 더 좋은 것 아닌가. 그게 아마도 진짜 특별한 삶, 진짜 특별한 세상이 아닌가 한다.

출처: 양성희, 2014. 1. 25.

 ### 넌 안 돼!

관련 개념: 어떻게 하면 더 잘 가르칠까

빅터란 소년이 있었다. 어눌한 말투와 굼뜬 행동 탓에 학교에서 늘 놀림감이었다. 담임 교사도 그를 멍청이 취급했다. 수시로 그에게 "멍청한 놈. 바보에게 공부는 필요 없어."라고 소리 질렀다. 열다섯 살 때 빅터는 IQ 테스트를 받았다. '173'이란 경이적인 수치가 나왔지만 교사는 학생부에 '73'을 적었다. 빅터를 바보라고 생각한 교사에게 앞의 '1'이란 숫자는 눈에 들어오지 않았다. 빅터의 IQ가 73이란 소문이 학교 안에 퍼져 더 큰 놀림감이 됐다. 급기야 학교를 그만뒀다. 아버지를 따라 자동차 정비를 배웠다. 자신은 늘 패배자이자 바보라고 생각했다. 그가 우연히 진실을 알게 된 것은 17년이나 흐른 뒤였다. 빅터는 옛 담임교사에게 "도대체 왜?"라고 따졌다. 하지만 허송한 세월을 되돌릴 수는 없었다. 이후 빅터는 천재들의 모임인 '멘사' 회장에까지 오른다. 지난해 읽은

『바보 빅터』란 책 얘기다. 실화를 바탕으로 했다고 한다.

올해 노벨생리의학상 수상자로 선정된 존 거던 영국 케임브리지대학교 교수를 보면서 불현듯 바보 빅터를 떠올렸다. 그 역시 일반인 시각에선 비정상적인 아이였다. 16세 때 생물과목 성적은 250명 중 꼴찌였다. 생물교사는 성적표에 '과학자가 되고 싶어 하나 말도 안 되는 일'이라고 적었다. '배우는 사람이나 가르치는 사람 모두에게 시간낭비'라고까지 썼다. 하지만 그는 세계적인 과학자가 됐다. 거던 교수는 한 인터뷰에서 "실험이 잘 풀리지 않으면 63년 전 성적표를 들여다본다."고 했다. 그러면서 "과학에 재능이 없다던 선생님의 말이 옳았음을 절감한다."고 말했다. 성적표가 그에겐 자극제란 의미일 게다. 하지만 또 한편으로는 어린 시절 그에겐 충격과 실망 그 자체였을 것이다. 만약이지만 빅터의 담임교사가, 거던 교수의 생물교사가 이들에게 "넌 안 돼." 대신 "넌 할 수 있어."라고 말했다면 어땠을까. 모르긴 해도 성공에 이르기까지의 좌절과 방황은 꽤나 줄었을 듯싶다.

우리네 학교 사정도 사실 별반 다르진 않다. 얼마 전 한국교원단체총연합회에서 초·중·고생 1,941명에게 물었더니 교사에게 학업성적에 대해 상처받는 말을 들었다는 답이 많았다. 아이의 숨은 재능을, 소중한 가능성을 보는 대신 겉으로 드러난 성적으로만 재단하다 보니 빚어지는 일이다. 물론 많은 아이들을 상대로 숨은 재능을 찾는 건 쉽지 않다. 하지만 아쉬움이 큰 대목이다. 적지 않은 학부모도 마찬가지다. 형제·자매·남매도 모자라서 친구 딸과 아들까지 비교하며 자녀에게 상처를 주곤 한다. 설문 결과 아이들이 가장 기분 좋아하는 말은 "기운 내. 넌 할 수 있어."였다. "넌 소중한 사람이야."란 응답도 많았다. 교사가, 부모가, 친구가 자신을 믿고 인정해 준다는 의미로 받아들여지기 때문이다.

이런 격려가 "넌 안 돼."보다 어떤 위력을 지닐지 짐작하긴 어렵지 않다. 새삼 되뇌어 본다. "넌 할 수 있어."

출처: 강갑생, 2012. 10. 25.

교육공학

어떻게 하면 더 잘 가르칠 수 있을까. 이 과제를 놓고 교육자들이나 학자들은 그동안 오랜 기간 연구와 실천을 거듭하였다. 가르치고 배우는 일을 어떻게 하면 보다 효과적이고 효율적으로 할 수 있을까. 강의법을 기본으로 시청각 기자재를 도입하고, 교육방법에 관한 새로운 기법들을 개발하고, 여러 실험을 통하여 새로운 교수매체를 개발하는 등의 많은 노력을 시도하였다. 그 모든 결과의 총체를 교육공학이라고 할 수 있다. 교육공학에서의 핵심 단어는 당연히도 교육이다. 이 교육을 공학의 이론과 기법을 도입함으로써 개선 · 발전시키고자 하는 것이 교육공학이다. 여기서 공학이라 함은 과학적이고 조직적인 지식을 실제 과제 해결을 위해 체계적으로 적용하는 것을 의미한다. 교육에 공학적인, 즉 체계적이고 조직적이며 과학적인 방법을 도입함으로써 교수 · 학습의 효율성을 극대화하고자 하는 노력이 교육공학이다. 하지만 교육공학을 이해하기가 어려울 뿐만 아니라 잘못 이해하는 경우가 많다. 교육공학의 출발이 교수 · 학습의 개선 노력에 있었기 때문에 단순히 초기의 시청각 기자재 또는 교수매체 중심의 개발 활동을 효과적으로 하는 것을 교육공학으로 잘못 이해하는 경우가 있다. 틀린 접근은 아니지만 교육공학의 정확하고 올바른 이해를 위해서는 이에 대한 개념을 제대로 파악할 필요가 있다.

1. 매체를 버려야 교육공학을 알 수 있다

　교육공학의 출발은 당연히 교수매체의 개발에서 시작한다. 그러나 진정한 의미의 교육공학을 이해하기 위해서는 매체를 버려야 한다. 매체는 단순한 매개수단일 뿐이다. 매체를 과학적이고 공학적으로 잘 만드는 것으로 교육공학을 이해하는 경우가 흔히 있다. 완전히 잘못된 접근이다. 매체에 집착하면 교육공학의 진정한 의미를 이해할 수 없다. 사실 교육공학의 출발은 20세기 초에 도입된 시청각 교육이었다. 당시로서는 최첨단의 시청각 기법을 교육에 적용함으로써 교수·학습의 효율성을 높이려고 시도한 것이다. 하지만 당시의 시청각 교육은 교육에 활용할 다양한 종류의 새로운 시청각 기자재를 개발하는 데 주력함으로써 교육에서의 공학(Technologies in Education)으로 전개되었다는 데 주의를 기울일 필요가 있다. 여기서 공학을 의미하는 테크놀로지가 'technologies'의 형태, 즉 복수의 형태로 기록된 점에 주의를 기울이면, 초기의 교육공학은 복수의 다양한 매체를 개발함으로써 교수·학습의 효율성을 높이려고 시도한 것이다. 19세기 말부터 20세기 초에 새로운 공학적 매체들이 엄청나게 개발되었는데, 사진기, 영사기, 축음기 등이 바로 그런 획기적 발명의 예들이다. 물론 교육을 위해 발명된 것이 아니지만 교육적으로 활용한 것이 시초다. 이렇게 해서 시청각매체의 등장은 교과서 같은 출판물에만 의지하던 그동안의 교육방법에 획기적 변화의 전기가 되었던 것이다.

　이후 교과서를 포함하는 인쇄매체는 교실의 구시대적 유물이 될 것이며, 앞으로의 교육은 시청각 매체를 통하여 획기적으로 발전할 것이라고 주장하였다. 실제로 이 시기 이후의 시청각 매체를 포함하는 교수매체는 획기적인 발전을 거듭하였다. 하지만 매체는 매체일 뿐이다. 아무리 훌륭한 매체를 발명하고 발전시켰더라도 그 매체를 가장 적절한 방법으로 교수장면에 활용하지 못한다면 그 매체는 단순히 매체일 뿐이라는 것이다. 이후 컴퓨터가 등장하자 교육공학자들은 만세를 부르며 이제 교육공학은 완성되었다고 주장했다. 당연히 아니다. 컴퓨터는 컴퓨터일 뿐이다. 적절한 콘텐츠가 개발되고 그것이 적절한 교수현장에 적용될 때에만 비로소 빛을 발하는 것이다. 인터넷 역시 마찬가지다. 결국 역설적으로 우리는 매체를 버리지 않으면 진정한 의미의 교육공학을 이해할 수 없다.

2. 교육공학의 올바른 이해

교육공학의 첫 출발은 시청각 매체다. 하지만 초기의 교육공학자들은 매체에 몰입한 나머지 매체 개발의 매력에 푹 빠지고 말았다. 교육공학이 아니라 매체 개발 공학이 되어 버리고 만 것이다. 바로 이 단계가 'Technologies in Education'이다. 여기서 'Technologies'는 당연히 공학의 의미가 아니라 '매체들'이라는 의미가 된다. 교육학의 하위 영역인 교육공학은 교수·학습에 관한 다양한 연구 중에서 교수·학습을 보다 효과적이고 효율적으로 개선하기 위해서 시도되는 모든 공학적 노력을 의미한다. 여기서 공학적이라는 의미는 실제적인 문제를 해결하기 위하여 과학적이고 체계적인 지식을 조직적으로 적용함을 의미하는 것이다. 이렇게 보면 그동안 교수·학습의 개선을 위한 모든 시도, 시청각 기자재의 개발, 교수매체에 대한 연구 개발, 교수·학습이론의 개발, 교수법의 발전 등 모든 노력을 종합하여 체계화한 것이 교육공학이라 할 수 있다. 실제적인 교육문제를 해결하기 위한 가장 효율적인 방법을 모색하고 어떻게 하면 교육을 보다 효율적으로 할 수 있는가에 대한 모든 노력을 의미하는 것이다. 여기서 새로운 학문으로서의 교육공학(Technology of Education)이 등장하는 것이다. Technologies, 즉 매체들로부터 Technology, 즉 공학으로의 발전인 것이다.

3. 교육공학을 이해했으면 다시 매체를 가져와라

교육공학의 진정한 의미를 알았다면 이제 버렸던 매체를 다시 가져와야만 한다. 앞서 우리는 매체 중심의 'Technologies in Education'과 독립된 학문 영역으로서의 'Technology of Education'의 성립과 발전을 소개하였다. 이를 교육공학에 대한 두 가지 시각으로 표현하는 경우가 있는데, 이는 틀린 표현이다. 매체는 교육공학이 아니라 교육공학의 구성요소다. 그러므로 매체를 버림으로써 매체 집착에서 탈피해야만 진정한 의미의 Technology of Education을 이해할 수 있고, 교육공학은 두 가지 의미가 아니라 이 한 가지 의미를 담고 있는 것으로 이해할 수 있다. 이러한 교육공학의 이해를 위해서 과감하게 버렸던 매체를 다시 가지고 와야만 한다. 매체 없는 교육공학은 불가능하기 때문이다.

교육공학은 교수매체의 활용에서 시작되었다. 초기의 교수매체는 교육에서 활용되는 하드웨어라는 인식이 지배적이었고, 이 하드웨어를 개발하고 발전시키는 것에 초점을 맞추었다. 교수매체는 말 그대로 교수자와 학습자 사이에 존재하는 모든 매개 수단을 의미한다. 말로만 강의하면 말이 매체다. 칠판을 사용하면 칠판이, 교과서를 사용하면 과과서가 매체인 것이다. 그러므로 교수매체는 교수·학습의 과정에서 교수자와 학습자 사이의 학습적 관계를 매개하는 모든 수단이라고 정의할 수 있다.

매체는 단순한 것에서 복잡한 것으로, 추상적인 것에서 구체적인 것으로 발전해 왔다. 학생들에게 코끼리를 설명하기 위한 가장 초기적 단계는 말로 설명하는 것이다. 다리와 몸통 등을 설명하면 학생 각자는 머릿속에 여러 가지의 코끼리에 관한 그림을 추상화처럼 그릴 것이다. 이것이 가장 추상적인 매체다. 교사가 그림을 그려 설명한다면 말보다는 조금씩 구체적인 형태가 등장하기 시작할 것이며, 사진기가 발명되어 사진을, 영사기 시대에는 영상으로 본다면 점점 더 구체화될 것이며, 드디어 동물원에 가서 코끼리를 직접 보며 설명한다면 가장 구체적인 매체가 될 것이다. 이처럼 매체는 추상에서 구체로 발전해 왔다.

가장 초기적 자료로서 인쇄매체가 오래전에 등장하였고, 이 인쇄매체도 종이의 질, 칼라화 등을 통해 점점 구체화되었다. 이후 과학의 발전에 따라 사진기, 영사기 등이 등장하면서 시각자료가 매체로 활용되었고, 소리를 저장하는 매체가 등장하면서는 청각자료까지도 매체화되었다. 이러한 시청각 중심의 교수매체 시대는 한 시기를 풍미할 정도로 인기가 있었다. 초기 교육공학과의 명칭이 시청각 교육과였음을 보아도 알 수 있다. 매체 찬양론자들은 컴퓨터의 시대가 열리자 이제 교육공학은 완성되었다고 했으나, 현대의 교육공학적 시각으로 보면 매체의 일환일 뿐이었음을 인식하게 된다. 이는 세계적 거미줄 망으로 표현되는 인터넷의 등장과 이의 교육적 활용에 있어서도 마찬가지다. 매체가 교육공학의 끝이 아니라 그 시작임이 인식된 것이다. 이것이 현대적 의미의 교수매체이고 교육공학의 시작점이다. 만나는 것이 가장 효과적인 교수법이고, 교수자와 학습자가 만날 수만 있다면 가장 좋은 교수방법이 될 것이다. 하지만 둘 사이에 거리가 있다면, 그 거리가 어떤 거리이든지 간에 그 거리를 극복해야 하는 매체가 필요할 것이다. 이런 경우 인터넷을 활용한 사이버 교육은 최대의 교육공학적 효과를 거둘 수 있다. 하지만 전통적 교육이 갖는 가장 친밀한 사회적 상호작용이 일어날 수는 없다. 만날 수만 있다면 면대면(face-to-face) 교육을 따라갈 사이버 교육은 없다. 교육공학의 핵심이 매체가 아니라 체계적이고 과학적인 교육적 접근이라는 점을 단적으로 보여 주는 예다.

◆ 읽을거리

 제자복

관련 개념: 잘 배운다는 것

'선생복'도 있지만 '제자복'도 있다. 선천(先天)의 첫째 인연이 부모 – 자식 관계라면, 후천(後天)의 첫째 인연은 사제관계다. 제자복이 있는 팔자는 어떤 팔자인가? 먼저 인품과 실력이 있어야 함은 당연하다. 인격적으로 아랫사람을 감화시킬 수 있고, 그 분야에 깊은 실력이 있어야 배우려는 사람이 따른다. 인품과 실력이라는 필수항목 외에 플러스 알파가 또 하나 있다. 그것은 팔자에 식신(食神)과 상관(傷官)이 있는가의 여부다. 이것이 많은 사람들이 아랫사람들을 잘 키운다. 잘 키운다는 것은 '꼴'을 잘 본다는 말과도 같다. 식신과 상관은 무엇인가. 자기 속에 있는 것을 많이 줄 수 있는 기질을 뜻한다. 식신과 상관이 많으면 인색하지 않다. 스스럼없이 자기 것을 빼서 남에게 준다. 설기(泄氣: 기를 빼준다)하는 능력이 강한 것이다. 그러다 보면 자기 몸이 약해질 수 있다. 그럼에도 불구하고 자기의 축적된 지식이나 경험, 인맥 그리고 때로는 재물까지도 제자에게 준다. 식신과 상관이 없으면 자기 것을 아끼는 경향이 있다. 베푸는 데 인색하다. 자연히 제자들이 따르지 않는다. 제자에게 자기의 간(肝)을 빼 주어야 스승이 된다. 스승의 간을 받아먹은 제자는 스승을 잊을 수 없다. 설령 스승을 배신하고 백 리가 넘게 도망을 갔더라도, 도중에 다시 되돌아온다. 스승이 자기에게 간을 빼서 주었다는 은혜를 잊을 수 없기 때문이다. 이러한 사제관계를 인도의 라즈니쉬는 『위대한 도전(Great challenge)』이라는 저서에서 '연인'(lover)의 관계로 비유하였다. 서로 그리워하는 관계라야 한다는 것이다. 그러므로 제자는 아무나 키울 수 없는 법이다. 어떤 분야든지 제자를 많이 두었다는 것은 그 사람이 대단한 인물이라는 사실을 암시한다. '제자꼴' 보기 쉽지 않다. 조선시대에 제자복이 많았던 인물을 간추려 보면 면앙정(俛仰亭) 송순(宋純, 1493~1582)이다. 고경명, 기대승, 임제, 정철을 비롯한 기라성 같은 제자들이 송순의 회방식(回榜式: 과거 합격 60주년) 때 80세가 넘는 스승을 자신들의 손가마에 태우고 면앙정 언덕을 내려왔다는 유명한 고사가 바로 그 제자복을 말해 준다. 멘토 만나기도 어렵지만 멘티(mentee) 만나기도 쉽지 않다.

출처: 조용헌, 2008. 4. 24.

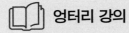

엉터리 강의

관련 개념: 잘 가르친다는 것

1960년대 서울, 어느 대학에서 강의 시작 시간이 지났는데도 K교수가 강의실에 나타나지 않았다. 학생들이 찾았더니 휴게실에서 다른 교수와 바둑을 두고 있었다. 한 판을 지고 막 새 판을 시작한 K교수가 학생들에게 말했다. "휴강이야." 이 교수는 시험지 채점 방식도 독특했다. 답안지 더미를 선풍기로 날린 뒤 가깝게 떨어진 답안지에 점수를 높게 줬다. '잉크가 많이 묻을수록 멀리 날아가지 않는다.'는 이유였다.

• 1950년대에 대학을 다닌 임종철 서울대학교 명예교수(경제학)는 "한 학기에 여섯 과목을 수강하며 필기한 것이 대학노트 한 권의 절반

도 못 채웠다."고 회고했다(서울대출판부 '끝나지 않은 강의'). 100분 강의 중 60분 넘게 강의하는 교수가 몇 안 됐고 휴강도 잦았기 때문이었다. S 교수는 학기 첫 시간에 10분 강의하고 나간 뒤 내리 휴강만 하다 기말 시험 때 나타났다. 1963년 전임강사가 된 임 교수는 휴강만은 하지 않 겠다는 결심을 1998년 정년 때까지 지켰다고 했다.

• 이순형 서울대학교 의과대학 명예교수는 별난 강의들의 유형을 분 류했다. 강의록만 줄줄 외는 '낭송형', 들을수록 잠이 솔솔 오는 '보모 형', 작은 목소리로 강의해 학생들 주의가 산만해지면 더 작게 말하고 이 부분에서 꼭 시험을 내는 '복수형', 강의 내내 울리고 웃기고 열광시 키는 '연예인형'. 이 교수는 "어느 노교수가 강의를 '개나발'이라 했는 데 자기 강의에 만족하지 못한 그 심정이 이해된다."고 했다.

• 숭실대학교가 그제 학생들이 3년간 교수들 강의를 평가한 글 18만 건을 분석한 책 『교수를 위한 학생들의 수다』를 펴냈다. 대학의 치부일 수도 있는 일을 강의의 질을 높이려고 공개했다고 한다. 강의 14주가 되 도록 10주를 휴강한 교수, 강의하다 말고 "후배 술 사 줘야 한다."며 나 가 버린 교수, 75분 수업 중 50분 신변잡기와 드라마 얘기를 하는 교수 등이 '꼴불견'으로 꼽혔다.

• 이 대학교의 조우현 교수(경제학)는 선진국 대학 교수들이 한 과 목 강의 준비와 시험에 213시간을 투입하는 반면, 한국 교수 대부분은 92시간밖에 쓰지 않는다고 분석했다. 그러나 최근엔 많은 대학이 강의 평가를 해 강의가 부실한 교수의 성과급을 깎는 불이익을 주고 있다. 강

의의 질을 높이기가 대학 개혁의 출발이기 때문이다. 과거 대학사회에 "한국은 대학들에 천국이고 교수들에겐 에덴동산"이라는 얘기가 있었다. 그 말이 통하던 시절도 이제 지나갔다.

출처: 김홍진, 2009. 2. 27.

참고문헌

강갑생(2012. 10.25.). 넌 안 돼! 중앙일보.

김윤덕(2014. 5. 29.). 어느 '불량엄마'의 고백. 조선일보.

김홍진(2009. 2. 27.). 엉터리 강의. 조선일보.

나승일(2004). **교수법 가이드**. 서울: 서울대학교 출판부.

성태제, 강대중, 강이철, 곽덕주, 김계현, 김천기, 김혜숙, 봉미미, 유재봉, 이윤미, 이윤식, 임웅, 홍후조(2012). **최신 교육학개론(2판)**. 서울: 학지사.

양성희(2014. 1. 25.). '넌 특별한 아이'라는 위험한 주문. 중앙일보.

윤정일, 허형, 이성호, 이용남, 박철홍, 박인우(2002). **신교육의 이해**. 서울: 학지사.

정종진, 임청환, 성용구, 공역(2008). **뇌 기반 교수 – 학습 전략**. 서울: 학지사.

조용헌(2008. 4. 24.). 제자복. 조선일보.

한국교육학회 사회교육연구회(1988). **사회교육방법론**. 서울: 형설출판사.

호재숙, 유태영, 김신자, 주영주, 김영수(1989). **교육방법 및 교육공학**. 서울: 교육과학사.

어떻게 하면 더 잘 운영할 수 있을까
-교육행정 및 이와 관련된 영역들-

제9장

어떻게 하면 더 잘 운영할 수 있을까
-교육행정 및 이와 관련된 영역들-*

　어떻게 하면 교육을 보다 더 잘 운영할 수 있을까. 효과적인 교사가 훌륭하게 구성된 교육과정을 잘 숙련된 교수법으로 학생들에게 학습할 수 있도록 도와주는 것도 한 측면이지만, 제도적·법적 측면에서의 장치를 잘 만들어 주는 것도 효과적인 교육의 일환일 것이다. 교육행정은 이러한 측면에서 교육을 지원하는 학문적 노력이다. 이러한 교육행정학의 학문적 체계를 완성하고, 교육행정이론을 연구·개발·보급하며, 교육행정 현장의 문제들을 과학적으로 해결할 목적으로 1967년에 한국교육학회의 분과연구회로 출범한 한국교육행정학회는 1993년에 학회활동을 종합적이고 체계적으로 정리할 출판을 계획하였다. 이렇게 출범한 교육행정학 전문서 개발 기획위원회는 3년 여에 걸친 학회 회원들의 저술 활동을 집약하여 10개 분야에 걸친 교육행정학의 전문 영역 서적을 출간하게 되었다. 이때 출판된 서적은 『교육정책론』『교육제도론』『교육조직론』『교육인사행정론』『장학론』『교육재정론』『교육시설행정론』『교육법론』『학교·학급경영론』『교육행정연구법』 등 10권이다. 이 분야가 바로 '어

---

* 이 장의 모든 영역은 한국교육행정학회의 교육행정학 전문서 1~9를 참조하여 인용하였고, 아울러서 서울대학교 교육연구소가 펴낸 『교육학대백과사전』(1998)도 참조·인용하였다.

떻게 하면 교육을 더 잘 운영할 수 있을까'에 해당하는 영역이다. 이 장에서는 '교육행정연구법'을 제외한 9개의 영역을 중심으로 논한 후, 이를 교육행정 전반으로 마지막에 설명하는 방식으로 구성하였다.

1. 교육정책

한 국가는 다양한 부문에 걸쳐 공공의 이익을 위한 정책을 수립하고 집행할 책임과 의무가 있다. 외교·안보·경제·문화·과학·체육 등 정치의 전반에 걸쳐서 외교는 외교정책을, 과학은 과학정책을 수립하여 집행하듯이, 교육도 마찬가지로 국가수준에서의 교육정책을 수립하여 중장기적으로 운영한다. 교육정책은 교육계획에 의거하여 그것을 실현시키는 과정이며, 아울러 정치적 권력과정을 통하여 결정되고 실현되는 전반적인 과정을 의미한다. 즉, 교육정책은 정치적 권력과정을 거쳐서 형성된 어떤 교육계획이 실현되는 일체의 과정인 것이다.

교육정책이 사회적·공공적·조직적 활동으로서 전개되는 교육을 위한 것이며, 교육활동을 지원하고 발전시키기 위한 정책이라는 측면에서 교육정책은 다음과 같이 정의되기도 한다. 즉, 교육정책은 사회적·공공적·조직적 활동으로서의 교육활동을 위하여 국가와 지방자치단체 등이 국민 또는 주민의 동의를 기반으로 하여 공적으로 제시되는 것으로서, 공권력을 배경으로 강제성을 가지는 교육 관련 기본방침 또는 지침을 의미한다. 교육정책은 교육활동의 목표·수단·방법 등에 관한 구체적이고 최적의 방안을 계획적·의도적·합리적으로 선택하여 결정한 것이며, 한 국가의 교육이념을 구현하기 위한 수단인 동시에 교육제도와 그 운영을 위한 큰 방향을 제시하며, 교육행정의 지침이 되기도 한다.

이러한 교육정책은 국가에 따라 공공성의 정도에는 차이가 있을 수 있지만 사회적으로 조직적인 활동을 통하여 교육을 위해 봉사하는 수단적 성격을 지닌다. 또한 교육정책의 주체는 정치체제의 핵심인 국가 및 지방자치단체에 한 정되며, 단위학교는 그 하위 체제로서 이 교육정책을 따르는 수동적 입장에 서 게 된다. 교육정책은 국민과 지방자치단체 주민의 동의를 기반으로 하는 것이 지만, 일단 정책으로 결정되고 나면 공공성과 강제성을 지니게 된다. 일부 소 수 집단이나 반대 집단의 견해가 정책의 실행을 막을 수는 없다는 것이다.

그러므로 교육정책은 한 국가의 교육문제를 해결하고 시행에 옮기기 위한 최적의 대안을 선택하여야 한다. 결론적으로, 교육정책은 한 국가의 이념과 사 회철학 및 기본적 가치관 등의 원리를 그대로 담음으로써 한 국가의 교육이념 을 구현하기 위한 수단으로 사용된다.

교육정책에 있어서 가치의 문제는 중요하다. 교육정책의 형성·집행·평가 의 어느 단계를 막론하고 가치의 문제는 중요한 위치를 차지한다. 교육정책의 목표·수단·성과 등에 있어서 무엇이 바람직한 것인가의 문제는 필연적으로 등장하는 중요한 관심사항이다. 이는 교육정책이 가치의 문제에서 자유로울 수 없음을 말한다. 교육정책과 관련된 가치의 문제는 교육정책이 전개되는 사 회의 특성, 교육정책의 분야와 단계 등에 따라 다양하게 제기될 수 있으나 일 련의 기본적인 가치는 모든 민주국가에서 거의 공통적으로 인정되고 있다. 교 육정책에서 추구되는 기본적인 가치들로는 공익, 수월성, 자율성, 민주성, 공정 성의 가치추구 등 다섯 가지를 들 수 있다. 이러한 기본적인 가치는 교육정책 이 따라야 할 원리 또는 규준이라고 말할 수 있다.

2. 교육제도

교육에 관한 작용이나 활동이 법률에 의해 구체적으로 조직화된 것으로서, 비교적 안정된 조직 형태를 가지고 있는 기본적 사회제도의 하나다. 교육제도 는 교육정책을 법률로 규정한 지속성을 가진 조직이며, 사회적으로 공인된 교육에 관한 조직이므로 단순히 교육법규의 체계만이 아니라 사회적 전통 및 관습과도 관련을 맺어 성립하는 것이다. 넓은 의미에서의 교육제도는 학교·가정·사회에 걸친 교육 전반의 것을 포괄하지만, 좁은 의미에서는 학교교육 제도를 뜻한다.

교육제도란 국민이 이상으로 하고 있는 교육을 실현시키기 위한 체제다. 국민의 교육이념은 국가의 교육정책에 의해 표현되기 때문에 교육제도란 국가의 교육정책을 실현하기 위한 법적 기구이며 국민 교육을 위한 행정조직의 의미를 지닌다. 간단히 말하면, 교육제도란 한 나라의 교육정책 실현을 위한 교육 관련 조직·체제·기관 등이 법률에 따라 구체화된 시스템을 말한다. 한 국가의 교육정책을 제대로 시행에 옮기기 위한 법적·제도적 장치라는 뜻이다.

교육제도는 국가의 교육이념과 교육목적을 달성하기 위한 국가적 차원의 법적 장치로서, 모든 교육활동과 학생, 교원, 교육기관, 교과용 도서, 그리고 이와 관련된 조직 및 기구 등에 관한 기준을 아우르는 개념이라 할 수 있다. 이러한 교육제도는 인간생활의 기본적이며 보편적인 필요를 충족시켜 주는 사회적 기관이기 때문에 모든 다른 사회적 기관과 마찬가지로 변화하는 사회적 목적을 반영한다.

교육제도의 개념은 여러 수준에서 파악될 수 있다. 교육제도의 개념적 수준을 어디에 두느냐에 따라서 그 특성과 기능도 다양하게 변화하게 된다. 교육제도는 그 형식성 및 범위에 따라 흔히는 학교제도, 사회교육제도, 그리고 이를 지원하는 행정제도 및 한 사회의 관습적 전통과 사회적 전통에도 영향을 미치게 된다. 그러므로 이러한 교육제도는 형식성, 안정성, 민주성, 복지성, 적응성, 정의성 등의 일반적인 특징을 지닌다.

기본적 교육제도인 학교제도를 보면 그 유형에 있어서 복선형(single track system)에서 과도기적으로 분기형을 거쳐 단선형(single track system)으로 발전하며 정착해 왔다. 학교제도의 개념은 각종의 학교를 고립적으로 보는 것이 아니라 각 학교 간에 존재하는 일종의 관련성과 전체 구조를 파악하려는 것이다. 따라서 각종의 학교는 학교제도를 구성하는 하나의 단위다. 기본적으로 단선형인 우리나라의 6-3-3-4제도는 횡적으로 구분된 초등학교, 중학교, 고등학교, 대학교라는 4개 단계가 하나의 계통을 이루고 있는 것이다.

해방 이후 일본과 미국의 영향으로 정착된 우리나라의 현행 학제는 지난 70여 년간 큰 변화 없이 유지되어 오고 있다. 이 학제는 사회의 변화를 반영하는 데 미온적이며, 과외의 과열이나 입시제도의 문제를 근본적으로 해결하지 못하고 있다는 지적을 받고 있다. 현행 학제가 가지고 있는 문제점은 경직성(교육체제의 탄력성 부족, 학년제의 고정, 횡적 이동 제한), 비효율성(각 단계별 교육연한 부적절, 입시경쟁에 따른 사교육 비 부담), 비연계성(학교 간 횡적 연계 부족, 평생교육체제 결여), 지체성(사회변화에 따른 적응 속도가 늦음, 산업구조 변화에 따른 변화 적합도 미흡), 폐쇄성(교육기회의 제한) 등 다섯 가지로 요약할 수 있다.

3. 교육조직

현대사회는 조직이라는 상황 속에서 성장·발전하며, 현대인은 그 조직에서 주어지는 역할과 책임을 수행하면서 개인의 욕구를 충족시키고, 조직의 목표를 성취하며, 나아가 한 사회와 국가의 목적 달성을 위해 공헌을 하기도 한다. 인간의 생활은 이처럼 조직 속에서 이루어지기 때문에 현대의 조직은 인간사회의 어디에나 존재하는 필수요인이 되고 있다. 조직은 행정의 전제조건인 동시에 가장 기본적인 개념이다. 따라서 교육조직에 대한 이론은 일반 행정이론의 그것에 기초하게 된다.

교육행정이란 교육기관이 그 설립 목표를 효과적으로 달성하기 위하여 각 구성원이 어떻게 구성되고 운영되는 것이 가장 효과적이고 능률적인가를 판단해야 하며, 이것이 교육조직 구성 원칙의 핵심이다. 이 교육조직의 효과적인 구성과 활용을 위한 연구가 다방면에서 이루어지고 있는데, 고전적 조직이론, 사회체제이론, 이완체제로서의 교육조직, 교육조직과 환경, 동기이론, 지도성 이론, 의사소통론, 조직갈등과 스트레스, 조직풍토와 조직문화, 의사결정론, 학교조직 헌신성, 조직효과론, 조직건강과 조직개발 등이 이와 관련된 영역들이다.

일반 행정이론에서 효과적인 행정조직의 원리를 여섯 가지로 제시하고 있는데, 이는 교육조직의 원리에도 그대로 적용되고 있다.

첫째, 계층의 원리(principle of hierarchy)로서 이는 상하관계의 형태에 관한 것인데, 계층은 조직의 공동 목표를 달성하기 위한 업무를 수행하는 데 있어서 권한과 책임의 정도에 따라 직위가 수직적으로 서열화·등급화되어 있는 것을 의미한다.

둘째, 기능적 분업의 원리(principle of division of work)로서 이는 전문화 또는 분업화의 원리라고도 하며, 조직의 전반적 업무를 직능별 또는 성격별로 분담하여 한 사람에게 동일하거나 유사한 업무를 제공하는 것을 말한다. 이러한 분업화의 목적은 행정조직이 추구해야 할 공동 과업을 수행함에 있어서 표준화·단순화·전문화를 촉진하기 위한 것이다.

셋째, 조정의 원리(principle of coordination)로서 조직 내에서 업무의 수행을 조절하고 조화로운 인간관계를 유지함으로써 협동의 효과를 거두려는 것을 말한다.

넷째, 적정 균형의 원리(principle of optimum centralization)로서 중앙집권제는 권한 집중에 따른 능률화는 좋으나 획일주의나 전제주의에 빠질 우려가 있고 지방분권제는 권력분산으로 인한 지방의 특수성과 자율성은 보장받을 수 있으나 능률적이지 못한 단점이 있는데, 이 두 제도의 적절한 균형을 유지함으로써 단점을 줄이고 장점을 극대화하려는 것이다.

다섯째, 통솔 제한의 원리(principle of span of control)로서 인간의 능력에는 한계가 있으므로 한 사람의 상사가 몇 명의 부하를 통솔하는 것이 적절한지에 대한 논의가 필요하다는 것이다.

여섯째, 명령 통일의 원리(principle of unity of commend)로서 하나의 조직 단위에는 오직 한 사람의 상관만이 명령 계통에 존재함으로써 단위 조직의 통일성을 이뤄야 하며, 한 명의 부서장에게 그 단위 조직을 운영할 최종 권한을 부여해야 한다는 것이다.

이러한 교육조직 중 우리에게 가장 친밀한 학교조직이 있다. 학교조직을 설명하는 데에도 일반 조직이론이나 행정조직의 일반이론을 적용한다. 학교조직 역시 다른 조직과 마찬가지로 일정한 공동 목표를 달성하기 위한 다양한 사람들의 집단이기 때문이다. 하지만 학교라는 조직체는 타 조직과의 공통적 특성과 아울러 타 조직에서는 발견할 수 없는 다음과 같은 몇 가지 속성을 갖는다.

첫째, 비관료제적 특성이다. 관료제는 현대 행정조직의 일반적 현상이지만, 학교조직은 조직 최하층의 교사도 고도의 교육을 받은 전문가라는 점에서 다른 관료제와는 구분된다. 교사의 책임은 각기 다른 학습 배경을 가진 학생들을 한정된 교실이라는 공간에서 가르치는 것이므로 교실 안에서는 각각의 교사가 상당한 자유 재량권을 갖는다.

둘째, 조직화된 무질서(organized anarchy)다. 무질서 속의 질서라고도 표현되는데, 목표가 불분명하고 기술적으로 불확실하며 참여가 유동적이라는 측면을 나타내는 교육조직은 명세화하거나 목표를 실천하도록 하는 기술이 무엇인지를 설명하기가 매우 어렵다는 점에서 이런 특징을 보인다.

셋째, 사육조직(domesticated organization)이라는 특징을 가지는데, 학교조직은 그 사회로부터 이미 존재와 생존을 보장받은 상태이므로 생존을 위해 애쓰지 않고 변화에도 적응하지 않으려는 경향을 보인다는 것이다. 특히 공립학교는 학생 유치를 위해 경쟁할 필요가 없으므로 전통적으로 변화에 둔감할 수밖에 없다는 것이다.

넷째, 이완조직(loosely coupled system)이다. 학교의 내부 조직들은 연결되고 서로 반응하지만 각각 물리적·논리적 독립성을 보장받으므로 이들의 관계가 매우 느슨하다는 것이다. 교장실, 연구실, 체육실, 상담실 등은 각각 서로 영향을 미치기는 하지만 이들의 연결은 제한되며 상호 영향력이 매우 약하다는 것이다.

4. 교육인사행정

어떤 조직이나 기관을 운영함에 있어서 최소한으로 갖추어야 할 세 가지 요소로서 흔히 재정, 물자, 인력을 드는데, 이 중에서도 인력은 가장 중요한 요소로 지목받는다. 다른 모든 요소가 구비되어 있다고 해도 결국 이를 활용하는 사람들에 의해서 그 과정이나 결과가 결정되기 때문이다. 이런 점에서 교육행정에서도 인력관리야말로 가장 핵심적인 요소라고 할 수 있다.

교육인사행정에 대하여 여러 가지 측면에서 그 개념과 의미를 설명할 수 있는데, 대체로 인사관리란 인력을 확보하고 개발하며 유지하는 활동이라고 규정한다. 교육인사행정은 우수한 인력을 유치하고 주어진 임무 수행에 필요한 전문적 자질 향상을 위해 교육·훈련의 기회를 부여하고, 아울러 근무의욕을 높이는 데 필요한 일련의 행정지원이라고 정의할 수 있다. 인사행정의 본질은 인적자원을 효율적으로 활용하고 조직의 목적과 개인의 목적을 조직화시켜 원만한 업무관계를 형성함으로써 궁극적으로 교육조직의 효과를 극대화하는 데 있다.

교육인사행정의 주요 영역은 교원의 신분, 수급, 선발, 후생, 복지, 근무 부담, 신분보장, 징계, 사기 및 인간관계, 윤리강령 등 광범위한 영역을 포괄하며, 이러한 여러 영역은 밀접한 상호 관련성을 가지고 총체적 체계를 형성한다. 교원인사행정의 기능을 보면, 직무의 분류, 신규채용, 근무평정, 승진 및 배치 전환, 교육 및 훈련, 보수 및 편익 관리, 근무조건 및 복지후생 관리, 근무규율, 사기 및 인간관계 관리, 노사관리 등으로 구분할 수 있다.

교육조직의 효율적 교원인사관리행정을 위해서 강조되는 몇 가지 원칙을 제시하면 다음과 같다.

- 전문성 확보의 원칙이다. 전문성을 높이기 위한 교육·훈련과 지속적인 전문성 심화 유도가 필요하다.
- 실적 위주와 연공서열주의의 적정 배합 원칙이다. 교원의 직무수행 능력과 업적 평가 등을 강조하는 실적주의와 근무 연수, 경력, 연령 등을 중시하는 연공서열주의가 적절히 배합되어 반영될 필요가 있다는 것이다.
- 공정성 유지의 원칙이다. 임용 및 근무 평정에 있어서 그 어떠한 이유에서도 차별을 두지 않고 누구에게나 능력에 따라 균등한 기회가 부여되어야 한다.
- 적재적소 배치의 원칙이다. 유능한 인력을 확보하고 이들이 주어진 직무를 잘 수행할 수 있도록 알맞은 위치에 배치하는 일도 임용 및 운영 체계의 중요한 원칙이다.
- 적정 수급의 원칙이다. 교육활동에 종사하는 교원과 이들을 지원하는 직원 등의 수요와 공급을 적정하고 원활하게 조절하는 것도 매우 중요한 원칙이다.

5. 장학행정

교육에 있어서 이론이 실제 교육현장에서는 다르게 적용되는 현상을 종종 발견하게 되는데, 그중 눈에 띄는 것이 장학이다. 학교에 다녀 본 사람들은 대부분 경험이 있겠지만, 장학사가 학교를 방문하면 모두가 긴장한다. 교내 청소뿐만 아니라 교실 환경 및 학생 복장까지도 특별히 신경 쓰며 관리한다. 공개 수업을 담당하게 된 교사는 더 긴장한다. 평소보다 열심히 수업을 준비하고 질문자와 내용을 미리 구상하는 등 평소와 다르게 매우 열심이다. 이처럼 장학은 일선 학교 위에 군림하며 통제한다. 하지만 장학의 진정한 의미는 교사가 잘 가르치도록 돕는 모든 교육적 지원활동을 말한다. 이러한 훌륭한 지원과 봉사적 의미가 현장에서는 전혀 다르게 사용되고 있는 것이다. 정확히 알아야 할 사실은 장학은 돕는 것이지 군림하는 것이 아니라는 것이다.

교육행정은 장학행정이다. 교육행정이라는 과목명은 다른 교육학 각론들과는 달리 교육보다는 행정이 강조된다. 일반 행정이론을 교육에 적용했다는 의미가 강하다. 이 중에서 장학은 교육행정의 실제와 교육행정학의 이론체계에서 대단히 중요한 위치를 차지하고 있다. 본래 장학의 개념은 우수한 사람이 위에서 감시(supervision)한다는 의미를 가지고 있다. 특히 우리나라에서는 일제 강점기하 교육에서의 감시적·감독적 장학 행태와 어울려 교사를 포함한 많은 사람이 장학활동에 대해 부정적인 태도를 갖게 되었고, 실제에서도 장학은 군림하는 형태로 존재하고 있다. 하지만 본래 장학의 의미는 이와 매우 다르다.

장학의 개념은 교육의 통제보다는 조성과 지원을 통해 교수·학습의 성과를 극대화시킨다는 훌륭한 교육적 의미를 가지고 있다. 장학은 시대와 장소 및 강조점에 따라 다르게 정의되고 있으나 어느 경우에든 공통적으로 교사의 수업에 긍정적 영향을 주고, 교육과정을 개발·수정·보완하며, 교육 자료와 학습환경을 개선하여 학생의 학습을 촉진한다는 이른바 수업개선의 의미를 지닌다. 즉, 장학의 개념을 엄밀하고 정확하게 정의하기는 쉽지 않지만, 적어도 다음 두 가지의 중요한 요소를 포함한다. 첫째는 장학을 어떠한 관점에서 보든 궁극적으로 수업의 개선을 목적으로 한다는 점이며, 둘째는 그 대상이 현장에서 교육활동에 참여하는 전문가인 교사라는 점이다. 따라서 이러한 요소들을 고려하여 보면 장학은 교수·학습의 개선을 위해 교사에게 제공되는 장학 담당자의 모든 지원과 봉사와 노력이라고 정의할 수 있을 것이다.

이러한 장학은 관점이나 기준에 따라 그 유형이 구분된다. 먼저 장학의 주체가 누구냐에 따른 구분으로 살펴보면, 중앙장학, 지방장학, 교내장학, 임상장학, 동료장학, 자기장학 등으로 구분할 수 있겠다. 또한 장학활동의 유형을 기준으로 구분하면 교내 자율장학, 지구 자율장학, 담임장학, 요청장학, 특별장학 등으로 구분할 수 있다.

6. 교육재정

　재정이란 일반적으로 국가 및 지방자치단체가 공공의 욕구를 충족하기 위하여 필요한 수단을 조달하고 관리·사용하는 경제활동이다. 이를 간단히 국가 및 지방자치단체의 경제라고 해도 된다. 한 국가의 통치기구로서 정부 및 지방자치단체는 법령으로 규정하고 있는 그들의 역할과 기능을 수행하기 위하여 필요로 하는 재화를 일정한 절차에 따라 조달하고 지출하며 관리하는 일련의 과정과 활동을 재정이라고 한다. 그러므로 교육재정은 이에 따르면 교육에 관한 재정이다. 즉, 국가 및 지방자치단체가 교육을 위해 운영하는 재정활동을 의미한다. 국가재정의 일부인 교육재정은 국가 및 지방자치단체의 기능과 역할 중 교육이라는 특수한 분야의 활동을 지원하는 재정인 것이다.

　정부의 경제라는 말 속에는 계획성의 의미가 내포되어 있다. 재정은 민간기업이나 가계와는 달리 원칙적으로 수입과 지출이 미리 숫자로 예정되고 확정된 계획에 의하여 일정한 질서 아래에서 운영된다. 이 계획은 정부 경제에 일정한 행동 기준을 부여하고 정부 활동을 구속하는데, 이러한 계획을 예산이라고 한다. 이러한 정부 예산은 정치·행정 과정을 통하여 결정되므로 재정은 경제적 측면과 정치적 측면을 동시에 지니고 있다.

　교육재정이란 국가 및 지방자치단체가 교육활동의 운영을 지원하기 위하여 공권력에 의해 필요한 경비를 조달하고 합법적으로 그것을 관리·지출하는 경제활동이라고 정의할 수 있다. 즉, 교육재정이란 국가, 사회의 공익사업인 교육을 지원하기 위하여 국가나 지방자치단체가 필요한 재원을 확보, 배분, 지출, 평가하는 일련의 경제활동을 말한다.

　교육재정은 국공립학교의 교육활동뿐만 아니라 사립학교의 교육활동, 일반 성인의 사회교육활동을 지원하는 일까지를 포함한다. 이와 같은 교육재정의 정의는 교육재정의 주체를 국가 및 지방자치단체로 한정하고 있고, 교육재정의 성격을 일체의 교육활동 지원을 목적으로 하는 수단성과 공공성을 띠며, 교육재정의 영역을 재원의 확보·배분·지출·평가로 설정하고 있다.

7. 교육시설행정

교육의 두 주체인 교사와 학습자, 그 매개체인 교육과정을 교육 성립의 3대 요소로 보는 것이 일반적인데, 이러한 교육의 3대 요소가 교육적 상호작용을 이루게 되는 장소, 즉 교육활동이 실제로 전개되는 장소를 교육의 장이라 한다. 현대와 같은 대규모의 집단교육이 이루어지고 있는 교육 상황에서는 교육적 상호작용이 이루어지는 교육장의 시설, 즉 교육시설의 중요성이 더욱 강조되고 있다. 이 교육시설의 설계와 운영·관리를 포함하는 제반 활동을 교육시설행정이라고 한다.

교육이념에 기초한 교육 목적과 목표를 달성하고 이를 위한 제반 기능을 원활히 수행하는 데 필요한 공간 및 물리적 환경 또는 형태로서, 일정한 장소에서 계속적으로 교육활동을 영위하기 위하여 설비되어 있는 물적 조건을 포괄적으로 지칭하여 교육시설(educational facility)이라고 한다. 학교시설은 교육의 목적을 효과적·능률적으로 달성하기 위해 설치한 학교의 물리적 환경을 총칭한다.

교육시설의 목적은 계획된 학습과 성과가 달성될 수 있도록 환경을 조성하여 교육활동을 최선으로 지원해 주는 데 있으므로 교육시설은 교육목표에 따른 학교의 교육적 기능을 원활히 수행할 수 있도록 구비되어야 한다. 이처럼 학교시설은 교육과정의 공간적·물적 요소로서 학습을 성립시키는 데 결정적인 요소인데, 학교시설을 어떻게 구성하느냐 하는 문제는 학습자로 하여금 학습을 성공적으로 이끌고 정해진 학습효과를 극대화하는 데 매우 중요한 의미를 지닌다.

교육시설은 교육을 지원하기 위한 지원조건이기 때문에 학교교육과의 역동적인 관계에서 이해되어야 한다. 따라서 교육활동의 성격과 유형에 따라 교육시설이 설계·건축·유지·관리되어야 하고, 교육시설에 따라 교육기능이 결정되기보다는 교육기능에 따라 교육시설이 결정되어야 한다. 이러한 교육시설은 그 목적을 효과적으로 달성하기 위하여 일반적으로 고려되어야 할 요건이 있는데, 대체로 기능성, 경제성, 심미성, 안정성 및 위생성, 그리고 현대화 및 규격화 등 다섯 가지 요건을 들고 있다.

8. 교육법

교육법에 관한 이해의 첫 단계는 우선 교육과 법의 관계를 설명하는 것이 순서일 것이다. 교육이 법에 의해 통제되는 상황은 언제부터 시작되었으며, 교육에 대한 통제권이 종교에서 근대국가로 넘어오면서 국가는 어떤 형태로 교육을 통제하였는가를 말해야 할 것이다. 하지만 여기서 다루고자 하는 교육법은 말 그대로 교육행정으로서의 교육법을 의미하므로 교육과 법의 관계, 또는 1949년 12월 31일 법률 제86호로 제정된 후 우리나라 교육을 「교육기본법」 이전까지 지배한 고유명사로서의 교육법이라든가 등의 의미에서 벗어난다.

여기서 논하고자 하는 교육법은 현재 우리나라의 행정을 지배하는 상위 개념으로서의 교육에 관련된 모든 법을 의미한다. 그러므로 「헌법」의 교육 관련 조항 이하 교육과 관련된 모든 법이 어떻게 이루어져 있는가를 개략적으로 살펴보고자 한다.

성문법주의를 기본으로 하는 우리 법체계에서 「헌법」은 가장 상위의 효력을 갖는 법원이다. 그중에서 「헌법」 제31조는 가장 직접적인 교육 관련 최상위법으로서, 교육기회의 균등한 보장, 의무교육의 실시와 의무교육의 무상, 교육의 자주성·전문성·정치적 중립성과 대학의 자율성 보장, 평생교육의 진흥, 교육제도의 법정주의를 선언하고 있다. 이 「헌법」상의 규정에 관한 직접조항인 제31조를 소개하면 다음과 같다.

제31조 ① 모든 국민은 능력에 따라 균등하게 교육을 받을 권리를 가진다.

　　　　② 모든 국민은 그 보호하는 자녀에게 적어도 초등교육과 법률이 정하는 교육을 받게 할 의무를 진다.

　　　　③ 의무교육은 무상으로 한다.

　　　　④ 교육의 자주성·전문성·정치적 중립성 및 대학의 자율성은 법률이 정하는 바에 의하여 보장된다.

　　　　⑤ 국가는 평생교육을 진흥하여야 한다.

　　　　⑥ 학교교육 및 평생교육을 포함한 교육제도와 그 운영, 교육재정 및 교원의 지위에 관한 기본적인 사항은 법률로 정한다.

「헌법」상의 교육에 관한 직접조항 이외에 간접적으로 교육을 규정하는 조항들이 있다. 이 간접조항에는 우선 자유권적 기본권으로서 제10조(기본적 인권의 존중), 제11조(평등 및 특수 계급의 불인정), 제14조(거주 이전의 자유), 제15조(직업선택의 자유), 제19조(양심의 자유), 제20조(종교의 자유), 제21조(언론·출판의 자유), 제22조(학문·예술의 자유) 등이 있으며, 생존권적 기본권으로서는 제32조(근로의 권리), 제33조(근로자의 단결권·단체교섭권 및 단체행동권), 제34조(인간다운 생활을 할 권리), 제35조(환경권) 등이 있다.

우리나라 「헌법」의 하위에서 교육의 최상위법으로 「교육기본법」이 있다. 이 법은 1949년 「교육법」을 대체한 혁신적인 법으로서 1997년 12월 13일에 제정되어 다음 해 3월 1일부터 그 효력이 발생한 교육에 관한 기본법이다. 「교육기본법」은 모든 국민의 학습권을 보장하기 위하여 학교교육 및 사회교육을 포함한 교육제도와 그 운영에 관한 기본적인 방향을 설정하고, 모든 교육 당사자의 권리와 의무를 규정한 교육에 관한 기본법이다. 이 법 아래 대학을 규정하는 「고등교육법」, 중·고등학교와 초등학교의 교육을 규정하는 「초·중등교육법」, 유아교육을 규정하는 「영·유아교육법」, 성인 및 사회교육을 담당하는 「평생교육법」, 그리고 사립학교를 관장하는 「사립학교법」 등이 그 하위에서 각 영역의 교육을 규정하고 있다.

9. 학교 · 학급경영

학교경영(school management)이란 학교조직의 목표를 설정하고 그 목표를 효과적으로 달성하기 위해 업무를 계획 · 실천 · 평가하는 순환적인 조직 활동이다. 학교경영은 교육목적을 달성하기 위해 법적 기준에 의한 조직의 유지 · 운영의 면뿐만 아니라 적극적이고 창의적인 교육활동의 전개가 요구된다. 보다 구체적으로는 타당한 교육목표 설정, 자원의 확보와 배분 및 활용에 따르는 능률성, 목표달성의 효과성, 계획 · 실천 · 평가에 이르는 경영의 전 과정에서 합리성을 추구하는 것을 특징으로 한다.

학교경영은 학교의 제반 여건을 고려한 계획을 수립하고, 유효 적절한 기법을 활용하여 해결 가능한 방법을 선정한 후 구체적인 수행 계획을 수립하고 실천해 나가는 과정을 수반한다. 따라서 학교 업무의 전 분야에 걸쳐 장기적 안목하에 중기 · 장기 운영 계획 및 연차적 실행 계획을 수립, 그에 따른 운영 계획을 구체화해 학교가 운영되어야만 미래 지향적이고 발전적이며 합리적인 경영을 할 수 있다. 이를 위한 학교경영의 기법으로는 목표관리기법, 정보관리기법, 운영관리기법, 재정관리기법 등이 있다. 학교경영의 실제에 있어서는 교육과정 관리, 교직원 인사관리, 조직관리, 학부모 및 지역사회 관리 등 다방면에서 주의를 기울여 합리적이고 효과적으로 시행하여야 한다.

학교경영의 궁극적 목적은 훌륭한 학교를 만드는 데 있다. 이러한 학교는 지역사회 혹은 학교 특성에 맞춰 개별 학생의 교육적 요구를 최대한 충족시킬 수 있어야만 가능하다. 이러한 이상을 충족시키고자 하는 것이 교육의 분권화를 통한 교육자치이며, 이것은 각각의 단위학교에까지 자율의 원리가 적용되어야 한다는 것이 바로 자율적 학교(autonomous school) 경영의 시작이다. 훌륭한 학교경영을 위해서는 모든 학생의 학업성취 및 그 질 관리에 초점을 맞추고, 학교 및 교직원 스스로가 권한과 책임을 갖고 학부모 참여 및 지역사회 주민과의 긴밀한 협조 아래에서 자율적으로 학교경영을 해 나갈 수 있도록 자치와 자율성이 강조되어야 한다.

학급경영이란 학급 구성원이 의도하는 교육목적을 달성하기 위하여 진행되는 계획·조직·조정·통제와 관련되는 활동을 말한다. 학급은 학교경영의 최전선의 단위이며, 교수·학습의 기초 단위조직이다. 그러므로 학급경영에서는 학생들의 학습활동을 효율적으로 조장하기 위한 학급경영 계획의 수립, 학급 내의 각종 학생 동아리의 구성, 물적 조건의 관리, 학생 관리, 기타 학급 사무의 수행 등을 포함한다. 학급경영에서는 효율적인 수업이 이루어질 수 있도록 물적 조건을 정비하고, 학급 내에 일정한 질서를 유지하도록 학생들을 조정하며, 아울러 수업에 학생들이 자율적으로 집중할 수 있도록 돕는 것 등이 주요 과제다.

10. 교육행정

교육행정은 인간이 교육활동을 수행하면서 그 활동을 합리적으로 관리·운영하고 조직적으로 지원·발전시키려는 노력과 활동을 총칭하는 것이다. 따라서 교육행정은 단순하게 교육에 관계되는 조직을 관리·운영한다는 조직 관리의 측면뿐만 아니라 교육활동의 방향을 이끌고 그 발전을 도모한다는 활동 계획과 지도의 측면, 그리고 교육활동이 잘 이루어지도록 제반 조건들을 정비·지원하는 조건 정비 및 지원의 측면까지를 모두 포괄하는 종합적인 활동이라 할 수 있다. 이러한 이유로 우리는 앞에서 교육정책, 교육제도, 교육조직, 교육인사행정, 장학행정, 교육재정, 교육시설행정, 교육법, 학교·학급경영 등 아홉 가지 영역에 대하여 살펴보았다. 이 전체를 아우르는 것이 교육행정이라는 것이다. 교육행정은 이처럼 다양한 견해를 가지기 때문에 몇 가지 측면에서 교육행정의 정의를 종합적으로 살펴볼 필요가 있다.

첫째, 법규해석의 입장에서 교육행정을 일반 행정의 일부분으로 보고 일반 행정작용 중 교육 부분에 관한 행정을 교육행정으로 규정하는 견해다. 즉, 국가의 권력 작용 중에서 입법과 사법 작용을 제외한 행정 작용을 내무, 외무, 군사, 법무, 재무 등으로 구분하고 그중에서 교육에 대한 행정 작용을 교육행정이라고 정의하는 방법이다.

둘째, 기능론적 입장에서 교육행정을 교육활동에 관한 목표를 설정하고 그 달성을 위해 필요한 제반 인적·물적 조건들을 정비하고 확립하는 수단적 봉사활동으로 보는 견해다. 즉, 행정의 수단성을 강조하여 교육행정을 교육목표를 효과적으로 달성하기 위한 수단적 지원 및 봉사활동으로 정의하는 입장 이다.

셋째, 과정론적 입장에서 교육행정을 행정 과정에 초점을 두고 규정하려는 견해다. 즉, 계획의 수립부터 실천·평가에 이르는 행정의 전체 경로를 의미하는 행정과정에 초점을 두고 그 경로 속에서 이루어지는 행정작용의 구성요소를 찾아 그를 통해 교육행정을 정의하려는 입장을 말한다.

넷째, 행위론적 입장에서 교육행정을 조직 목적을 효율적으로 달성하기 위해 다른 사람들과 협동하는 행위로 보는 견해다. 즉, 행정을 합리성에 기초한 하나의 집단적 행위, 그중에서도 특히 목표 달성을 위한 협동 행위라고 보고 그러한 측면으로 교육행정을 규정하는 입장을 말한다.

이러한 교육행정에 대한 여러 가지 입장과 접근방식을 종합하면, 다원화되고 복잡해진 교육조직에서의 행정 행위와 그 작용을 다양한 관점과 각도에서 파악하고 여러 가지 접근방식과 견해들을 포괄함으로써 교육행정의 범위와 영역을 보다 확대하고 다원화할 필요가 있다. 이러한 입장에서 교육행정을 보면, 교육행정이란 사회적·공공적 ·조직적 활동으로서의 교육을 대상으로 하고 교육목표의 설정, 그 달성을 위한 인적·물적 및 기타 지원 조건의 정비 확립, 목표 달성을 위한 계획과 결정, 집행과 지도, 통제와 평가 등을 포함하는 일련의 봉사활동을 지칭하는 것이며, 교육조직체 내에서의 집단적 협동 행위를 위하여 효과적으로 지원하는 것을 본질로 하는 작용이라고 일반적으로 정의하고 있다.

◆ 읽을거리

 학생인권조례는 민주시민교육의 근간

관련 개념: 교육정책/아동권리협약

　　교육자치가 본격화하면서 때 이르게 학생인권조례가 사회적 쟁점으로 떠올랐다. 이른바 진보교육감들이 조례제정을 본격 추진하기도 전에 보수우익단체들이 '교권 침해' '학내 갈등 유발' 가능성 등을 들어 반대 목소리를 높이기 시작한 것이다. 학생인권조례를 이념 대결의 소재로 삼아 교육감들의 정책에 제동을 걸겠다는 뜻이다.

　　하지만 우리 아이들의 처지를 헤아리기나 하고서 반대 의견을 내놓는 것인지 묻고 싶다. 지금 우리 아이들은 아침밥도 제대로 먹지 못한 채 한밤중까지 과중한 학습부담에 시달리고 집단따돌림이나 학교폭력의 대상이 되기도 한다. 그렇다고 자신의 삶을 규율할 학칙 제정·개정 권한이나 사생활의 자유를 누릴 권한도 제대로 없다. 우리의 소중한 미래 세대를 이렇게 인권 사각지대에 방치한 채 '품격 있는 나라'나 '선진 한국'을 말할 수는 없다.

　　국내법과 국제협약 역시 학생(아동)의 인권 보장과 그에 필요한 입법·사법·행정 조처를 하도록 요구한다. 우리나라가 1991년에 가입한 유엔 아동권리협약은 아동을 단순한 보호 대상이 아닌 존엄성과 권리를 지닌 주체로 보도록 요구하고, 아동기본권을 보장하기 위해 입법·사법·행정적 조처를 하도록 의무화하고 있다. 우리나라 교육 기본법

제12조 또한 학생을 포함한 학습자의 기본적 인권을 보장해야 함을 명시하고 있다. 「초·중등교육법」 제18조도 학교의 설립자·경영자와 학교의 장은 「헌법」과 국제 인권조약에 명시된 학생의 인권을 보장해야 한다고 규정하고 있다.

김상곤 경기도교육감이 어제 도의회에 다시 제출하겠다고 밝힌 조례안은 학생들에게 차별과 폭력으로부터의 자유와 학습권, 사생활의 자유와 자치·참여의 권리 등을 부여하고, 교사·학생·학부모에게 인권교육과 연수 등을 실시하도록 규정했다. 학생인권과 교권은 대립 개념이 될 수 없다. 오히려 교육 3주체의 인권 감수성을 기르는 바탕이 될 인권조례는 민주시민교육의 근간이 될 것이다.

인권조례가 도입될 경우 학교 안 권위주의 문화도 변모할 수밖에 없다. 그 과정에서 보수세력이 우려하는 학교 현장의 갈등이 발생할 수도 있다. 따라서 인권조례를 도입하려는 각 시·도 교육감들은 교사나 학부모들이 권위주의를 극복할 수 있도록 지원해야 한다. 경기도와 서울에서 교권헌장을 함께 추진하는 것이 큰 의미가 있는 까닭이다.

출처: 한겨레신문, 2010. 7. 9.

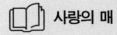 **사랑의 매**

관련 개념: 교육정책/교육제도

조선시대 서당에선 삭월(朔月)이 되면 회초리를 마련해 스승에게 갖다 바쳤다. 바로 '서당매' 풍습이다. 이 회초리로 종아리를 때리는 게 초달(楚撻) 또는 달초(撻楚)다. 단원 김홍도의 풍속도 '서당'에 그려진 그 모습이다. 학생이 스스로 가져간 회초리가 오랫동안 쓰이지 않으면 부모가 스승을 찾아가 초달이 없음을 섭섭해했다고 한다. 이처럼 스승이 회초리를 드는 체벌을 당연하게 받아들였던 게 우리네 전통적 관습이다. 율곡 이이도 교육사상을 담은 『학교모범(學校模範)』에 "잘못을 저지른 학생은 회초리로 종아리를 때리라."라고 적고 있다.

지금의 대학인 성균관에서조차 학생을 매로 다스렸다. 학칙에 해당하는 성균관 학령(學令)은 사실상 체벌 조항 일색이다. 그중 한 대목은 이렇다. 매일 명륜당에선 유생에게 전에 공부한 내용을 읽게 한다. 합격하지 못한 사람에겐 종아리를 매로 때리는 벌을 준다. 졸거나 산만해도 벌을 주고, 복습을 게을리하고 장기와 바둑, 사냥, 낚시 같은 유희를 즐겨도 벌을 준다. 이러니 과거(科擧)에 급제한 뛰어난 문장을 '삼십절초(三十折楚)' '오십절초(伍十折楚)'의 문장이라고 칭송할 만하다. 30자루, 50자루의 회초리가 꺾이는 초달을 겪고서 얻은 글이란 뜻이다.

서양의 체벌 역사는 고대 그리스까지 거슬러 올라간다. 당시 체벌과 교육은 분리될 수 없는 것이었다. 아리스토텔레스가 『정치학』에서 "고분고분하지 않은 아이는 수치스럽게 매를 맞아야 한다."고 했을 정도다. 로마인들도 학교에서의 체벌을 당연한 교육수단으로 여겼다. 중세로 넘어와서도 체벌은 엄했다. "매를 아끼면 아이를 망친다."라는 서양 속담은 이때 나왔다. 신학자 마틴 루터조차 "매는 좋은 아이를 만든다."고 설파했다. 그래서 영국은 19세기까지 매질(caning)을 교육제도로 보장했다. 체벌에 대한 부정적 시각과 함께 법률적으로 체벌을 금지하는 나라들이 많아진 건 1970년대 이후다.

서울시교육청이 2학기부터 각급 학교의 학생 체벌을 전면 금지키로 해 논란이 분분하다. 학생 인권을 존중하기 위해 필요하나 학생 지도가 어려워져 교실수업 파행이 우려된다는 반론도 만만찮다. 일부 교사의 '감정의 매' '미움의 매'는 분명 폭력이다. 학교에서의 폭력은 교육의 붕괴를 의미한다. 그렇다고 정당한 교육적 목적으로 행해지는 '사랑의 매'조차 부정해야 할까. 현대판 '서당매'가 아쉽다.

출처: 김남중, 2010. 7. 21.

대학생 복지 이전에 챙겨야 할 교육 소외지대

관련 개념: 교육재정/교육복지

빈민운동가 출신인 한나라당 강명순 의원은 "요즘은 가난한 엄마들이 아이를 키울 자신이 없어 신생아를 버리는 게 대한민국 빈곤층의 현실"이라고 전했다. 빈곤층 가정에 최소한의 생활 여건을 보장해 주는 일은 어느 나라나 복지정책에서 최우선적인 과제다. 우리 사회의 그늘진 곳과 교육 소외지대를 제쳐 두고 집권당이 '반값 등록금' 문제를 예산안에 반영하겠다고 서두르는 행태는 비판받아 마땅하다.

대학들은 우리나라의 고등교육비 국가지원 규모(국내총생산 대비 0.6%)를 지금보다 2배 늘려 경제협력개발기구(OECD)의 평균인 1%에 맞춰 반값 등록금을 실현하라고 요구한다. 국내 아동복지 예산의 경우 OECD 평균 수준에 맞추려면 현재의 1,700억 원(보건복지부 예산의 0.5%)에서 20배는 늘려야 할 만큼 훨씬 열악한 수준이다. '반값 등록금' 해결에 앞서 복지의 우선순위에 대해 보다 깊은 고민이 필요하다.

어느 빈곤층 가정의 초등학교 2학년 여자 어린이는 수업이 없는 토요일에 대해 "나는 학교 안 가는 날엔/먹을 것도 더 없는 날/……싫어도 싫어도 하는 수 없이/학교 가는 날만 기다려 봅니다."라고 썼다고 강 의원은 홈페이지에 소개했다. 집에선 밥 한 끼 먹을 수 없는 소외지역의 어린이들에게 점심이나 저녁을 주는 지역아동센터가 전국에 3,690개 있다. 여기서 열심히 공부한 고교생 22명이 지난해 대학에 합격해 등록 금 모금운동을 벌였는데도 모금액수는 2,000만 원 정도에 그쳤다.

한나라당이 어제 연 '등록금 부담 완화 국민 대토론회'에서 만난 한 관계자는 "대학생과 대학원생을 합치면 선거의 승패를 가를 수 있는 숫 자여서 이들을 외면하고는 선거에서 이길 수 없다."고 말했다. 한나라당 과 민주당 모두 281만 대학생 표에는 관심을 보이면서 표가 없는 빈곤 층 자녀들은 방치하고 있다.

공교육 개혁과 치밀한 복지를 통해 교육 소외지대에 있는 가난한 학 생들이 실력을 키워 대학에 진학할 수 있게 만들어 줘야 한다. "국민을 위한 복지제도를 만들어야지 표를 얻기 위한 복지제도를 만드는 정치 가 너무 싫다."는 강 의원의 호소는 우리 복지정책의 맹점을 정확히 꿰 뚫어 보고 있다.

출처: 동아일보, 2011. 6. 16.

 ## 위기의 교실, '만시지탄' 되지 않아야

관련 개념: 교육정책/학교·학급경영

얼마 전 한 학부모의 편지를 받았다. 초등학교에 새로 부임한 여선생 님이 5학년 교실 음악시간에 너무 무질서해서 한마디 했더니 한 아이가 리코더로 선생님을 때리려 했고, 그 여 선생님은 "네가 그걸로 때리면 경찰을 부를 수밖에 없다.”고 했다는 것이다. 이 일을 목격한 자녀에게 전해 듣고 개탄하는 내용이었다.

이렇듯 우리 학교는 지금 교육의 둑이 무너지느냐 마느냐의 갈림길에 서 있다. 학생 10명 중 6명이 초등학교 저학년부터 욕을 배우기 시작해 65%가 매일 욕을 하는 등 욕설이 습관화된 현실, 교사 10명 중 8명이 체벌금지 이후 생활지도 불응 학생이 증가하고 교내 질서가 붕괴됐다고 생각하는 상황에서 ‘올바른 교육, 훌륭한 선생님’을 기대한다는 것 자체가 연목구어(緣木求魚)가 아닐까 싶다. 현재의 교육 현실을 정확히 진단하고 학생 인권과 교권(敎權)의 조화 속에서 배우고 가르치는 학교의 본질을 찾지 않으면 선진국이 체벌을 법으로 금지한 이후 겪었던 교실붕괴 현상을 고스란히 답습해 수습이 어려운 지경에 이르게 되지 않을까 우려된다.

이러한 우려를 극복하기 위해서는 우선 교직사회 스스로 기존의 학생지도 방식에서 탈피하여 권위회복을 위한 노력이 필요하다. 학칙(學則)을 어기고 수업을 방해하는 학생이 늘어감에 따라 학생지도가 어려운 것은 분명하다. 그러나 한탄만 하고 잘못된 길을 가는 제자를 외면할 것이 아니라 시대 상황에 맞는 독창적인 학생지도방식을 만들고 이를 실천하는 자세가 필요하다.

그리고 교육당국은 학교 현실과 교사의 어려움을 외면해서는 안 된다. 교권 추락에 대한 적극적인 대책을 마련해 주지 않으면 교실붕괴 현상이 점점 심화된다. 단위 학교 구성원들이 스스로 논의해서 학생교육과 생활지도에 대한 교칙을 만들고 반드시 이를 지키게 하는 시스템 개혁이 가장 바람직한 방향이다.

또한 학교 내외에서 인권에 대한 바람직한 개념 정립도 필요하다. 물론 소중한 인격체인 학생의 인권은 보호돼야 한다. 그러나 학교는 인성(人性)을 함양하는 곳이고, 다른 학생과 교사의 권리를 위해서는 다소간의 인권제약 또한 필요하다. 인권은 무한대의 자유가 아니라 의무가 수반되는 쌍무적 관계라는 사실을 학생들에게 올바르게 교육시켜야 한다. 학교도 작은 사회라서 상(賞)과 벌(罰)이 존재한다는 인식을 갖게 해야 성인이 돼서도 남의 권리를 존중하고 자신의 책임을 다하는 민주시민이 될 수 있다.

　학교 교실이 제자리를 찾으려면 가정과 사회의 적극적인 협력이 절실하다. 학생교육의 두 축이 가정과 학교라는 점에서 학생의 인성교육에 있어 가정은 일차적 책임의식을 가져야 한다. 가정에서 귀하게만 자란 아이들이 교실에서 자기 권리만 내세우면 교실은 무너지게 된다. 「교육기본법」 개정을 통해 가정, 학교, 지역사회가 함께 학생교육에 대한 공동책임을 지게 하자는 주장의 근거가 여기에 있다.

　교사는 학생을 사랑하고 열정과 전문성으로 교육에 임할 의무가 있다. 더불어 교사가 학생교육을 위해 국가와 국민으로부터 받은 책임을 다할 수 있도록 교권을 보호해야 한다. 학생의 인권과 교사의 교권이 조화될 수 있는 방법을 모색하지 않을 경우 우리도 선진국처럼 큰 시행착오와 교육적 폐해를 경험한 후 이를 바로잡기 위해 몇 배의 사회적 부담을 감수하며 '만시지탄(晩時之歎)'을 외치게 될 것이다.

출처: 안양옥, 2011. 10. 21.

참고문헌

강영삼, 이윤식, 조병호, 주삼환, 진동섭(1996). **교육행정학전문서5, 장학론**. 충북: 한국교육행정학회.

강인수, 박재윤, 안규철, 안기성, 정태수, 표시열(1996). **교육행정학전문서8, 교육법론**. 충북: 한국교육행정학회.

김남중(2010. 7. 21.). 사랑의 매. 중앙일보.

김신복, 김명한, 김종철, 백현기, 윤형원(1996). **교육행정학전문서1, 교육정책론**. 충북: 한국교육행정학회.

남정걸, 김창걸, 왕기항, 윤종건, 이군현, 이형행(1996). **교육행정학전문서3, 교육조직론**. 충북: 한국교육행정학회.

노종희, 강무섭, 신재철, 정진환, 최희선(1996). **교육행정학전문서2, 교육제도론**. 충북: 한국교육행정학회.

대학생 복지 이전에 챙겨야 할 교육 소외지대(2011. 6. 16.). 동아일보.

서울대학교 교육연구소 편(1998). **교육학대백과사전**. 서울: 하우동설.

서정화, 김만기, 송광용, 송미섭, 신철순(1996). **교육행정학전문서4, 교육인사행정론**. 충북: 한국교육행정학회.

신중식, 김영철, 석진복, 유향산, 한은숙(1996). **교육행정학전문서7, 교육시설행정론**. 충북: 한국교육행정학회.

안양옥(2011. 10. 21.). 위기의 교실, '만시지탄' 되지 않아야. 조선일보.

윤정일, 곽영우, 김윤태, 김재범, 김태완, 최청일(1996). **교육행정학전문서6, 교육재정론**. 충북: 한국교육행정학회.

정태범, 문낙진, 박병량, 박종렬, 이순형(1996). **교육행정학전문서9, 학교·학급경영론**. 충북: 한국교육행정학회.

학생인권조례는 민주시민교육의 근간(2010. 7. 9.). 한겨레신문.

나는 어떤 교사가 될 것인가

-교사론-

나는 어떤 교사가 될 것인가
-교사론-

교사론에서 우선 논의해야 할 것은 교사에 대한 정의다. 가르치는 일을 업으로 삼는 사람은 모두 교사인가, 즉 학원의 상업적 교육에 종사하는 강사나 원장, 수영이나 테니스 코치도 가르치는 일을 하고 있지만 교사의 범주에 속하지는 않는다. 또 직업은 아니지만 태어나서부터 죽을 때까지 자식을 기르는 부모역시 평생을 가르치지만 교사라고 하지는 않는다. 이 책에서 교사란 「교육기본법」 및 하위 법령이 규정하고 있는 정규 교육제도하에서의 학교인 유치원, 초등학교 및 중·고등학교 교사로 한정한다. 대학교수는 교사라고 할 수도 있지만 교육·연구·봉사의 업무 중에서 연구의 성격이 매우 강한 경우가 많고, 학생과의 관계에 있어 교사와는 조금 다른 특성을 지닌다. 가르치는 사람이기는 하지만 전문적 영역에서의 연구와 봉사의 성격이 교사와는 달리 매우 강하므로 대학교수는 교사의 범주에서 제외하였다. 즉, 이 책에서 교사라 함은 법률이 정하는 정규 학제의 유치원, 초등학교 및 중·고등학교에 근무하는 교사들을 의미한다.

교육의 아버지라 추앙받는 페스탈로치(Pestalozzi)에게 교사들이 물었다. "선생님, 어떻게 하면 잘 가르칠 수 있나요? 훌륭한 교사가 되는 방법을 알려주세요." 이에 대한 페스탈로치의 대답은 단 한마디였다. "아이들을 죽도록 사랑하라, 그러면 방법은 저절로 생길 것이다." 훌륭하고 추앙받는 교사가 되는 것은 교사가 추구하는 가장 궁극적인 목표일 것이다. 교사에게 있어서 '나는 어떤 교사가 될 것인가?' 또는 '나는 어떤 교사인가?' 하고 스스로 되돌아보는 것은 평생 가지고 가야 할 화두와 같은 것이다. 이 장에서는 교사에 관해 논의하고자 한다. 여러 교육학개론의 교사론 부분에서 강조하는 부분이 대체로 비슷하여서, 윤정일 등의 『신교육의 이해』(2002), 성태제 등의 『최신 교육학개론』(2012) 및 김경희 등의 『교육학개론』(2009) 등 세 권의 저서에서 교사론 부분을 참고하고 인용하였다.

1. 교사는 가장 훌륭한 전문가의 하나다

역사적으로 교사가 존경받지 않은 시기는 없었다. 동서양을 막론하고 교사는 가장 성스럽고 존경받는 자리였다. 직업이 아니라 명예로운 권위였다. 의사는 병들고 상처받은 사람들을 치료해 주는 전문가이고, 판사는 법과 사회정의에 따라 죄 지은 자를 벌 주기 위한 판단을 내리는 전문가다. 교사는 유아와 아동을 잘 이끌어 한 사회의 문화를 전수하고 사회화하여서 그 사회에 잘 적응하여 살아갈 수 있도록 도와주는 전문가다. 병들어 아픈 사람을 대하는 것도 아니고, 법규를 어긴 범죄자를 대하는 것도 아닌, 순수하고 깨끗한 영혼들을 삶의 장으로 이끌어 주는 이 교사라는 직업을 누가 의사나 판사보다 못하다고 할 수 있을 것인가.

현대에 들면서 교직의 본질과 성격을 설명하고 이해함에 있어서 성직관, 노동직관, 전문직관으로 나누어 설명하는 경향이 있다.

첫째, 성직관은 교직을 세속적인 직업과 달리 성직으로 보는 관점이다. 즉, 교사가 하는 일은 신부, 목사, 승려와 같은 성직자가 하는 일과 성격상 같다는 입장이다. 인간은 육체와 영혼의 두 가지 요소로 구성되어 있으므로 육체를 단련시키기 위한 운동처럼 영혼을 단련시키는 데에는 교육이 필요하다고 본 것이다. 이 관점에서 보면 교사는 이상적이고 도덕적 권위로서의 위치다. 교사는 높은 도덕성을 유지하면서 사랑과 헌신 및 희생과 봉사로서 학생들을 인격적으로 성숙시키는 활동에 전념하도록 요구된다.

둘째, 노동직관은 교사도 정신노동자로서 학교라는 직장에 고용되어 일하는 대가로 보수를 받아 유지하므로 일반 노동자와 동일하다고 보는 것이다. 국공립학교는 국가나 지방자치단체가, 사립학교는 사학법인이 사용자이고 교사는 노동자의 입장에 선다. 이런 입장에서 교사노조의 당위성이 강조된다. 교사는 교육노동자라는 관점에서 노동조건에 관심을 갖는다. 따라서 교직의 경제적 측면이 강조되며, 성직관에서와 같이 소명의식, 헌신, 사랑, 희생, 봉사, 도덕성 등의 규범이 절대적으로 작용하지는 않는다. 교직은 세속적이고 실제적인 직업이라는 관점이다.

셋째, 전문직관은 오늘날 일반적으로 받아들여지는 관점으로서 교직이 전문적 지식과 기술을 토대로 정신적 봉사활동을 위주로 하는 직업으로서 국가와 사회가 인정하는 엄격한 자격을 소유한 사람만 종사할 수 있는 직업이다. 교사는 국민으로부터 부여받은 교육자의 책무를 다하기 위해 최선을 다하며, 교육자의 품성과 언행이 학생들의 인격을 좌우하며 사회 전반의 윤리적 지표가 된다는 사실을 인식하고 사회적 윤리성과 직업적 전문성을 잘 유지해 나가야 함을 강조한다.

현실적 측면에서 볼 때 이 세 관점은 서로 배타적이라기보다는 상호 관련성 속에서 존재한다고 보아야 할 것이다. 교직의 전문성은 강조되어야 할 부분이며, 현실적 입장에서 교육노동자라는 측면도 고려되어야 한다. 아울러 가장 오래된 훌륭한 위치로서의 성직관적 교사상도 이어져 나가야 할 것이다. 결론적으로, 교사가 해야 하는 교육적 역할이 의사가 해야 하는 질병의 치료보다 중요하지 않다고 말할 수 없다는 것이다. 자본주의가 심화되면서 사회의 가치가 재산이나 지위 등의 경제적인 면에 치중된다 할지라도 교사는 가장 훌륭한 전문가 중 하나이며 존경받아 마땅한 직업이라는 것을 잊지 말아야 할 것이다.

2. 교사가 되기 위해서는 여러 준비가 필요하다

한 나라의 교육의 질은 교사의 질을 넘지 못한다. 교육의 질은 그 나라의 수준을 결정할 것이므로 교사의 질이 얼마나 중요한가를 말해 주고 있다. 그러므로 각 나라는 그 나라의 교육을 책임지고 있는 교사양성 방법 및 그 수준에 큰 비중을 두고 다루고 있다. 우리나라도 고등학교 수준의 사범학교에서 양성하던 초등학교 교사를 초급 대학 수준으로, 그 후 4년제 대학으로 승격하여 발전시키고 있다. 특히 중·고등학교 교육을 담당하는 중등학교의 경우, 국립 사범대학 졸업생의 의무 배치가 위헌으로 결정된 이후 중등교사 임용을 위한 시험제도가 사법고시나 행정고시만큼 어렵고 힘들다는 이유로 임용고시로 불릴만큼 사범계열 대학 졸업생 중에서도 뛰어난 인재들만 임용시험 합격 후 현장교사로 배치되고 있다.

의사의 의료 활동에 높은 수준의 지식과 훈련이 필요한 것처럼 교사가 교육활동을 하기 위해서는 교사 역시 높은 수준의 전문적인 기술과 지식이 필요하다. 교사는 자신이 가르치는 전공 학문 영역에서의 전문적 지식과 기술 이외에 철학, 심리학, 사회학과 같은 인간 및 사회 이해에 기본적으로 필요한 학문에 대한 지식도 요구된다. 이러한 전문직으로서의 교사 업무를 효율적으로 수행하기 위해서는 장기간의 교육과 훈련이 요구되며, 교사가 된 후에도 계속적인 정기 연수와 학습이 요청되는 것이다. 그리고 무엇보다도 교사에게는 본질적으로 인간과 사회에 대한 봉사와 희생의 정신이 강조된다. 사회에서 높은 지위와 존경을 보장받고 보호의 대상이 되지만, 이와 아울러서 매우 높은 수준의 윤리성과 도덕성이 요구된다. 교사로서의 자율성과 권리가 보장되는 한편 사회적 책무성에 대한 부담이 항상 따르게 된다.

전문가로서의 교사가 되기 위해서는 오랫동안의 교육과 훈련이 요구된다. 교육전문가로서 학습해야 할 범위가 매우 넓고 다양한데, 이를 세 가지로 구분하여 설명하면 다음과 같다.

첫째, 가르치는 방법과 기술에 관한 영역이다. 전문교사는 가르치는 방법과 기술에 관한 전문가적인 다양한 방법을 학습해야 한다. 훌륭한 과학자가 연구와 그 업적에는 매우 뛰어나다 할지라도 그것을 학생들에게 가르치는 데에는 매우 어려울 수 있다. 어떻게 가르쳐야 하는가에 대한 지식과 기술이 부족하기 때문이다. 그러므로 교사는 교수·학습에 관한 기초지식으로서의 교육심리학에서부터 시작하여 고도의 효과적인 기법까지 학습해서 그 지식과 기술을 몸에 익혀야 한다. 잘 알 뿐만 아니라 잘 가르쳐야 한다는 것이다.

둘째, 교과목에 관한 전문지식에 관한 영역이다. 수학교사라면 수학이라는 학문에 대한 전문적인 지식이 있어야 함은 당연하다. 영어교사라면 영어라는 언어에 대한 이론과 실제에 능통해야 한다. 유아교사라면 유아에 대한 전문지식과 접근방법에 대하여 전문적으로 학습해야 할 것이다. 전문교사란 전문가적인 지식과 기술 그리고 전문가적 정신을 가진 교사이며, 이런 교사는 교육에서 의도하는 목표를 효과적으로 성취시키는 유능한 교사로 평가된다.

셋째, 인간행동발달과 학습에 관한 지식의 영역이다. 인간의 각 발달단계마다 해결해야 할 과제가 있는데, 이것이 발달과업이다. 인간의 행동발달에 따른 심리적 단계와 발달과업에 대한 지식은 각 아동의 각 단계별 교육을 책임지는 교사들에게 필수적으로 갖추어야 할 기본적 지식이다. 교육은 인간을 대상으로 하며 인간행동의 바람직한 형성이나 변화를 목표로 의도적이고 계획적으로 활동하는 것을 말한다. 그러므로 교사는 자신이 담당할 학생들의 발달단계에 따른 인지적·정의적·심체적 영역의 특성에 대한 지식을 갖추고 있어야 한다. 그리고 단계별 학습에 대한 여러 가지 원리와 방법에 관한 지식 및 교수법에 대하여 능통하여야 한다.

3. 교사의 권리와 의무

교육권에는 가르치는 자의 권리와 배우는 자의 권리가 있다. 이 중 가르치는 자의 권리는 교사의 권리로서 법적으로 보장받는다. 교사의 권리는 대체로 교육내용 및 방법론의 결정권과 관련되어 출발한다. 구체적으로 표현하면, 학교교육에 있어서 교육과정의 편성권, 교재의 채택과 선정권, 교수내용의 재조직권, 교육방법의 결정권, 학생평가의 권한과 징계권, 전문성 향상을 위한 연구 및 연수 참여의 권리 등을 들 수 있다.

교사들이 갖는 적극적 권리를 살펴보면 다음과 같다.

첫째, 자율성의 보장이다. 교직이 전문직으로서의 직능 발휘와 업무 수행을 하기 위해서는 그 전제조건으로 자율성의 보장이 요구된다. 교육전문가들에게 있어서 자율성이란 교수와 학문 연구에 있어서의 자유를 누리도록 허용되어야 함을 의미한다. 또한 교육현장에서 교사가 학생들을 바람직한 인간 형성을 할 수 있도록 도와주기 위해서는 그 활동이 자유로워야 하며, 창의적으로 업무 수행을 할 수 있도록 보장되어야 한다.

둘째, 생활보장이다. 생활보장은 교원이 안정된 기반 위에서 가르치는 일에 몰두할 수 있는 여건을 마련해 주어야 함을 의미한다.

셋째, 근무조건 개선이다. 우리나라 교원들은 주당 업무 시수의 과다, 지나친 잡무 등에 시달려 본연의 업무보다는 교육 이외의 업무에 더 많은 시간과 노력을 할애한다. 근무조건 개선이란 교원이 교육활동에만 전념할 수 있도록 보장받아야 할 권리인데, 아직도 많은 장애가 있는 상황이지만 꾸준히 개선해야 할 권리다.

넷째, 복지후생제도의 확충이다. 복지후생제도란 교사가 가르치는 일에 전념할 수 있도록 교직의 유인 구조를 개선하고 각종 부가 혜택을 확충하는 것이다. 연금제도의 개선 및 확충 등이 이에 속하는 권리다.

다섯째, 불체포 특권이다. 교원은 현행범인 경우를 제외하고는 소속 학교장의 동의 없이 학원 안에서 체포되지 않는다는 규정이다. 교원에게 이러한 특권을 인정하는 것은 학원의 자유를 보장하고 교원으로 하여금 교육 및 연구에서 권력기관의 부당한 압력을 배제한다는 의미를 가진다.

여섯째, 교원단체 활동권이다. 교사는 교사의 권리를 확보하고 교사로서의 직업을 효과적으로 수행하기 위한 단체활동을 할 수 있는 권리를 가진다. 교원들은 단체를 조직하고 운영하여 교원 상호 간의 유대 강화, 복지 향상, 교권 침해 방지, 자질 향상 등의 공동 목표를 추구할 수 있다.

이러한 교원으로서 누릴 수 있는 권리와 함께 교원에게는 지켜야 할 법적·사회적 의무가 있다. 우선 법적인 의무로서 이를 소극적 의무라고 하는데, 첫째, 정치활동의 금지로서, 이는 학생을 직접 지도하는 위치에 있음을 기회로 특정 정당을 지지하거나 반대하기 위해 학생들을 잘못 지도할 우려를 없애기 위한 조치다. 둘째, 집단행위의 제한으로서, 법률이 정하는 조항 이외의 집단행위를 규제한다. 셋째, 영리업무 및 겸직 금지로서, 공무 이외의 영리를 목적으로 하는 사업에 종사하지 못하며 소속 학교장의 허가 없이 다른 직무를 겸할 수 없도록 하고 있다. 이 모든 것이 간접적으로 교육의 업무에만 전념할 수 있도록 하는 의무규정이다. 이보다는 보다 더 직접적으로 교육에 봉사하게 하는 의무가 있는데, 교육 및 연구 활동의 의무, 선서·성실·복종의 의무, 교원으로서의 품위 유지의 의무, 비밀 엄수의 의무 등이 그것이다. 이는 교사들이 교육과 직접적으로 관계된 업무에 대한 적극적 참여를 요구하는 의무다.

4. 세상에는 어떤 교사들이 있을까

교사는 자유가 보장되는 다양한 특성을 지니는 집단이므로 교사의 종류는 아마도 교사 전체의 수와 같아야 할 것이다. 하지만 가르치는 일을 업으로 하는 교사는 대체로 몇 가지의 특성으로 구분하는 것이 가능하다.

첫째가 좋은 교사와 나쁜 교사다. 참 편리한 구분 방식이기는 하지만 좋다, 나쁘다의 의미가 애매하며, 개념의 외연이 너무 넓기 때문에 자의적 해석이 사용될 여지가 많다. 하지만 학생이나 학부모 및 동료 교사 간에는 흔히 쓰는 용어이기도 하다. 이 의미에는 반드시 지식이 많아 잘 가르친다거나, 유능하다거나 하는 개념보다는 도덕성이나 인성을 의미하는 경우가 많다. 그러므로 좋은 교사와 나쁜 교사를 가르는 원칙의 중심에는 도덕성이나 인격의 차원이 그 기준이 될 것이다. 애매하지만 현실에서는 가장 많이 사용되는 구분이기도 하다.

둘째는 우수한 교사와 열등한 교사다. 이는 주로 능력적 차원에서의 입장이다. 즉, 교사가 가르치는 전문적인 지식과 기술을 포함한 교사의 직업적 능력이 우수한가, 그렇지 않은가에 따라 유능한 교사와 무능한 교사라고 구분한다는 것이다. 이 역시 현실에서는 잘 사용하는 용어이고, 좋은 교사와 나쁜 교사를 구분하는 것보다는 기준이 비교적 확실하다는 특징이 있지만 여전히 모호한 부분이 많다.

이처럼 좋은 교사와 나쁜 교사, 유능한 교사와 무능한 교사로 일반적으로 분류하기는 하지만 그 기준이 모호하다는 입장에서 등장한 용어가 효과적인 교사다. 효과적인 교사란 의도하는 학습의 성과를 효과적으로 낼 수 있는 교사이면서 도덕성과 인성을 갖춘 경우를 말한다. 그러므로 효과적인 교사란 좋은 교사의 이미지와 우수한 교사의 이미지에 대한 장점을 동시에 갖춘 교사이며, 특히 의도한 목적을 성취한다는 분명한 활동 경로가 있는 경우를 말한다. 잘 가르칠 뿐만 아니라, 잘 가르치는 방법을 알고 있고, 그 방법을 인간적 측면에서 접근하는 교사라면 이 사회가 충분히 인정하는 좋은 교사, 우수한 교사를 포괄하는 효과적인 교사라 할 수 있을 것이다. 가장 효과적인 교사와 가장 비효과적인 교사라는 수직선 사이에 모든 교사가 존재한다고 보아도 무방할 것이다.

효과적인 교사를 성격적 차원에서 그 특성을 열거하면, 공정성, 민주적, 반응적, 이해력, 친절, 자극적, 독창적, 침착, 매력적, 책임감, 엄격, 균형적, 신념 등을 가진 교사다. 한편 비효과적인 교사의 성격적 특성은, 편파적, 독재적, 냉담, 규제적, 딱딱, 우둔, 정형적, 무관심, 비인상적, 변덕, 도피적, 흥분, 불확실 등을 그 주요 특징으로 꼽을 수 있다. 효과적인 교사가 되고자 하는 사람은 효과적인 성격을 갖도록 노력하는 것도 중요하지만 그것보다는 자기 성격에 내재되어 있는 비효과적인 교사의 성격을 몰아내거나 줄이려는 노력과 시도가 중요할 것이다.

5. 나는 이런 교사가 될 것이다: 교사 후보생들의 현실적 의견

그러면 대학교의 교사양성과정에서 교사가 되기 위해 학습하고 있는 학생들의 교사관은 어떨까. 현실적으로 어떤 교사가 되고 싶어 할까. 실제 교사훈련을 받는 학생들의 생생한 대답이 듣고 싶었다. 맞고 틀리고가 아니라 실제로 어떤 생각을 하고 있는가를 보려고 했다. 이를 위해서 저자가 강의하는 사범계열 학과 학생들에게 물었다. 구체적인 대상은 1학년 1학기에 저자에게 '교육학개론'을 수강하고 2년이 지나 3학년 2학기가 된 학생들이다. 질문은 매우 간단하게 '생각할 거리: 나는 어떤 교사가 될 것인가'였고, 자신의 전공 영역의 교사가 아니라 일반적 교사의 입장에서 답변하라고 주문하였다. 일주일간의 시간을 주고 회수했는데 응답 방법은 '오래 고민하고 한 줄로 표현하기'였다. 이 중에서 중복되는 문장을 제외하고, 문장이 안 되는 것도 제외하고, 종교적인 색채가 있는 문장 등을 제외하는 등의 자료 정리(data cleaning)를 거쳐 총 4개 클래스, 110명의 수강학생 중 99명의 응답자 중에서 30개의 문장을 전혀 고치지 않고 그대로 제시하였다. 동료 학생들의 의견이 참고가 되기 바란다.

• 사랑을 전달하는 열린 교사가 될 것입니다.

- 나는 일관성 있는 교사가 될 것이다.
- 나는 성장하는 교사가 될 것이다.
- 나는 가정 연계교육과 인성교육을 중요한 교육목표로 삼는 교사가 될 것이다.
- 나는 학생들의 입장에 서서 학생들의 입장을 이해하는 교사가 될 것이다.
- 나는 현실 가능한 교사가 될 것이다.
- 나는 잔소리하는 교사는 되지 않을 것이다.
- 수용적인 교사가 되고 싶습니다.
- 나는 유능한 교사가 될 것이다.
- 내 것을 나눠 주는 교사가 될 것이다.
- 나는 실력, 솔선수범, 철학을 갖춘 교사가 될 것이다.
- 차별하지 않는 교사가 될 것이다.
- 교사는 언어, 태도, 인성 등 가르침을 받는 사람에게 모범이 되어야 한다.
- 아이들의 성장 가능성을 발견하고 유지, 극대화하도록 도와주는 교사가 될 것이다.
- 나는 항상 밝은 미소를 지어 주는 따뜻한 교사가 될 것입니다.
- 친구 같은 교사가 될 것이다.
- 나는 경청하고 대화하는 교사가 될 것이다.
- 학생에게 트라우마를 남기지 않는 교사
- 나는 편견을 가지고 차별하지 않는 교사가 되겠습니다.
- 내 기분대로 학습자를 대하는 교사는 되지 않을 것이다.
- 나는 어디에든 꼭 맞는 교사가 될 것이다.
- 밝고 에너지 넘치는 교사가 될 것이다.
- 일관된 교육 방향으로 지속적으로 공부할 것이며 생각하는 교사가 되겠다.
- 학생들의 교육적 욕구를 충족시켜 줄 수 있는 교사가 될 것이다.
- 나는 밝은 교실을 만들 수 있는 교사가 될 것이다.

236

- 이해하고 기다리는 교사
- 이유 있는 행동을 하는 교사가 될 것이다.
- 학생들의 의견을 수용하고 배려하며 능력 향상을 위해 도와주는 교사
- 사랑받는 교사(학생, 동료 교사, 학부모 모두에게)
- "하지 마라." 하지 않는, 같이 놀고 같이 생각할 줄 아는 교사

6. 바람직한 교사: 생각하는 교사가 되자

교사가 되려는 사람이라면 누구나 좋은 교사, 유능한 교사, 효과적인 교사가 되고 싶은 것은 당연하다. 지금도 현장에서 고생하는 많은 교사의 지향점이기도 하다. 통속적 교육의 실패작이었던 아인슈타인은 현실적 교육제도에 불만이 많았다. 학교제도를 비판했지만 약간의 희망을 가지고 있었는데, 그것은 교사를 향한 것이었다. 이러한 교육에 대한 최소한의 낙관은 교사에 대한 신뢰로부터 나왔다. 독재적이거나 관료적인 국가로부터 학생들을 지킬 수 있다는 일관된 신념이었다. 그래서 아인슈타인은 늘 교사에게 힘을 주자고 외쳤다. 많은 교사가 아인슈타인에게 편지를 받았고, 그 결과 일관된 신념을 유지할 수 있게 되었다(이상헌, 2015: 194~197).

일관된 신념이나 철학을 가져야 한다는 주장에 전적으로 동의한다. 아이가 넘어졌을 때, 그 아이를 얼른 일으켜 주는 것이 좋을까, 아니면 스스로 일어날 수 있게 시간을 주는 것이 옳을까. 이때 옳고 그름의 문제보다 더 중요한 것은 일관된 생각에 의한 행동이다. 어떤 때에는 일으켜 주고, 또 어떤 때에는 도와주지 않는 것이 아니라 늘 일관되게 행동하라는 것이다. 이 일관된 행동은 교사의 생각, 즉 교육철학으로부터 나온다. 일관된 교육철학을 가지고 실천에 임하는 교사라면 이 사회 모두가 신뢰를 보낼 것이다. 교사들은 교육현장에서 늘 크고 작은 정책적 기로에 서게 된다. 쉬운 결정은 하나도 없다. 이러한 기로에

서 망설임 없이 일관된 방향으로 결정을 하는 것은 쉽지 않은 일이다. 이를 위해 교사들은 자신의 전공과 교육학뿐만 아니라 인문학 등에 대한 학습도 충분히 소화해야 한다.

늘 공부하고 생각하는 교사, 자신만의 오롯한 생각, 즉 교육에 대한 철학이 확고한 교사는 늘 일관되게 판단하고 결정할 것이다. 바람직한 교사는 늘 생각하는 교사다. 이러한 생각하는 교사에게 이 사회는 갈채와 신뢰를 보낼 것이다. 이처럼 교사는 다양한 철학적 관점에 대하여 연구하고 학습해야 한다. 그 이유를 간단히 들자면, 첫째, 교육의 여러 가지 문제의 성격을 분명히 할 수 있기 때문이다. 복잡해지는 사회에서 다양한 문제의 해결을 위해 명확히 문제의 핵심을 밝히는 데에는 교사의 생각이 필수적이다. 둘째, 다양한 철학적 사고는 다양한 해결방안을 제공한다. 특정 분야에 대한 특정한 답이 아니라 커다란 철학적 체제 내에서의 일관된 생각이 다양한 사회에서 일관된 판단을 내릴 수 있게 할 것이다. 셋째, 교육철학을 공부하고 교육에 대한 생각을 스스로 정리함으로써 교육에 관한 교사 스스로의 사고체계와 신념을 명확하게 해 줄 것이다. 넷째, 이렇게 공부하면서 생각하고 철학하는 교사들의 탐구생활은 교사들의 교육과 사회 전반에 대한 관점을 발전시켜 줄 것이다.

인간의 바람직한 성장을 담당하며 학습자를 늘 옆에서 도와주는 교사들은 건전하고 다양한 교육에 대한 철학을 가지고 있어야 하며, 이러한 교사들의 일관된 생각덩어리는 늘 일관된 교육적 행동으로 나타나게 될 것이다.

◆ 읽을거리

 좋은 선생님의 첫째 조건 '책임감'

관련 개념: 좋은 교사의 조건

새 학기를 맞는 부모에게 아이의 선생님이 어떤 분이 될지는 큰 관심 거리다. 어떤 선생님이든 아이들은 그 선생님에게서 자신에게 필요한 부분을 흡수한다. 건강한 아이들은 스스로 자라는 힘이 크기에 교사에게 아주 심각한 문제가 있지 않는 한 어려움이 크지 않다.

반면 아이의 발달이 뒤처지거나, 정서적인 어려움을 겪는 경우 교사의 영향은 결정적이다. 실제로 상담실에서 만나는 많은 아이들은 어떤 담임선생님을 만나느냐에 따라 한 해의 운명이 결정된다고 해도 틀리지 않다.

다행인 점은 부모님들의 걱정과는 달리 공교육의 교사 수준은 높은 편이다. 어떤 교사를 만날지 염려하는 부모님들 중 열이면 여덟 정도는 특별한 불만을 갖지 않는다. 미리 크게 걱정할 필요는 없다는 이야기다.

우리나라에서 교사가 되려면 매우 어려운 경쟁을 통과해야 하기에 교사들이 좋은 자질을 가지고 있을 가능성은 높다. 그럼에도 공교육에 대한 불신이 높은 이유는 무엇일까?

여러 이유가 있겠지만 가장 중요한 것 중 하나가 책임지는 자세의 부족이다. 부모가 자녀를 돌볼 수 있는 힘은 아이들을 책임지겠다는 부모의 마음에서 나온다. 좋은 의사 역시 환자를 책임지겠다는 마음을 갖는 의사다.

교사 역시 마찬가지다. 사람과 사람이 만나서 변화를 이끌어 내려면 상대방이 자신을 깊게 믿을 수 있도록 해야 한다. 깊은 믿음을 만들려면 '너의 어려움을 돌봐 주고, 너를 도와서 반드시 발전할 수 있게 하겠다.'는 마음가짐이 필요하다. 먼저 책임을 지려고 할 때 아이들은 믿음으로 화답한다. 그러한 믿음을 기반으로 교사는 아이가 자신의 과거를 넘어서서 새로운 변화를 이루도록 유도할 수 있다. 책임지는 교사는 아이를 깊게 이해하려 하며 포기하지 않고 여러 시도를 한다. 성격이야 무서울 수도, 부드러울 수도 있지만 무엇보다 아이의 마음을 변화시키는 데 관심이 있다. 이런 선생님을 만난다면 참 좋은 선생님을 만난 것이다.

사회 문화의 변화에다 제도적인 어려움까지 더해 요즘의 교사들은 깊은 책임감을 갖기가 쉽지 않은 듯하다. 그 결과로 부모들은 사교육에 의존하고, 아이들은 학원 선생님을 더 존경한다. 정서적인 어려움을 겪는 아이들을 잘 치료하려면 교사의 도움이 필요하지만 부모들은 아이가 병이 있다는 것을 교사에게 숨긴다. 이야기해 봐야 도움을 받기보다는 불이익을 받지 않을까 염려한다. 어떤 좋은 정책도 불신의 바탕 위에서는 왜곡될 수밖에 없다.

어떻게 책임지는 자세를 만들 것인가? 교사들이 아이의 운명을 책임지고 있음을 느끼고, 아이들에게 더 헌신할 수 있는 조건은 어떤 것일까? 복잡한 교육정책보다 우리의 선생님들이 좋은 선생님이 될 수 있도록 하는 것이 가장 먼저 고민할 내용이다.

출처: 서천석, 2008. 3. 4.

교육의 성패는 교사개혁에 달렸다

관련 개념: 교사의 질, 교육의 수준

교육의 질은 교사의 질을 넘지 못하는 법이다. '빌 앤드 멀린다 게이츠 재단'을 설립해 미국 교육 살리기에 앞장서 온 마이크로소프트(MS) 창업자 빌 게이츠가 '선생님 개혁'에 나선 것도 그래서다. 게이츠는 엊그제 "훌륭한 교사와 무능한 교사가 내는 교육적 차이는 놀랄 정도로 크다."고 강조했다. 교사의 능력·열정을 높이는 교사개혁이 교육의 성패를 좌우한다는 것이다.

결코 남의 얘기가 아니다. 우리도 교사개혁이 지지부진해서는 공교육 실패의 수렁에서 헤어나기 어렵다. 교사들이 먼저 교육자로서의 사명감과 열정을 갖고 전문성을 높이는 노력을 기울여야 한다. 교육당국도 교사의 질 향상에 온 힘을 쏟아야 한다. 게이츠의 구상처럼 좋은 교육방법을 전파해 교사의 교실수업 능력을 향상시키는 것이 한 방안이 될 수 있다. 부산 지역 우수 교사들이 펼치는 '인터넷 릴레이 공개수업'이 좋은 예다. 부산교육연구정보원 홈페이지(부산에듀넷)에는 수업연구 발표대회에서 1등급을 받은 교사들의 수업 동영상이 올라 있어 다른 교사들이 앞다퉈 벤치마킹을 한다. 교사들의 수업능력 개선 의욕을 자극하고, 실질적 도움이 된다는 점에서 바람직한 모델이 아닐 수 없다.

근본적으로는 교원평가를 통해 교사 능력을 개발하고, 무능 교사는 걸러 낼 수 있어야 한다. 현재 국회에 계류 중인 교원평가제는 반쪽짜리가 될 처지다. 당초 당정은 평가 결과를 인사와 연계시키는 법안을 발의했지만 전교조와 야당의 반발에 밀려 뒤로 물러섰기 때문이다. 이런 무늬만 교원평가제로는 취지를 제대로 살리지 못한다. 교사의 질을 높여 교육을 바로 세우려면 제대로 된 교원평가제 도입부터 서둘러야 한다.

출처: 중앙일보, 2009. 2. 2.

 교 사

관련 개념: 스승이란 무엇인가

　스승을 일컫는 한자는 사(師)다. 당(唐) 문단의 거봉(巨峰) 한유(韓愈)
는 스승이라는 존재를 "진리를 전하고, 학업을 가르치며, 의혹을 푸는
(傳道授業解惑)" 사람이라고 정의했다. 요즘 한국에서는 선생(先生)이라
고 호칭하는 경우가 더 많다. 『논어(論語)』에서 '선생과 제자(弟子)'를
함께 사용해 그 단초를 만들었지만, 원래의 뜻은 다르다. 여기서 선생
은 '연장자', 제자는 '나이 어린 사람'이다. 『맹자(孟子)』에 와서는 '존경
받는 어른'의 뜻으로 의미가 더해졌다가 나중에 스승의 의미로 자리 잡
는다.

　부자(夫子)라는 단어도 지위가 높은 남성을 일컫는 호칭으로 생겨났
다가 스승의 뜻으로 변한다. 학생들이 선생님을 높여 부를 때에는 부자
외에 '강석(講席)'이라는 단어도 쓴다. 선생이 학생에게 강의하는 자리
라는 뜻이다. 이와 비슷한 것으로 '함장(函丈)'이 있다. 스승과 제자가
앉을 때 한 장(丈)의 거리를 두고 떨어져 앉아야 한다는 뜻에서 나온 말
이다. 강석과 함장은 특히 편지글에서 제자가 선생님을 높여 호칭할 때
사용한다.

　고대사회에서 중요한 법률을 공포할 때에는 목탁(木鐸)을 사용했다.
구리로 만든 원형(圓形) 그릇에 나무로 만든 울림대(舌)를 넣은 것으로,

소리를 내는 데 쓰이는 도구다. 법률을 공포하는 사람이 이 목탁을 흔들고 다니면서 그 내용을 알린다. 목탁을 흔드는 일은 따라서 '중요한 계시'라는 뜻을 담는다. 『논어』에는 그래서 "하늘이 선생님으로 목탁을 삼는다(天將以夫子爲木鐸)."라고 적었다. 목탁은 이후 스승 또는 선각자를 뜻하는 단어가 됐다. '목탁을 흔들다.'는 뜻의 '진탁(振鐸)'도 역시 스승을 뜻한다. 남을 깨우치고 키워 내기 위해 말을 해야 한다는 점에서 선생의 직업을 '설경(舌耕)'이라는 말로 부르기도 했다.

스승이라는 존재는 이처럼 고귀하다. 어둠 속에서 빛을 보여 주는 사람이다. 그래서 "스승의 그림자를 밟지 않는다."는 말도 나왔다. "백 년을 내다보려면 사람을 심는다(百年樹人)."는 국가 백년대계의 중추도 역시 교사(教師)다. 그러나 다 옛말이다. 돈을 받아 챙기고, 제 사람 끌어앉혀 파벌싸움에만 몰두하는 교육 공직자들의 검은 모습이 요즘 매스컴에 속속 오르내리고 있으니 말이다. 대한민국의 교육이 큰 걱정이다.

출처: 유광종, 2010. 3. 1.

 결국 '교사'가 해법이다

관련 개념: 교사의 신뢰도

'오바마에게 진실은 누가 말해 줄 건가?' 잊을 만하면 한국 교육을 극찬하는 미국 대통령 때문에 엄마들 사이에 생긴 우스갯소리다. '진실'을 알아야 할 사람들이 또 생겼다. 이번엔 스웨덴이다.

지난주 스웨덴에서 '한국식 교육'을 둘러싼 논쟁이 벌어졌다. 최근 한국을 다녀간 사회민주당 당수 스테판 러벤이 "스웨덴의 교육 경쟁력

을 키우려면 한국을 본받아야 한다."고 주장한 탓이다. 러벤은 조선일보
(2013년 10월 30일자) 인터뷰에서도 "대학 진학률은 국가 경쟁력과 직결
되는데, 스웨덴은 25~34세 인구 가운데 대학 교육을 받은 비율이 42%
인 반면 한국은 63%로 세계 최고 수준"이라며 부러워했다. 그러자 스웨
덴의 교육부 장관이 발끈했다. "한국의 고등교육의 질은 스웨덴에 비해
현저히 떨어진다. 결코 롤모델이 아니다."며 맞섰다.

오바마에 이어 스웨덴까지 한국을 운운하니 우리의 주입식 교육에
뭔가 대단한 힘이 있는 것 아니냐는 말까지 들려온다. 물론 아니다. 세
살배기들이 한 달 150만 원을 웃도는 영어 유치원에 몰리고, 특목고 많
이 보낸다는 수학 학원에 등록하려 과외를 받고, 이맘때면 대학 낙방을
비관한 자살 뉴스가 쏟아지는 나라의 교육이 우수할 리 없다. 그럼 왜
스웨덴에선 느닷없이 한국 타령인가.

복지, 양성 평등, 행복지수 등 '살기 좋은 나라' 상위권을 다투는 스
웨덴에 유일한 고민이 있다면 '교육'이다. 그 콤플렉스를 강화시키는
게 과거 그들의 식민지였던 핀란드다. 같은 북유럽 국가이지만 OECD
가 3년에 한 번 발표하는 PISA(학업 성취도 국제 비교 연구)에서 핀란드가
1~2위를 다투는 반면, 스웨덴은 중위권을 맴돈다.

그 이유가 궁금해 북유럽 국가들의 교육제도와 교사 수준, 학부모 의
식을 비교한 논문을 찾아본 적이 있다. 스웨덴과 핀란드의 교육제도는
거의 비슷했다. 창의와 인성 위주의 교육, 토론식 수업, 맞춤형 교수법
까지 쌍둥이다. 격차를 보인 항목은 교사에 대한 학부모의 신뢰도였다.
스웨덴은 그 신뢰도가 50% 언저리인 반면, 핀란드는 90%에 달했다. '교
사에 대한 믿음'이 두 나라의 교육 경쟁력을 갈라놓은 셈이다.

핀란드에서 교사는 의사, 변호사보다 '존경받는' 직업이다. 상위 10%

성적이어야 교사 관문을 뚫을 수 있고, 석사 학위가 있어야 채용된다. '자기 성찰'과 '합리적 권위'를 중시하는 핀란드 학교에서 교사는 아이들 삶의 '멘토'다. 40년에 걸친 교육 개혁을 정부에만 맡겨 두지 않았다. 제 살 깎는 고통을 감내하며 교육의 정도(正道)를 모색했다. 신뢰는 여기서 싹텄다.

핀란드가 암울한 한국 교육에 한 줄기 빛이 된 적이 있다. 식민 경험으로 인한 교육열, 교사의 전통적 지위가 높다는 점에서 양국이 흡사했기 때문이다. 두 나라를 갈라놓은 건 '사람 농사'에 대한 교육 주체들의 상반된 접근방식이었다. '한 명의 낙오자도 놓치지 않겠다.'는 의지와 '살인적 경쟁을 뚫고 살아남은 아이들만 키우겠다.'는 아집. PISA 1~2위를 다투지만 한 곳은 교육 천국, 다른 한 곳은 입시 지옥이 된 이유다.

출처: 김윤덕, 2013. 11. 14.

참고문헌

교육의 성패는 교사개혁에 달렸다(2009. 2. 2.). 중앙일보.

김경희, 김경숙, 박현숙, 심형진, 이나현, 신현철, 장희숙, 최은숙(2009). 교육학개론. 서울: 집문당.

김윤덕(2013. 11. 14.). 결국 '교사'가 해법이다. 조선일보.

박선규(2007). 선생님, 당신의 희망입니다. 서울: 미다스북스

서천석(2008. 3. 4.). 좋은 선생님의 첫째 조건 '책임감'. 한겨레신문.

성태제, 강대중, 강이철, 곽덕주, 김계현, 김천기, 김혜숙, 봉미미, 유재봉, 이윤미, 이윤식, 임웅, 홍후조(2012). 최신 교육학개론(2판). 서울: 학지사.

유광종(2010. 3. 1.). 교사(教師). 중앙일보.

윤정일, 허형, 이성호, 이용남, 박철홍, 박인우(2002). 신교육의 이해. 서울: 학지사.

이상헌(2015). 우리는 조금 불편해져야 한다. 경기: 생각의 힘.

灰谷健次郎(2002). 나는 선생님이 좋아요. [兎の眼] (햇살과 나무꾼 역). 서울: 양철북. (원전은 1998년에 출판).

Canfield, J., & Mark, V. H. (2004). 꿈꾸는 정원사. [*Chiken soup for the teacher's soul*] (노은정 역) 서울: 이레. (원전은 2002년에 출판).

어떻게 하면 교육을 개혁할 수 있을까
-평생교육-

제11장

어떻게 하면 교육을 개혁할 수 있을까
-평생교육-

평생교육은 그 본래의 의미를 잘 파악해야만 한다. 좁은 의미 등으로 자칫 잘못 이해하면 본래의 의미에서 크게 벗어날 수 있다. 심지어는 우리나라 「헌법」 제31조 6항에서조차 평생교육을 좁은 의미로 잘못 기술하고 있는 실정이니 실제 교육현장에서 혼동된 평생교육 개념의 사용은 매우 걱정스러울 정도다. 지금처럼 평생교육이 사회교육이나 성인교육 등의 구체적인 교육으로서의 좁은 의미로 쓰인지는 얼마 되지 않았지만, 너무 많은 사람이 평생교육의 본래의 의미를 잘 모르고 있는 실정이다. 여기서는 평생교육 본래의 이념과 철학을 밝힘으로써 교육혁신으로서 평생교육 본래의 의미를 살리고자 한다.

1. 평생교육, 교육적 대안으로서의 등장

인간이 이 사회에 등장한 이래 가르치고 배우는 일은 끊임없이 이어져 왔다. 아주 오랜 옛날 학교가 없었던 시절의 아동은 태어나면서 부모에게 먹는 방법, 입는 방법, 잠자는 방법 등을 배웠을 것이며, 점차 성인이 되어 가면서는 농사를 짓는 방법, 사냥을 하는 방법, 조상에게 제사 지내는 방법, 이웃 사람과 조화롭게 지내는 방법, 천재지변에 대처하는 방법 등을 배웠을 것이다. 물론 그 당시의 미분화된 사회에서는 이 정도의 가르침은 가정과 지역사회 수준에서 충분히 해낼 수 있었으며, 그렇게 배운 내용만 가지고서도 한 개인이 자신의 일생을 살아가는 데 부족함이 없었을 것이다. 이처럼 교육의 본래 의미는 한 개인이 속한 가정 또는 지역사회에서 공동체의 일원으로서 적응하며 생존해 갈수 있는 여러 가지 사항을 알도록 해 주는 것이라 할 수 있다.

이러한 사회적 상황이 오랜 세월 동안 이어져 내려오다가 사회가 점점 복잡해지자 가정이나 그가 속한 지역사회 내에서 배운 것만 가지고서는 일생을 무사히 보낼 수 없는 상황에 이르게 되었다. 이러한 사회적 상황의 변환기를 맞으면서 제기된 교육적 대안이 바로 '학교'라는 공교육제도인 것이다. 학자들은 교육제도가 가정 중심에서 학교 중심의 공교육제도로 옮아 가는 시점을 대체로 산업혁명이 시작되는 시기 또는 시민혁명을 통해서 봉건사회가 붕괴되는 시기로 보고 있다.

이처럼 교육의 중심이 가정에서 학교로 옮아 간 이후, 모든 교육은 공교육제도의 울타리 안에서 이루어져 왔고, 이로 인해서 '교육'은 바로 '학교'라는 용어와 동의어처럼 사용되었으며, 학교의 교육에 대한 독점화 현상 등으로 인해 학교교육에 대한 비판이 대두되기 시작하였다.

이러한 상황에서 현재의 왜곡된 학교 중심의 '교육'으로부터 과거의 넓은 의미의 또는 본래 의미의 '교육'으로 되돌아가자는 교육혁신의 이념으로서 '평생교육'이 대두된 것이다. 지금까지 학교가 교육을 '독점'하는 현상으로 인해서 모든 교육이 마치 학교에서만 이루어지는 것처럼 인식되었고, 그로 인해서 모든 제도적인 장치나 국가적 지원도 학교라는 공교육체제를 중심으로 이루어져 왔음을 인정하고 교육 본래의 의미로 돌아가자는 것으로 평생교육의 이념을 이해하는 관점에서 보면, 평생교육은 그 동안의 학교교육 중심의 교육 풍토에 의해 조직화되거나 지원받지 못하고 소외되어 왔던 학교 밖에서의 교육, 즉 사회교육을 활성화하자는 의미로 받아들일 수 있다.

2. 교육이념으로서의 지향성

평생교육은 그 기본적인 성격에 있어 인간의 전 생애에 걸쳐 교육이 이루어져야 한다는 개념과 함께 모든 교육을 통합한다는 개념을 중시한다. 이를 "평생교육과 전통적 교육과의 관계는, 예를 들면 바구니와 과일과의 관계와도 같다."고 비유하면서 평생교육은 그 동안의 모든 '교육'을 포괄하는 상위개념으로서 설명하고 있다.

평생교육(lifelong education)이라는 개념이 간접적으로 사용되기 시작한 것은 20세기에 들어서부터이며, 제1차 세계대전 후에는 몇몇 학자들에 의하여 사용되었고, 1950년대와 1960년대에 이르러서는 이 개념이 보다 활발하게 사용되었다. 이 개념이 국제적인 용어로 정착되어 널리 사용되기 시작한 것은 1972년 일본 도쿄에서 개최되었던 '제3차 세계 성인교육회의(The 3rd International Conference on Adult Education)'에서부터이며, 그 이전인 1970년을 국제 교육의 해로 정하여 교육 및 평생교육에 대한 범세계적 주의를 환기시킨 바 있다.

유네스코가 주최해 온 성인교육회의는 각국의 성인교육 전문가들이 모이는 회의로서 1949년의 엘시노어(Elsinore, 덴마크) 회의(제1차), 1962년의 몬트리올(Montreal, 캐나다) 회의(제2차), 그리고 1972년의 도쿄(Tokyo, 일본) 회의(제3차) 등 세 차례의 회의를 거치는 동안 세계 각국의 국민이 가지고 있던 전통적 교육관, 그중에서도 특히 성인교육의 기능과 역할에 관한 견해를 근본적으로 새롭게 고쳐야 할 필요가 있다는 것을 확인하게 되었다. 그 이유는 다음과 같다.

첫째, 앞으로의 교육, 그중에서도 특히 성인교육은 종래와 같은 박애적 동기에서 출발한 일종의 보충적 성격의 교육으로 파악할 것이 아니라, 현대사회의 도전을 극복할 수 있는 '힘'을 국민 각자에게 길러 주기 위해 실시하는 '생존을 위한 교육'이어야 한다는 견해가 지배적이 된 것이다.

둘째, 이제부터의 교육은 종래와 같이 학교교육과 학교 외의 교육으로 나눔으로써 이 중 학교교육을 마친 다음에 실시하는 교육을 추가적인 성격의 교육 정도로 좁게 볼 것이 아니라, 모든 형태, 모든 단계의 교육을 통합해서 평생 동안 지속되어야 할 하나의 계속적 과정으로 파악되어야 한다는 견해 등이 이 과정에서 국제적 동조를 얻게 되었기 때문이라 하겠다.

이리하여 유네스코는 3차에 걸친 세계성인교육회의를 추진해 나가는 과정에서 평생교육 개념의 국제적 정립의 필요성을 통감, 이 작업을 위한 실무자 회의로서 성인교육추진국제위원회(International Committee for the Advancement of Adult Education)를 발족시켜 이 기구를 통해 랑그랑(P. Lengrand) 박사가 미리 시안으로 작성한 '평생교육 개념'에 관한 본격적인 심의를 추진했던 것이다.

랑그랑에 따르면, 평생교육이라는 개념은 ① 교육의 전 과정의 생활화, ② 개인의 전 생애를 통한 계속적인 교육, ③ 모든 형태의 교육의 통합적 연계 조직화, ④ 생의 전 기간을 통한 수직적 통합과 개인 및 사회생활의 모든 국면을 포함한 수평적 통합 등 네 가지 요소를 그 핵심으로 한다. 그가 처음 사용했던 프랑스어의 'L'education permanante'는 영어로 'lifelong education'으로 번역되어 사용되고 있으며, 이를 우리나라에서는 평생교육, 일본에서는 '평생'이라는 용어를 거의 쓰지 않기 때문에 생애교육이라 옮기고 있다.

이러한 과정을 걸쳐 등장한 평생교육은 그 정의를 규정함에 있어서 강조하는 측면이나 학자들의 시각에 따라 약간의 차이를 보이고 있다. 이는 평생교육의 개념이 나타난 것이 불과 50년이 채 안됨으로 해서 아직도 개념의 모색과 정립의 문제가 논의 중에 있기 때문이기도 하다. 우리나라의 경우 1980년대 중반에 국내외 학자들의 평생교육에 관한 논의를 포괄적으로 고찰하여 다음과 같이 평생교육을 정의하고 있다.

평생교육은 인간의 삶의 질의 향상이라는 이념추구를 위하여 태교에
서부터 시작하여 유아교육, 아동교육, 청년교육, 성인전기교육, 성인후기교
육, 노인교육을 수직적으로 통합한 교육과 가정교육, 사회교육, 학교교육
을 수평적으로 통합한 교육을 총칭하여 말하며, 그것은 개인의 잠재 능력
의 최대한의 신장과 사회발전에 참여하는 능력의 개발을 목적으로 한다.

3. 평생교육, 그 이념 및 철학의 포괄성

모든 교육을 포괄하는 개념으로서 평생교육은 몇 가지 차원에서 지금까지
의 교육과는 다른 지향성을 보이고 있다. 학교교육 중심의 교육이념이 지금까
지 우리의 교육을 지배하여 왔으나, 평생교육은 이와는 다른 교육적 이념을 지
니고 있다는 점이 여러 학자의 연구에서 나타나고 있다. 여기서는 평생교육의
이념과 철학적 특성 등에 관한 여러 학자의 견해를 분석하여 평생교육이 갖는
이념 및 철학의 특성을 밝히고자 한다.

평생교육의 이념과 특성에 대한 견해를 밝힌 주요한 몇 학자의 견해를 보면,
우선 데이브(R. H. Dave)는 평생교육에 관련되는 개념적 특성과 철학적 이념
을 다음과 같은 20개의 항목으로 제시하고 있다.

① 평생교육은 개념의 의미에 내포되어 있는 세 가지 기본 술어는 life, life-
   long, education으로 이 세 가지 술어가 가지는 의미와 그 해석은 평생
   교육의 범위와 개념을 결정한다.
② 교육은 정규적인 학교교육으로 끝나는 것이 아니라 평생을 통하여 계속
   되는 과정이다. 평생교육은 개인의 전 생애에 걸쳐 작용한다.
③ 평생교육은 성인교육에 국한되는 것이 아니라 학령 전 교육, 초등교육,
   중등교육과 그 이후의 교육을 망라하고 통합한다. 그러므로 평생교육은

총체적으로 교육을 보는 관점을 취한다.

④ 평생교육은 정규 교육과 함께 비정규 교육 및 비형식적 학습까지도 포함한다.

⑤ 가정은 평생교육 과정을 시작함에 있어서 가장 예민하고 결정적인 역할을 한다. 가정에서의 학습은 개인의 전 생애에 걸쳐 작용하는 계속적 과정이다.

⑥ 지역사회도 역시 아동이 그 지역사회와 만나기 시작하는 바로 그 순간부터 평생교육 체제에 중요한 역할을 하며, 전문적인 영역에 있어서나 일반적인 영역에 있어서나 일생을 통하여 교육적 기능을 행사한다.

⑦ 학교나 대학 및 훈련센터 등의 교육기관도 물론 중요하다. 그러나 이것들은 다만 평생교육을 위한 하나의 기관으로서 중요성을 갖는 것이다. 이러한 기관들은 사람들을 교육함에 있어서 더 이상 독점적 특권을 누릴 수 없으며, 사회의 다른 교육기관들로부터 더 이상 고립해서 존재할 수 없다.

⑧ 평생교육은 수직적 및 수평적 차원에서 계속성과 통합성을 추구한다.

⑨ 평생교육은 그 수직적 및 수평적 깊이의 차원에서 인생의 모든 단계에서 통합성을 추구한다.

⑩ 교육의 엘리티즘(elitism) 추구 성격과는 대조적으로, 평생교육은 교육의 보편화를 추구함으로써 교육의 민주화를 표방하다.

⑪ 평생교육은 학습내용, 학습도구, 학습기법, 학습시간에 있어서 융통성과 다양성으로 특징지어진다.

⑫ 평생교육은 학습에 있어서 자료와 매체의 적용 및 새로운 개발을 허용하는 역동적인 접근방법이다.

⑬ 평생교육은 교육을 받는 유형이나 형태에 있어서 선택을 허용한다.

⑭ 평생교육은 일반교양교육과 전문교육의 두 가지 요소를 모두 포함한다. 이 두 가지 요소는 개별적으로가 아니라 서로가 관련된 상태에서 상호

보완적으로 작용한다.

⑮ 개인이나 사회의 적응 및 혁신적 기능은 평생교육을 통해 달성된다.

⑯ 평생교육은 기존의 교육체제의 결점을 보완하는 교육 개혁적 의미를 갖는다.

⑰ 평생교육의 궁극적인 목적은 삶의 질을 향상시키는 것이다.

⑱ 평생교육을 위해서는 이른바 교육기회, 동기유발, 교육 가능성 등의 세 가지 중요한 전제조건이 필요하다.

⑲ 평생교육은 모든 교육의 조직 원리다.

⑳ 실천적 차원에서 평생교육은 모든 교육의 전체적 체계를 마련해 준다.

우리나라에 평생교육의 개념을 처음으로 도입하는 데 공헌한 유네스코 한국위원회는 1973년에 '평생교육 발전을 위한 전국 세미나'를 개최한 바 있는데, 그 세미나의 결과 보고서에서 '평생교육의 기본방향'이라는 항목으로 평생교육의 특성과 이념을 다음과 같이 제시하였다.

① 모든 개인은 그가 가진 잠재적 가능성을 일평생 동안 계속적으로 개발시킬 수 있는 균등한 교육기회를 가질 수 있어야 한다.

② 평생교육의 궁극적 목적은 개인의 행복과 생활을 만족시킬 수 있는 동시에 사회의 공통선이나 공동 목표를 조화롭게 달성할 수 있는 민주복지사회의 건설을 지향하도록 하는 것이다.

③ 평생교육은 개인으로 하여금 직업생활을 준비시키기 위한 과학 · 기술교육 또는 직업교육과 아울러 일반적 인간가치와 심미적 가치를 전달하는 가치교육 또는 인간교육도 조화롭게 실시하도록 하는 것이다.

④ 민주사회의 안정과 발전을 동시에 이룩하기 위하여 평생교육을 통하여 적응하는 인간을 기르는 일뿐만 아니라, 창의적이며 비판적인 인간을 기르는 데에도 노력을 경주하여야 한다.

⑤ 일생 동안의 각 인간발달단계에 따른 발달과업, 역할, 필요 및 문제에 밀접한 관련성을 갖도록 계획되고 실시되도록 하여야 한다.

⑥ 이와 같이 평생교육의 이념과 목적을 구현하기 위하여 학교뿐만 아니라 사회의 모든 교육적 자원, 수단 또는 환경을 최대한으로 동원하고 활용되도록 하여야 한다.

⑦ 그러므로 평생교육의 일익으로서의 학교교육은 개인으로 하여금 일생 동안 학습하려 하는 동기를 자극하고, 학습하는 능력을 발휘할 수 있도록 계획되도록 하여야 한다.

⑧ 이 같은 목표를 달성하기 위하여 형식교육뿐만이 아닌 학교의 교육을 보다 강화, 확충 그리고 개편토록 하여야 한다.

⑨ 학교는 물론 평생교육을 수행하는 여러 사회집단 혹은 조직은 보다 체계적이며 능률적으로 상호 밀접한 연계성을 갖도록 하여야 한다.

이와 같은 평생교육에 대한 직접적인 견해와 함께 유네스코의 교육발전 국제위원회에 의해 연구된 '생존을 위한 학습'(Faure Report - 「Learning to Be」)은 21개 항목에 달하는 세계 교육개혁의 기본 방향을 제시하였다. 이러한 교육개혁 방향 제시 중에서 평생교육에 직접 관계되는 내용만을 발췌하여 제시하면 다음과 같다.

① 모든 사람은 전 생애를 통하여 학습을 계속할 수 있는 입장에 놓여야 한다. 평생교육은 교육의 모든 것을 포함한다. 그러므로 평생교육은 선진국이나 발전도상국이나 간에 장래의 모든 교육정책의 기본 원리가 되어야 한다.

② 교육은 모든 연령을 대상으로 하며 개인의 필요와 편리에 따라서 제공되어야 한다. 교육기관과 교육수단은 대폭 증가되어야 하며, 그것에 대해 접근을 용이하게 하며, 개개인의 다양한 선택이 가능하도록 마련되어야 한

다. 그리고 교육은 일부 선택된 자들의 것이 아니라 진정한 대중의 운동이 되어야 한다.

③ 교육은 다양한 수단과 방법에 의해서 성취되어야 하며, 교육 기관이나 구조에 있어서의 형식주의는 감소되어야 한다. 중요한 일은 학습자가 추종하여 따라가는 '길'이 아니라 학습자 스스로가 학습하거나 습득하는 길이다. 모든 개인은 융통성이 있는 테두리 안에서 보다 자유롭게 그의 길을 선택할 수 있어야 한다.

④ 모든 교육제도는 학습자로 하여금 주어진 범위 안에서 종적으로나 횡적으로 움직일 수 있는 여유를 마련해 주어야 하며, 선택의 범위를 넓혀 주어야 한다. 개인들은 형식적인 기준에 의해서 방해됨이 없이 그의 목표를 달성할 수 있는 길이 열려야 한다. 여러 학문 분야, 과정, 수준 사이에 그리고 정규교육과 비정규교육 사이에 존재하는 인위적이고 시대에 뒤떨어진 장벽은 제거되어야 한다.

⑤ 취학 전 아동에 대한 교육은 교육정책이나 문화정책에 있어서든지 본질적인 선행조건이어야 한다. 취학 전 아동의 교육은 자유롭고 융통성 있는 형태로 조직되어야 하며, 가정과 지역사회가 서로 협력하여 이를 위한 재원 조달 등을 할 수 있는 최선의 방법을 강구해야 한다.

⑥ 직업과 생활을 위한 교육의 실제는 청소년으로 하여금 일정한 직업만을 훈련하는 일보다는 여러 다양한 직종에 적응할 수 있도록 준비하는 동시에, 항상 변하는 생활방법과 노동 조건에 보조를 맞출 수 있도록 계속 그들의 능력을 발전시키는 데 목적을 두어야 한다.

⑦ 평생교육은 그 포괄적인 뜻으로 볼 때, 기업체나 산업체나 농사기관들도 교육의 기능을 발휘할 수 있다는 것을 의미한다. 그리고 이들 업체나 기관들의 교육은 노동자의 직업훈련이나 기술훈련에만 그쳐서는 안 된다.

⑧ 일생을 통한 교육의 과정에 있어서 성인교육은 정상적인 입장에서의 정점이다. 성인교육은 교육기회를 상실한 사람들을 위해서는 보완교육이

요, 새로운 환경에 적응하기를 원하는 사람이나 이미 높은 수준의 교육을 받은 사람에게는 연장교육이다. 그리고 성인교육은 모든 사람의 개인적 발달의 수단이며 또한 학교에 다니는 청소년·아동의 바람직한 지도를 위해서도 커다란 역할을 한다. 그러므로 다음 10년간에 학교에서나 또한 학교 밖에서 성인교육을 급속도로 발전시키는 것을 그 우선순위로 삼아야 할 것이다.

⑨ 문해교육은 오랜 세월 동안 그 자체가 목적으로 간주되었으며, 성인교육과는 별개의 것으로 인식되어 왔다. 문해교육의 실천은 두 가지 방법으로 추진되어야 하는데, 하나는 노동계층 중에서 강하게 동기가 주어진 집단을 위한 기능 문해교육이요, 다른 하나는 대중 문해교육을 감행하는 일이다.

⑩ 교육에 있어서의 새로운 풍조는 개인으로 하여금 자기 자신의 문화적 진보의 주인이요, 창조자가 되게 하는 일이다. 자기학습, 특히 지도가 따르는 자기학습은 어떠한 교육체제에 있어서든지 귀중한 가치를 지닌다. 사람들로 하여금 스스로 학습할 수 있도록 마련된 새로운 종류의 시설과 봉사는 모든 교육체제 속에 포함되어야 한다.

한편, 이러한 해외의 평생교육 조류를 바탕으로 국내에서는 김종서, 김승한, 황종건 등 이 분야의 학자들이 지금까지의 여러 주장을 종합적으로 정리하여 평생교육의 특성과 이념을 다음의 10개 항목으로 요약하여 제시하였다.

① 평생교육은 개인적 차원 및 사회공동체 차원에서 인간의 삶의 질을 나선형으로 향상시키는 것을 목적으로 하고 있다.

② 평생교육은 태아에서부터 무덤에 이르기까지 한 개인의 생존 기간 전체에 걸쳐서 이루어지는 교육을 수직적으로 통합한 것이다.

③ 평생교육은 모든 기관(학교, 직장, 대중매체, 도서관, 자원 단체 등)과 모든

장소(학교, 가정, 사회, 직장 등)에서 이루어지는 교육을 수평적으로 통합한
것이다.

④ 평생교육은 계획적인 학습과 우발적인 학습을 모두 포함한다.

⑤ 평생교육에 있어서는 국민 전체의 평생에 걸친 교육기회의 균등화 및 확
대에 노력한다.

⑥ 평생교육에 있어서는 발달과업의 학습을 중시한다.

⑦ 평생교육에 있어서는 일반교양교육과 전문교육의 조화와 균형을 유지하
도록 노력한다.

⑧ 평생교육에 있어서는 학교가 교육을 독점하는 것을 인정하지 않으며, 학
교교육은 평생교육의 관점에서 그 뜻을 찾으려고 한다.

⑨ 평생교육에 있어서는 사회를 교육적인 환경으로 만들기 위하여 노력
한다.

⑩ 평생교육은 교육의 형태·내용·방법을 다양화하고 융통성을 부여함으
로써 개인 및 사회의 필요에 대처하는 동시에 누구나 쉽게 접근할 수 있
게 한다.

이상의 여러 학자 및 기관의 평생교육에 대한 이념, 특성 및 개념 등은 여러
가지 면에서 공통점과 함께 중복되는 내용을 포함하고 있다. 이러한 견해들이
갖는 공통적 지향성을 핵심적으로 요약한다면, 교육의 포괄적 의미, 미래 지향
성, 평생학습, 교육개혁 및 혁신 등으로 제시할 수 있다. 이러한 평생교육에 관
한 논의를 바탕으로 하여 평생교육의 이념과 철학의 개방성을 다음과 같이 다
섯 가지로 제시할 수 있다.

① 평생교육은 모든 교육을 포괄하는, 교육에 있어서의 최상위 개념이다.

② 평생교육은 교육적 실체라기보다는 우리 교육에 있어서의 나아갈 바를
밝히는 이념이요, 철학이다.

③ 평생교육은 인간의 전 생애에 있어서의 학습권 보장을 의미한다.

④ 평생교육은 그동안의 교육관, 교육내용, 교육방법 등에서 과감하게 탈피하고자하는 교육혁신의 의미를 지닌다.

⑤ 평생교육이 궁극적으로 지향하는 바는 '학습사회의 형성'이다.

평생교육은 이념이자 철학이요, 우리가 되찾아야 할 교육의 본래 모습인 것이다. 하지만 현실적으로 잘못 쓰이기도 한다는 점을 확인해야 한다. 특히 우리나라의 경우 시급히 수정되어야 할 용어 사용의 오류가 바로 좁은 의미로 잘못 쓰이는 '평생교육'이다. 잃어버린 교육의 반쪽을 우리가 되찾아서 다시 살려내야 할 학교 이외의 교육, 즉 사회교육, 성인교육, 학교외교육, 계속교육, 성인계속교육 등의 용어는 현실의 교육이다. 하지만 평생교육은 현실의 용어가 아니라 이념이자 철학이요, 우리가 되찾아야 할 교육의 최상위 개념이다. 즉, 평생교육은 그 모든 종류의 현실적인 과일을 모두 담는 거대한 바구니인 것이다. 그러나 대학부설의 비정규/비학위 과정 학습기관을 일반적으로 평생교육원이라고 부른다. 심지어는 「헌법」에서조차 학교교육과 평생교육을 동등한 개념으로 기술하고 있다. 이제 이 용어는 바로잡아져야 하지만, 현실적으로 그 사용 범위가 너무 넓다. 평생교육이 비록 현실적으로는 좁은 의미로 사용되고 있을지라도 이는 사회교육 등의 용어로 환원되어야 한다는 생각을 가지고 있어야 한다.

4. 평생교육의 궁극적 지향점: 교육의 민주화

평생교육 이해의 출발점은 교육개념의 재정립이다. 잘못된 교육의 개념을 인식하고 이를 고쳐 나가야 한다. 교육은 원래 배우는 사람을 위한 것이었다. 오랫동안 교육은 학습자를 위해서 존재하며, 사람들은 태어나면서부터 죽을 때까지 학습하면서 살았다. 종교가 인간을 지배하면서부터는 그 중심축이 개인에서 종교로 이동하였다. 교육의 주체가 종교가 된 것이다. 동양에서는 유교 그 자체가 교육이고 출세를 위한 시험이었고, 서양은 기독교가 지배한 중세 천년간의 역사에서 인간이 사라지고 신이 지배하는 사회였다. 교육뿐만이 아니라 인간의 모든 것, 역사, 철학, 과학, 예술, 심지어 문학조차도 모두 신의 지배하에 있었다. 르네상스와 종교개혁으로 신의 지배로부터 서서히 벗어난 인간들은 인문주의, 실학주의, 계몽주의로 그 생각을 이어 갔으며, 그 결과는 국가주의였다. 국가는 종교와의 오랜 기간의 투쟁을 거쳐 교육의 권리를 가져갔다.

근대국가들은 종교로부터 가져온 교육을 각각의 국가의 권력 강화를 위해 이용하기 시작했다. 가르침의 방법과 내용을 통일하고, 이를 통해 각 국민은 국가를 중심으로 하는 집합의식을 강요받았다. 국가통제하의 공교육제도의 등장인 것이다. 이러한 통일적 보편교육제도는 시험이라는 사회 지위 분배의 메커니즘을 통해 그 힘을 더욱 강화했다. 시험은 국가의 통일적 보편교육제도를 더욱 강화하였다. 이제 모든 사람이 자발적으로 학교교육을 받으려 하기 때문에 통일적 보편교육은 국가가 의무로 강요하지 않아도 저절로 유지된다. 지위경쟁의 장으로서 학교교육은 가르치고 배우는 자유로부터 현실적으로 의미를 잃게 되었다. 학력경쟁에 도움이 되지 않는 교육과 학습은 학교에서 사라졌다. 학교는 국가가 통일적으로 결정한 내용을 일방적으로 가르친다. 이것은 시험이라는 제도로 확인되므로 이제 시민은 아무도 학교에서 벗어날 수 없게 되었다.

현재의 교육은 학교를 통해 국가가 지배하고 있다. '교육=학교'인 셈이다. 교육개념의 재정립은 이 등식을 깨뜨리는 것에서 출발한다. '교육≠학교'다. 교육은 학교가 독점하고 지배하는 것이 아니라 그보다 훨씬 더 크고 넓은 의미다. 즉, '교육＞학교'라는 인식의 변화가 필요한데, 이는 사실 국가 중심 공교육제도 이전의 당연한 상식이므로 현재에도 당연히 받아들여져야 하는 상식이다. 그러므로 '교육=학교＋α'라고 표기되어야 하며, 국가가 지배하는 학교

중심의 교육 때문에 사라지거나 소홀히 해 왔던 이 'a'라는 부분을 찾아서 되살려야 한다. 이는 각각의 나라와 사회에 따라 표현 방식이 다른데, 사회교육, 성인교육, 학교외교육, 계속교육, 성인계속교육 등으로 불린다. 우리나라는 일본의 영향으로 인해 이를 사회교육이라고 써 왔다. 그러므로 이 용어를 빌려오면 '교육=학교교육+사회교육'이다. 즉, 잃어버린 교육의 반쪽의 되찾는 운동인 것이다.

교육개념의 이러한 변화는 교육 자체의 변화를 불러오는데, 바로 교육의 중심에 학습자로서의 시민이 자리를 잡게 되는 것이다. 교육의 이러한 변화는 교육의 민주화를 의미한다. 민주화란 어떤 사회적 상황이나 개념 및 현상 등에 있어서의 결정권이 시민에게 있는 것을 의미한다. 종교적 민주사회라는 의미는 어떤 종교를 믿을지를 선택하고 결정하는 권리가 전적으로 시민에게 있는 사회를 말한다. 그런 의미에서 우리는 종교적 시민사회, 즉 종교적 민주사회에 살고 있는 것이다. 정치와 경제 등 모든 사회의 영역도 이러한 시민의 결정권이 확인될 때 비로소 민주화라고 불리게 되었다. 교육의 민주화는 바로 교육의 결정권이 시민에게 돌아감으로 해서 이른바 시민 중심의 학습사회가 형성될 때 비로소 가능한 것이다.

따라서 교육권이 국가로부터 시민으로 넘어온다는 의미는 종교로부터 국가로 넘어오는 것만큼이나 혁명적이고 혁신적인 사건인 것이다. 이른바 교육 패러다임의 대변환인 셈이다. 이것이 교육의 민주화이고, 앞으로 우리 인류가 해결해 나가야 할 중요한 과제인 것이다.

262

◆ 읽을거리

 9시간 기차 통학… 76세 할아버지 '집념의 석사학위'

관련 개념: 평생학습

한국전쟁 직후 가난으로 학업을 포기했던 청년이 70대 백발노인이 되어 대학을 졸업하고 석사학위까지 땄다. 50년 만에 이룬 꿈이다.

경희대학교 행정대학원에 재학 중인 전병기(76) 씨는 오는 21일 졸업식에서 「의료분쟁에 있어서 의사의 설명 의무」라는 논문으로 석사학위를 받는다.

전 씨는 한국전쟁 피란 시절인 1951년 부산에서 신흥대학교 법학과(경희대 전신)에 입학했다. 어릴 적 일본에 거주하던 부친과 함께 법원에 견학을 갔다가 일본인 판사와 검사의 모습에 매료돼 법관지망생이 됐다. 그러나 가난과 전쟁은 전 씨의 꿈을 일그러뜨려 놓았다.

1952년 전쟁이 끝나고 학교가 다시 서울로 옮겨지자 전 씨도 상경했다. 그러나 당시 대구에서 일하던 부친의 돈벌이가 변변치 못해 학비 조달이 캄캄했다.

전 씨가 택한 길은 경찰이었다. 경찰 복무를 하면서 돈을 벌어 휴학과 복학을 반복하면서 근근이 학교를 다녔다. 경찰이 된 후 강원도 양구·화천 등지에서 빨치산과 전투를 벌였고, 틈틈이 공부를 해 4학년까지 올랐다. 하지만 1956년 대구 경찰서로 전출 명령을 받는 바람에 졸업을 1년 남겨 두고 끝내 학업을 포기해야 했다.

전 씨가 다시 경희대를 찾은 건 50년 만인 2000년. 학생증과 등록금 영수증을 들고 와 사정하는 70세 노인의 학구열에 경희대 측은 전 씨가

3학년 1학기를 수료한 것으로 인정, 재입학을 허용했다. 당시 대구에 거주하던 전 씨는 거의 매일 새벽 5시 30분에 일어나 4시간 30분 동안 기차를 타고 서울 회기동 경희대 캠퍼스에 등교했다. 손자뻘 되는 학생들과 함께 공부를 마치고 다시 대구 집에 도착하면 자정을 훌쩍 넘겼다. 7년간 이런 초인적인 생활을 이어간 끝에 대학 졸업장을 탔고, 이번에 석사학위를 받게 됐다.

"새벽 기차를 타고 통근하는 공부는 쉽지 않았습니다. 하지만 젊을 때 배우지 못한 한을 가슴에 품고 7년을 견뎠습니다." 지금 전 씨는 가족의 만류를 뿌리치고 마지막 소망인 박사과정 입학을 준비 중이다.

출처: 이재준, 2007. 2. 15.

3만여 명이 한글 읽기 깨우쳤어요

관련 개념: 성인 문해교육

먹고 사느라 교육이 사치였던 시절, 배움의 기회를 양보하는 이는 늘 여성이었다. 그 사실이 안타까워 꼭 30년 전 1978년 8월 27일, 서울 봉천동 사글셋방에 작은 기관이 문을 열었다. 한국여성생활연구원의 작은 시작이었다. 문해(文解: 문자 해독) 교육으로 30년간 3만여 명의 '글 못 읽는 설움'을 풀어 준 '교육기관'이다.

일주일 당겨 열린 30주년 행사에서 연구원의 정찬남(61·국제문화대학원대학교 교수) 원장을 만났다. "깜짝 놀라서 '어머! 글 모르고 어떻게 살았어요……' 물어봤다니까요."

요즘도 글 모르는 사람이 있냐는 기자의 질문에 정 원장은 "처음엔

나도 반신반의했다."라며 이야기를 시작했다.

"사회가 모를 뿐이에요. 읽고 쓰지 못하는 인구가 240만 명이나 돼요. 수명이 늘면서 식민시대에 교육받지 못하고, 보릿고개 넘으며 배우지 못한 분들이 지금도 건강하잖아요. 나이에 관계없이 글 모르면 답답한 건 매한가지예요."

정 원장이 '국일학교'라는 직장여성을 대상으로 한 중등교육 야학을 시작한 것은 1979년이었다. 이듬해에 고등학교 과정이 생겼고, 주부 대학도 문을 열었다. 그즈음 미처 몰랐던 하소연을 들었다. 한글을 읽지 못하는 주부들의 이야기였다. 그래서 '국일 문해학교'가 열렸고 낮에는 주부들로, 밤에는 직장인들로 교실은 북적댔다. 1991년엔 교재 출판을 위한 출판사를 세웠고, 2001년엔 한국문해교육센터를 설립했다. 이런 공로를 인정받아 2005년 교육부 선정 평생학습대상을 수상했다.

그런데 나라가 의무교육을 보장해 주는데도 문해교육이 필요할까?

"과거엔 문맹퇴치만 생각했어요. 이름 석 자 써도 글을 안다고 할 수 있었으니까요. 하지만 문해의 기준은 점차 높아지고 있습니다. 지금은 중등 수준의 이해력은 갖춰야 문해능력이 있다고 할 수 있죠."

이날 연구원의 행사는 조촐했다. 문해교육 과정을 거쳐간 이들이 자랑거리가 아니라며 드러내길 꺼려서다. 하지만 행사장에 나타나지 않았어도 이들이 누리는 세상과 소통하는 기쁨을 정 원장은 잘 안다.

"열심히 공부해서 대학 공부 마치신 분도 계시고, 자식에게도 자존심 있는 엄마가 되고…… 이런 분들을 보면 단 한 분이라도 더 글 못 읽는 답답함에서 벗어나게 해 드려야죠. 교육받는 환경에 둘러싸인 분들도 문해교육이 얼마나 중요한지 확실하게 알 수 있도록 앞으로 30년을 또해 나가야죠."

출처: 홍주희, 2008. 8. 28.

문해교육의 진정한 의미

관련 개념: 문해교육

　문해교육*은 민중 언어로 행해져야 해방적일 뿐만 아니라 비판적일 수 있다. 학습자들은 자신들이 토착어를 통해서 '자신의 세계에 이름을 붙이고' 자신들의 '침묵의 문화'에 가둔 사회정치적 구조를 변화시키는 과정을 통해 지배계급과 변증법적인 관계를 성취할 수 있다. 따라서 사회정치적 재건을 위해 언어를 활용할 수 있을 때 우리는 그 사람이 문해 상태에 이르렀다고 할 수 있다. ……지배계급의 표준어로 이뤄지는 문해교육은 현 상태를 유지시키는 데 기여한다. 이를 통해 지배계급은 강해진다. 이는 엘리트적 교육 모델 유지에 기여하는 일이다. 엘리트적 교육 모델은 참된 지식인과 기술자보다는 정치적 지식인과 기술자를 만들어 낸다. 요컨대, 지배 언어로 문해교육이 이뤄질 경우 문해교육이 갖는 성찰, 비판적 사고, 사회적 상호작용의 기능들은 부정되기 때문에 예속 상태에 있던 학습자들은 소외된다. 자신들의 토착어를 돌보지 못하고 성찰과 비판적 사고의 기회를 빼앗기게 됨에 따라 예속 상태에 있는 학습자들은 자신의 문화와 역사를 재창조할 수 없다는 사실을 깨닫게 된다. 민중이 자신들의 문화자본을 되찾지 않고서는 진보적인 교육자와 지도자들이 꿈꾸고 있는 새로운 사회 건설은 불가능할 것이다.

*문해교육(파울로 프레이리 · 도날도 마세도 지음, 허준 옮김, 학이시습, 2014. 6.) 중에서

출처: 교수신문, 2014. 7. 7.

 대학 안 가도 살 수 있는 세상

관련 개념: 진학열과 평생교육

유치원부터 학원을 다니며 가계 소득의 절반 이상을 교육비로 지출하고 우수 학생들이 간다는 특목고에 진학시키기 위해 수단 방법을 가리지 않는다. 과외와 학원은 공교육을 접수하고, 급기야는 학교에서 학원교사들이 낸 모의고사 문제를 돈 주고 사기까지에 이르렀다. 과거 중·고교 입시가 있을 때보다 사교육의 위력은 수십 배가 됐고, 이로 인한 정신적·육체적·경제적 부담은 고스란히 학부모와 학생이 떠맡았다. 20년 가까이 부모와 본인의 모든 것을 바쳐 들어간 대학인데도 졸업하고 나면 취업하기가 대학 입학보다 더 어렵다. 이는 다섯 명 중 네 명 이상이 대학에 진학하는 우리 모두의 얘기다.

한국 교육이 이 지경이 되기까지 역대 정권은 한몫씩 해 왔다. 그 시작은 1970년대 중반에 실시된 중·고교 평준화였다. 명분은 어린 학생을 입시지옥에서 해방시키자는 것이었지만 평준화의 문제점은 즉시 나타났다. 다양한 수준의 학생들을 한 교실에 모아 놓으니 잘하는 학생은 잘하는 대로, 못하는 학생은 못하는 대로 사교육의 문을 두드렸다. 대학 진학률의 급격한 상승을 유도하여 사교육 시장에 불을 지핀 건 김영삼 정부였다. 대학 설립 자율화로 대학이 우후죽순처럼 생겨났고, 대학 진

학률이 50%를 훌쩍 뛰어넘었다. 불타고 있는 사교육 시장에 기름을 부은 것은 "한 가지만 잘해도 대학 갈 수 있다." "과외 없이 대학 가게 수능을 쉽게 출제하겠다."고 큰소리친 김대중 정부였다. 노무현 정부는 김대중 정부를 계승했다. 현 정부도 예외는 아니다. 외국어고를 국제고로 이름을 바꾸는 것이 좋겠다, 10시 이후엔 학원교습을 금지한다는 등 변죽만 올리더니 이젠 설익은 입학사정관제에 반값 등록금 얘기까지 나온다.

한국에서 교육은 교육 그 자체만의 문제가 아니다. 부동산 문제의 큰 원인이 교육이다. 대학 졸업 후 취업도 하기 전에 부채를 안고 있는 경우도 허다하다. 또 '나도 명색이 대졸자인데 허드렛일은 할 수 없다.'는 의식 때문에 일자리와 인력의 부조화 현상이 나타나고 있다. 전 국민이 대학에 진학하면서 가장 큰 역기능은 출산율 저하다. 결혼 연령도 늦어지고 사교육비 부담으로 자녀 양육에 두려움을 느끼는 것이다.

한국 교육의 가장 큰 문제는 82%에 이르는 대학 진학률이다. 대학은 공부할 능력이 있고 공부하고 싶은 사람이 가는 곳이다. 대학 공부할 능력이 있고 공부하려는 의지가 있는 학생이 경제적 이유로 진학이 어려운 경우에는 국가에서 전폭적인 지원을 아끼지 말아야 한다. 하지만 그렇지 않은 학생은 대학을 가지 않아도 될 수 있게 하는 정책이 필요하다. 이를 위해 고교 졸업 후 바로 취업할 수 있는 내실 있는 실업학교와 전문학교를 만들어야 한다. 독일이 좋은 예다. 또한 고교 졸업자가 대졸자에 비해 취업이나 연봉에서 불이익을 받지 않도록 해야 한다. 공무원 또는 공기업의 일정 비율은 고교 졸업자를 뽑는 것도 한 방법이다.

대학에 진학하지 않으면 천문학적 비용의 사교육을 받지 않아도 되고, 입시지옥에서 벗어나며, 대졸자보다 4년 일찍 취업할 수 있다. 또한 고교 졸업 후 바로 취업하여 돈을 벌 수 있으면 결혼도 빨리 할 것이고, 자녀 양육비 우려로 인한 저출산의 걱정도 덜 수 있다. 대학 안 가도 살 수 있는 세상이야말로 한국 교육이 추구해야 할 길이다.

출처: 김충락, 2011. 6. 3.

참고문헌

김신일(2015). 교육사회학. 경기: 교육과학사.

김충락(2011. 6. 3.). 대학 안 가도 살 수 있는 세상. 조선일보.

문해 교육의 진정한 의미(2014. 7. 7.). 교수신문.

이재준(2007. 2. 15.). 9시간 기차 통학… 76세 할아버지 '집념의 석사학위'. 조선일보.

이종만(1991). 평생교육소고1 – 교육이념으로서의 지향성 분석, 한국농업교육학회지, 23-1.

이종만(1994). 평생교육소고2 – 제도화에 대한 논의. 사회교육연구, 19, 한국사회교육학회.

이혜영, 이종태, 정재걸, 천세영, 한만길(1990). 교육이란 무엇인가. 경기: 한길사.

홍주희(2008. 8. 28.). 3만여 명이 한글 읽기 깨우쳤어요. 중앙일보.

찾아보기

인 명

내 용

저자 소개

이종만(Lee, Jong-Man)

서울대학교에서 공부하였으며, 학부에서는 주로 농촌의 성인들을 대상으로 하는 농민교육을 공부하였고, 대학원에서는 이 내용을 농촌사회교육이라는 이름으로 다시 공부하였다. '농촌 청소년들이 도시에 와서 어떤 학습을 원할까'라는 주제로 농촌에서 올라온 구로공단 근로자들을 중심으로 「근로청소년의 사회교육 요구분석」이란 석사논문을 썼다. 이후 김종서, 김승한, 황종건, 김신일 선생님의 영향과 가르침으로 평생교육을 알게 되었고, 우리나라 사회교육/평생교육의 태동 및 발전과정을 몸으로 체험하였다. 김신일 선생님의 적극적인 격려와 가르침에 힘입어 「평생교육 체계화를 위한 사회교육 관련법규 연구」로 서울대학교에서 박사학위를 받았다. 제2기 교육개혁위원회 전문위원으로, 우리나라 평생교육 관련 법 제정에 작은 힘을 실었다. 지금은 경인여자대학교 유아교육과에서 교육학 관련 과목을 쉽고 재미있게 가르치려고 열심히 노력하고 있다.

교육과의 첫 만남
교육학개론
Introduction to Education

2016년 3월 15일 1판 1쇄 발행
2019년 4월 10일 1판 5쇄 발행

지은이 • 이 종 만
펴낸이 • 김 진 환
펴낸곳 • (주) **학지사**
　　　　　04031 서울특별시 마포구 양화로 15길 20 마인드월드빌딩 5층
대표전화 • 02) 330-5114　　　팩스 • 02) 324-2345

등록번호 • 제313-2006-000265호

홈페이지 • http://www.hakjisa.co.kr
페이스북 • https://www.facebook.com/hakjisabook

ISBN 978-89-997-0878-7 93370

정가 16,000원

이 도서의 국립중앙도서관 출판시도서목록(CIP)은 서지정보유통지원시스템
홈페이지(http://seoji.nl.go.kr)와 국가자료공동목록시스템(http://www.nl.go.kr/kolisnet)
에서 이용하실 수 있습니다.
(CIP제어번호: CIP2016003060)

교육문화출판미디어그룹 **학지사**

학술논문서비스 **뉴논문** www.newnonmun.com
심리검사연구소 **인싸이트** www.inpsyt.co.kr
원격교육연수원 **카운피아** www.counpia.com
간호보건의학출판 **학지사메디컬** www.hakjisamd.co.kr